Schritte
international NEU 3+4
Niveau A2

Deutsch als Fremdsprache
Arbeitsbuch

Daniela Niebisch
Angela Pude
Monika Reimann
Andreas Tomaszewski

Hueber Verlag

3. 2. 1.   Die letzten Ziffern
2021 20 19 18 17   bezeichnen Zahl und Jahr des Druckes.
Alle Drucke dieser Auflage können, da unverändert,
nebeneinander benutzt werden.
1. Auflage
© 2017 Hueber Verlag GmbH & Co. KG, München, Deutschland
Umschlaggestaltung: Sieveking · Agentur für Kommunikation, München
Zeichnungen: Jörg Saupe, Düsseldorf
Gestaltung und Satz: Sieveking · Agentur für Kommunikation, München
Druck und Bindung: Firmengruppe APPL, aprinta druck GmbH, Wemding
Printed in Germany
ISBN 978–3–19–111084–0

Art. 530_20068_001_01

Aufbau

Symbole und Piktogramme

Arbeitsbuch

1 ◀ 12   Hörtext

B2   Verweis ins Kursbuch

◇   Vertiefungsübung zum binnendifferenzierenden Arbeiten

❖   Erweiterungsübung zum binnendifferenzierenden Arbeiten

🌐   Aufgabe zur Mehrsprachigkeit

Inhaltsverzeichnis **Arbeitsbuch**

Inhaltsverzeichnis **Arbeitsbuch**

Vorwort

Liebe Leserinnen, liebe Leser,

mit *Schritte international Neu* legen wir Ihnen ein komplett neu bearbeitetes Lehrwerk vor, mit dem wir das jahrelang bewährte und erprobte Konzept von *Schritte international* noch verbessern und erweitern konnten. Erfahrene Kursleiterinnen und Kursleiter haben uns bei der Neubearbeitung beraten, um *Schritte international Neu* zu einem noch passgenaueren Lehrwerk für die Erfordernisse Ihres Unterrichts zu machen. Wir geben Ihnen im Folgenden einen Überblick über Neues und Altbewährtes im Lehrwerk und wünschen Ihnen viel Freude in Ihrem Unterricht.

Schritte international Neu ...

- führt Lernende ohne Vorkenntnisse in 3 bzw. 6 Bänden zu den Sprachniveaus A1, A2 und B1.
- orientiert sich an den Vorgaben des Gemeinsamen Europäischen Referenzrahmens.
- bereitet gezielt auf die Prüfungen *Start Deutsch 1* (Stufe A1), *Start Deutsch 2* (Stufe A2), das *Goethe-Zertifikat* (Stufe A2 und B1) und das *Zertifikat Deutsch* (Stufe B1) vor.
- bereitet die Lernenden auf Alltag und Beruf vor.
- eignet sich besonders für den Unterricht mit heterogenen Lerngruppen.
- ermöglicht einen zeitgemäßen Unterricht mit vielen Angeboten zum fakultativen Medieneinsatz (verfügbar im Medienpaket sowie im Lehrwerkservice und abrufbar über die *Schritte international Neu*-App).

Der Aufbau von *Schritte international Neu*
Kursbuch
Lektionsaufbau:

- Einstiegsdoppelseite mit einer rundum neuen Foto-Hörgeschichte als thematischer und sprachlicher Rahmen der Lektion (verfügbar als Audio oder Slide-Show) sowie einem Film mit Alltagssituationen der Figuren aus der Foto-Hörgeschichte
- Lernschritte A–C: schrittweise Einführung des Stoffs in abgeschlossenen Einheiten mit einer klaren Struktur

- Lernschritte D+E: Trainieren der vier Fertigkeiten Hören, Lesen, Sprechen und Schreiben in authentischen Alltagssituationen und systematische Erweiterung des Stoffs der Lernschritte A–C
- Übersichtsseite Grammatik und Kommunikation mit Möglichkeiten zum Festigen und Weiterlernen sowie zur aktiven Überprüfung und Automatisierung des gelernten Stoffs durch ein Audiotraining und ein Videotraining sowie eine Übersicht über die Lernziele
- eine Doppelseite „Zwischendurch mal ..." mit spannenden fakultativen Unterrichtsangeboten wie Filmen, Projekten, Spielen, Liedern etc. und vielen Möglichkeiten zur Binnendifferenzierung

Arbeitsbuch
Lektionsaufbau:

- abwechslungsreiche Übungen zu den Lernschritten A–E des Kursbuchs
- Übungsangebot in verschiedenen Schwierigkeitsgraden, zum binnendifferenzierten Üben
- ein systematisches Phonetik-Training
- ein systematisches Schreibtraining
- Tipps zu Lern- und Arbeitstechniken
- Aufgaben zur Mehrsprachigkeit
- Aufgaben zum Selbstentdecken grammatischer Strukturen (Grammatik entdecken)
- Aufgaben zur Prüfungsvorbereitung
- Selbsttests am Ende jeder Lektion zur Kontrolle des eigenen Lernerfolgs der Teilnehmer
- fakultative berufsorientierte Fokusseiten

Anhang:

- Lernwortschatzseiten mit Lerntipps, Beispielsätzen und illustrierten Wortfeldern
- Grammatikübersicht

Außerdem finden Sie im Lehrwerkservice zu *Schritte international Neu* vielfältige Zusatzmaterialien für den Unterricht und zum Weiterlernen.

Viel Spaß beim Lehren und Lernen mit *Schritte international Neu* wünschen Ihnen

Autoren und Verlag

A Ich bin traurig, **weil** ich …

A1
Grammatik
entdecken

1 Warum lernen Sie Deutsch? Ordnen Sie zu.

Mein Ehemann kommt aus Österreich.

Mir gefällt die Sprache.

Ich arbeite in Deutschland.

Meine Schwester lebt in Berlin.

IMRE EWA PAULA BRIAN

meine Schwester in Berlin lebt. ~~ich in Deutschland arbeite.~~ mein Ehemann aus Österreich kommt.
mir die Sprache gefällt.

a Imre: Ich lerne Deutsch,   weil   *ich in Deutschland*   *arbeite.*
b Ewa: Ich lerne Deutsch,   weil   _____   _____
c Paula: Ich lerne Deutsch,   weil   _____   _____
d Brian: Ich lerne Deutsch,   weil   _____   _____

A2
Grammatik
entdecken

2 Markieren Sie und ergänzen Sie.

a Olaf sieht sich oft Fotos von seiner Familie an. Er vermisst sie sehr.
   Olaf sieht sich oft Fotos von seiner Familie an, weil er sie sehr *vermisst* .

b Young-Jun ist glücklich. Er hat ein Zimmer gefunden.
   Young-Jun ist glücklich, weil er ein Zimmer _____ .

c Pierre ist traurig. Seine Freundin ruft nicht an.
   Pierre ist traurig, weil _____ .

d Julika backt einen Kuchen. Sie möchte ihre Nachbarn einladen.
   Julika backt einen Kuchen, weil _____ .

A2

3 Schreiben Sie Sätze.

a ◆ Warum hast du dir ein Auto gekauft?   ○ Weil *ich weit draußen wohne.*
   (weit draußen – wohne – ich)

b ◆ Warum seid ihr nach Audorf gezogen?   ○ Weil _____
   _____
   (in der Stadt – gefunden – haben – keine Wohnung – wir)

c ◆ Warum bist du so traurig?   ○ Weil _____
   _____
   (noch keinen Menschen – kenne – ich – in Audorf)

d ◆ Warum hast du ein Fahrrad gekauft?   ○ Weil _____
   _____
   (meine Einkäufe – machen – mit dem Rad – will – ich)

e ◆ Warum fahrt ihr zum Bahnhof?   ○ Weil _____
   _____
   (wir – abholen – Antonio – möchten)

A3 4 **Ordnen Sie zu und ergänzen Sie in der richtigen Form.**

~~Er ist sauer~~ Er ist traurig Sie sind glücklich

A

Aljona ist nicht gekommen.

Er ist sauer , weil Aljona nicht gekommen ist.

B

Heute holen wir Yosef ab.

weil _____ ,

_____

C

Ich sehe Leonor zwei Monate nicht.

weil _____ ,

_____

◇ A3 5 **Schreiben Sie Sätze mit *weil*.**

a Sie hat keine Zeit. Sie muss heute Deutsch lernen.
   Sie hat keine Zeit, weil sie heute Deutsch lernen muss.

b Er ist mit seinem neuen Job zufrieden. Sein Arbeitgeber ist sehr nett.
   _____

c Er schreibt seiner Freundin jeden Tag eine E-Mail. Er vermisst sie sehr.
   _____

d Die Chefin ist glücklich. Die Teamarbeit klappt wunderbar.
   _____

e Er fährt zum Flughafen. Er will seinen Freund Emilio abholen.
   _____

f Ana fährt ins Zentrum. Sie muss ein paar Einkäufe machen.
   _____

g Aviva ruft ihre Freundin an. Sie möchte ins Kino gehen.
   _____

❖ A3 **6 Lesen Sie und schreiben Sie eine Antwort an Leonie.**

> Liebe Ludovika, lieber Max,
> ich bin so glücklich –
> ich habe eine neue Wohnung
> gefunden! Nächste Woche
> ziehe ich um und am
> Samstag lade ich Euch ein:
> um 20 Uhr zum Abendessen.
> Ich mache Pizza.
> Kommt Ihr?
>
> Viele Grüße
> Leonie

meine Eltern – mich besuchen – am Wochenende
für Samstagabend – auch schon Theaterkarten – haben
Max – leider auch keine Zeit: in Köln – sein
erst am Sonntag zurückkommen

E-Mail senden

Liebe Leonie,
vielen Dank für Deine Einladung. Es tut mir sehr leid, aber
wir können nicht kommen, weil *meine Eltern mich*

_____

_____

_____ *Leider hat Max*

_____ *, weil*

_____

Viele Grüße Ludovika

A4 **7 Satzmelodie und Satzakzent**

1 ◀)) 01
Phonetik

a Hören Sie und achten Sie auf die Betonung _____ und die Satzmelodie ↗ ↘ →.

◆ Warum wohnst du nicht im Zentrum? ↘
○ Weil die Wohnungen dort teuer sind. ↘ Und weil ich nicht so viel Geld verdiene. ↘
◆ Und warum suchst du keine andere Arbeit? ↗
○ Weil mir meine Arbeit gefällt → und weil ich sie gern mache. ↘

1 ◀)) 02 **b Hören Sie noch einmal und sprechen Sie nach.**

A4 **8 Hören Sie und markieren Sie die Betonung: _____.**

1 ◀)) 03
Phonetik

a ◆ Ich muss unbedingt noch Blumen kaufen. ↘
  ○ Warum? ↘
  ◆ Weil meine Mutter Geburtstag hat. ↘

c ◆ Gehen wir morgen wirklich joggen? ↗
  ○ Warum nicht? ↗
  ◆ Na ja, → weil doch dein Bein wehtut. ↘

b ▲ Franziska kommt heute nicht zum
    Unterricht. ↘
  ▢ Warum denn nicht? ↘
  ▲ Weil ihre Tochter krank ist. ↘

d ▢ Ich gehe nicht mit ins Kino. ↘
  ▲ Weil dir der Film nicht gefällt → oder
    warum nicht? ↘
  ▢ Ganz einfach, → weil ich kein Geld mehr habe. ↘

A4 **9 Wählen Sie vier Themen und stellen Sie Fragen.**

Prüfung
Ihre Partnerin / Ihr Partner antwortet.

Land?   Geburtsort?
Wohnort?   Sprachen?
Beruf?   Familie?
Hobby?

Woher kommst du?   *Ich komme aus Schweden.*

LERNTIPP Diese Themen brauchen Sie
immer wieder. Schreiben Sie die Fragen
und Antworten auf und lernen Sie sie.

B Ich **habe** schon ... **kennengelernt**.

10 Ordnen Sie zu und ergänzen Sie in der richtigen Form.

Wieder-
holung
A1, L7

~~essen~~ ~~fragen~~ lesen schlafen machen antworten finden lernen kochen sagen schreiben holen

ge...t	er/sie	er/sie
fragen	fragt	hat gefragt
...		

ge...en	er/sie	er/sie
essen	isst	hat gegessen
...		

11 Ergänzen Sie mit _sein_ oder _haben_ in der richtigen Form.

Wieder-
holung
A1, L7

a Ich _bin_ gefahren.

b Ich _____ gekauft.

c Du _____ geflogen.

d Du _____ Tennis gespielt.

e Er _____ auf die Kinder aufgepasst.

f Hanna _____ Musik gehört.

g Wir _____ spät nach Hause gegangen.

h Ihr _____ gewandert.

i Artemis und Amelia _____ gearbeitet.

j Meine Eltern _____ zu Besuch gekommen.

B2 12 Ordnen Sie zu.

sind ... gefahren   bin ... eingeschlafen   habe ... ausgepackt   ~~bin ... angekommen~~
hat ... abgeholt   haben ... gegessen   bin ... gegangen

Ich _bin_ gestern um 20.40 Uhr am Flughafen in Antalya _angekommen_ .

Dort _____ mich Sevgi _____ und

wir _____ direkt nach Hause _____ .

Ich _____ meine Sachen _____

und wir _____ noch etwas _____ .

Dann _____ ich gleich ins Bett _____ .

Nach der langen Reise war ich sehr müde und _____ sofort

_____ .

B2 13 Verbinden Sie und ergänzen Sie dann mit _sein_ oder _haben_ in der richtigen Form.

a Im Deutschkurs _habe_ ich sehr nette Menschen _kennengelernt_ .

b _____ Sie Ihre Sachen schon _____ ?

c Wir _____ die Fotos vom Familienfest _____ .

d _____ du den Wecker nicht _____ ?

e Er _____ gestern viele Lebensmittel _____ .

f Der Bus _____ pünktlich _____ .

g Wir _____ am 30.4. _____ .

h Beim Umzug _____ alles super _____ .

1 umziehen
2 klappen
3 ankommen
4 auspacken
5 ansehen
6 hören
7 einkaufen
8 kennenlernen

B2 14 Wie heißt das Gegenteil? Verbinden Sie.

a Er hat die Tür aufgemacht.

b Er ist aufgestanden.

c Er ist angekommen.

d Er ist eingestiegen.

1 Er ist ausgestiegen.

2 Er hat die Tür zugemacht.

3 Er ist ins Bett gegangen.

4 Er ist abgefahren.

B

B2 **15** Ordnen Sie zu und ergänzen Sie in der richtigen Form.

ankommen ~~aufstehen~~ gehen zurückfahren einsteigen trinken essen fahren anfangen

Ivana *ist* um 7 Uhr *aufgestanden* . Dann _____ sie ein Brot mit Käse _____

und Tee _____ . Danach _____ sie zur Bushaltestelle _____ .

Um 8.10 Uhr _____ sie in den Bus _____ und _____ ins Büro

_____ . Um 8.30 Uhr _____ sie im Büro _____ und

_____ gleich mit der Arbeit _____ . Um 17.30 Uhr _____ sie mit dem

Bus nach Hause _____ . Das war ein langer Arbeitstag.

◇ **B2** **16** Ergänzen Sie in der richtigen Form.

Letzten Samstag war Gabriels Umzug. Leider *hat* er am Morgen

seinen Wecker nicht *gehört* (hören). Sein Freund Louis

_____ vor Gabriels Haus _____ (warten)

und er _____ Gabriel immer wieder _____

(anrufen). Aber Gabriel _____ auch sein Telefon nicht

_____ (hören). Dann _____ Louis nach

Hause _____ (gehen). Schließlich _____

Gabriel um 12 Uhr _____ (aufstehen) und _____ schnell

einen Kaffee _____ (trinken). Dann _____ er Louis mit dem

Auto _____ (abholen) und sie _____ zusammen den Umzug

_____ (machen). Am Abend waren sie müde. Aber Gabriel _____

sogar noch alle seine Sachen _____ (auspacken) und Louis _____

im Supermarkt _____ (einkaufen) und _____ (kochen).

❖ **B2** **17** Schreiben Sie eine Postkarte.

leider zu spät aufstehen →
dann schnell Saki abholen →
mit ihr mit dem Bus zum Bahnhof fahren →
um 11 Uhr in Lübeck ankommen →
dort umsteigen →
den Bus nach Travemünde nehmen →
am Nachmittag um 14 Uhr endlich
ankommen →
einen Hamburger essen und
einen Spaziergang am Strand machen

Liebe Miyu,
wie geht es Dir?
Gestern bin ich mit Saki
an die Ostsee gefahren.
Leider bin ich zu spät …
…
…
Viele Grüße und bis bald
Sakura

Miyu Tanaka
Dirschauer Str. 11
10245 Berlin

B3 **18 Lesen Sie, sehen Sie die Bilder an und ergänzen Sie in der richtigen Form.**

Schreib-
training

E-Mail senden

An: miku@aol.com

Betreff: Gestern Abend

Hallo Michael,
wo warst Du denn gestern Abend? Ich habe den ganzen Abend
zu Hause gewartet und Dich dreimal auf dem Handy angerufen.
Hast Du es nicht gehört? Ist alles in Ordnung? Bitte schreib mir.
Viele Grüße
Antonio

nach Hause fahren   zusammen etwas trinken   sofort einschlafen
in eine Bar gehen   aussteigen   ~~Freundin treffen~~   spazieren gehen

E-Mail senden

An: a.banderas@freenet.de

Betreff: Re: Gestern Abend

Lieber Antonio,
es tut mir wirklich sehr leid. Du hast den ganzen Abend auf mich
gewartet und ich bin nicht gekommen. Aber weißt Du, warum?
Zuerst habe ich im Bus _eine Freundin getroffen_ . Ich habe sie
lange nicht gesehen. Am Marktplatz _____
_____ und _____
_____ . Dort haben wir _____
_____ .
Dann _____ wir noch ein bisschen durch die Stadt
_____ .
Um halb zwei Uhr morgens _____
_____ . Schließlich war ich um zwei zu
Hause und _____ .
Heute bin ich sehr müde, aber auch sehr glücklich! Sei also bitte
nicht sauer!
Bis bald!
Viele Grüße
Michael

A

B

C

D

E

C So was **hast** du noch nicht **erlebt**!

C1 **19 Verbinden Sie.**

a In Deutschland habe ich am Anfang meine Familie sehr ⟶ erlebt!
b So etwas hast du noch nicht — verstanden.
c Diese Übung habe ich nicht — passiert?
d Was ist los? Was ist denn ⟶ vermisst.

C2 **20 Machen Sie vier Tabellen. Ordnen Sie zu und ergänzen Sie in der richtigen Form.**

Grammatik
entdecken

Arbeiten Sie auch mit dem Wörterbuch.

~~bestellen~~ ~~erklären~~ erzählen besichtigen verkaufen studieren
besuchen ~~verstehen~~ bemerken bedeuten ~~versuchen~~
beantragen beginnen ~~telefonieren~~ verwenden bezahlen
~~verdienen~~ verlieren ~~passieren~~ vergessen reparieren
~~bekommen~~ erlauben ~~erklären~~ ~~erfahren~~ vermieten erledigen

be|stellen [bəˈʃtɛlən],
bestellt, bestellte, bestellt <tr.; hat>

	be...t	be...en
sie/er hat	bestellt	bekommen
	...	...

	er...t	er...en
sie/er hat	erklärt	erfahren
	...	...

	ver...t	ver...en
sie/er hat	verdient	verstanden
	...	...

	...iert
sie/er hat	telefoniert
	...
⚠ es ist	passiert

hat erfahr...en?
...t?

C2 **21 Hören Sie und sprechen Sie nach.**

1 ◀)) 04
Phonetik

bekommen	Hast du meine SMS bekommen?	verstehen	Das habe ich nicht verstanden.
bezahlen	Ich habe schon bezahlt.	vergessen	Hast du unseren Termin vergessen?
besuchen	Wann hat Mirko dich denn besucht?	erklären	Du hast mir das sehr gut erklärt.
verpassen	Ich habe fast den Bus verpasst.	erleben	So etwas habe ich noch nie erlebt.
verlieren	Ich habe zehn Euro verloren.	erzählen	Das hast du mir schon oft erzählt.

C3 22 Ergänzen Sie in der richtigen Form.

a
◆ Das habe ich dir doch schon so oft _erklärt_ ! (erklären)
○ Aber ich habe es immer noch nicht _____. (verstehen)

b
▲ Wann hat der Film denn _____? (beginnen)
☐ Vor fünf Minuten.

c
▲ Was haben Sie denn am Sonntag gemacht?
◆ Ich habe meine Freundin in Dresden _____. (besuchen)
▲ Ach, das klingt ja toll!

d
○ Stell dir vor, gestern habe ich meine Geldbörse mit Kreditkarte und meinen Papieren
   in der Bahn _____. (verlieren)
☐ So ein Mist! Wann hast du es denn _____? (bemerken)
○ Leider erst am Abend zu Hause.

e
◆ Was ist _____? (passieren)
▲ Ich habe den Zug _____ (verpassen) und jetzt komme ich
   eine Stunde zu spät zur Arbeit!
◆ So ein Pech!
▲ Ja, denn ich habe heute einen Termin beim Chef.

f
○ Wie peinlich, ich habe mein Geld _____. (vergessen)
◆ Kein Problem, ich kann dir etwas leihen.

C3 23 So ein Pech! Wählen Sie eine Situation und schreiben Sie.

◇   A

zu spät aufstehen   schnell die Koffer packen
kein Taxi bekommen   zum Bahnhof laufen
den Zug verpassen

> Susanne ist zu spät ...

❖   B

> Nina ist gerade am Flughafen
> angekommen. Sie muss ihren Pass
> zeigen, aber ...

D Familie und Verwandte

D1 **24 Schreiben Sie die Sätze neu.**

a Ist das Opas Hose? → *Ist das die Hose von Opa* ?

b _____ ? → Ist das der Onkel von Peter?

c Ist das Frau Molls Mann? → _____ ?

d _____ ? → Ist das das Haus von Tante Käthe?

e Ist das Tonis Freundin? → _____ ?

f _____ ? → Ist das die Tochter von Angela?

D3 **25 Was ist richtig? Kreuzen Sie an.**

Sieh mal, das ist die Familie vom Bruder meiner Mutter, also von meinem ⊠ Onkel. ○ Schwager. Er sitzt da rechts. Neben ihm, das ist seine Frau, also meine ○ Cousine. ○ Tante. Ich mag sie sehr gern. Sie ist sehr freundlich und sympathisch, finde ich. Die Kinder sind ihr Sohn und ihre Tochter, also ○ mein Neffe und meine Nichte. ○ mein Cousin und meine Cousine. Sind sie nicht süß? Und weißt du was? Meine große Schwester bekommt im Mai ein Baby, ein Mädchen. Ist das nicht toll? Dann werde ich ○ Tante ○ Schwägerin und bekomme eine ○ Nichte. ○ Cousine. Ich freue mich so sehr!

D3 **26 Wer ist das? Ergänzen Sie die Verwandten.**

a Zu Großmutter und Großvater sage ich einfach *Opa und Oma* .

b Die Schwester von meiner Mutter oder meinem Vater ist meine _____ .

c Die Tochter von meiner Tante und meinem Onkel ist meine _____ .

d Die Tochter von meiner Schwester oder meinem Bruder ist meine _____ .

e Die Ehefrau von meinem Bruder ist meine _____ .

f Der Ehemann von meiner Schwester ist mein _____ .

D3 **27 Ergänzen Sie und vergleichen Sie.**

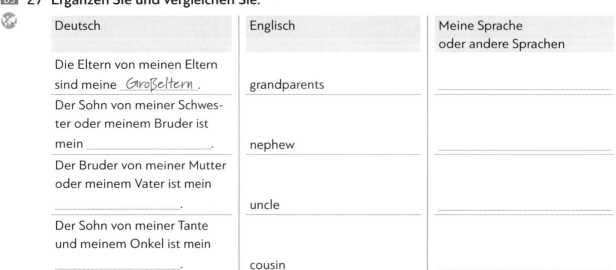

Deutsch	Englisch	Meine Sprache oder andere Sprachen
Die Eltern von meinen Eltern sind meine *Großeltern* .	grandparents	
Der Sohn von meiner Schwester oder meinem Bruder ist mein _____ .	nephew	
Der Bruder von meiner Mutter oder meinem Vater ist mein _____ .	uncle	
Der Sohn von meiner Tante und meinem Onkel ist mein _____ .	cousin	

E2 28 **So lebe ich.**

1 🔊 05-08 a Hören Sie und verbinden Sie.

| 1 Chih-Mei (28) | 2 Erik (31) | 3 Elvira (69) | 4 Damian (24) |

a Single   b Familie   c Wohngemeinschaft   d alleinerziehend

b Was ist richtig? Hören Sie noch einmal und kreuzen Sie an.

1 Chih-Mei ist ...
   ○ schwanger und bekommt ihr drittes Baby.
   ○ froh, weil die Schwiegereltern ihr am
     Anfang mit dem Baby helfen.
2 Erik hat viel Stress im Alltag, ...
   ○ weil er von Montag bis Freitag
     mit Jari allein ist.
   ○ weil Jari nicht in den Hort geht.

3 Elvira und ihre Freundinnen ...
   ○ teilen sich eine Wohnung mit
     vier Zimmern.
   ○ kochen jeden Abend zusammen.
4 Damian ...
   ○ hat bisher in einer WG gelebt.
   ○ ist nach der Trennung von seiner
     Freundin ausgezogen.

E3 29 **Ordnen Sie zu.**

teilen ~~Endlich~~ Mieter Gefühl Dachwohnung Anfang wahrscheinlich bisher
Viertel verschiedenen Jede ausziehen Rente

E-Mail senden

Liebe Alla,
Du glaubst es nicht: _Endlich_ kann ich aus meinem dunklen Zimmer _____.
Letzte Woche haben meine zwei Freundinnen und ich eine Wohnung in einem schönen
_____ von Frankfurt gefunden! In dem Haus gibt es viele
_____ aus _____ Ländern.
Unseren Nachbarn, Herrn Krause, habe ich auch schon kennengelernt. Er ist schon in
_____ und sehr nett!
Wir haben die _____ im 6. Stock. _____ von uns
hat ihr eigenes Zimmer. Die Küche, das WC und das Bad _____ wir uns.
Wie wird das wohl? Ich meine, _____ habe ich immer allein
gewohnt. Am _____ wird es _____ ein ganz neues
_____ für mich sein: immer mit zwei Personen in einer Wohnung!
Wann besuchst Du mich?
Viele Grüße
Manuela

Test Lektion 1

1 Wie heißen die Wörter? Ergänzen Sie.

Gestern bin ich _umgezogen_ (gezoumgen) (a). Der _____ (guzUm) (b)
hat lange gedauert, am Ende hat _____ (ragso) (c) eine Nachbarin
mitgeholfen ☺. Jetzt wohne ich in einer _____
(geschaftWohnmein) (d) mit zwei deutschen Studenten.
(rehBis) (e) sind sie sehr nett. Auf Deutsch sagt man: „Aller _____
(gnafAn) (f) ist schwer." Aber ich finde das nicht. Ich bin sehr _____
(kcülglich) (g) hier.

1 _____ / 6 Punkte
● 0 – 3
● 4
● 5 – 6

WÖRTER

2 Schreiben Sie Sätze mit *weil*.

◆ Warum kommst du nicht mit in die Berge?

○ Weil ...

a keine Zeit – habe – ich – heute
b verloren – meine Geldbörse – habe – ich
c hast – du – angerufen – zu spät
d schlecht – ist – das Wetter
e meine Schwester – besuchen – ich – will

a Weil ich heute keine
Zeit habe.

2 _____ / 4 Punkte

GRAMMATIK

3 Ergänzen Sie mit *sein* oder *haben* in der richtigen Form.

a ◆ Wann _hast_ du Hannah _kennengelernt_ (kennenlernen)?

  ○ Im Urlaub vor einem Jahr.

b ◆ Was _____ denn _____ (passieren)?

  ○ Ich _____ meinen Schlüssel _____ (vergessen).

c ◆ _____ ihr schon die Koffer _____ (auspacken)?

  ○ Nein, wir _____ doch erst vor einer Stunde _____
    (ankommen).

d ◆ _____ du Nadja schon _____ (anrufen)?

  ○ Ja, wir _____ gestern lange _____ (telefonieren).

3 _____ / 6 Punkte
● 0 – 5
● 6 – 7
● 8 – 10

4 Ordnen Sie zu.

~~Und was hast du dann gemacht~~ Zum Glück Du glaubst es nicht
Stell dir vor So ein Mist

◆ Im Urlaub ist mir etwas passiert! _____ (a)!
  Das muss ich dir erzählen.

○ Was denn?

◆ _____ (b), ich habe in einer Bar am Strand
  meine Handtasche mit Pass, Kreditkarten etc. vergessen. Ich habe es aber erst
  nach einer halben Stunde bemerkt. _____ (c)!

○ _Und was hast du dann gemacht_ (d)?

◆ Ich bin natürlich sofort wieder in die Bar gegangen.

○ Und? War die Tasche noch dort?

◆ Ja. _____ (e)!

4 _____ / 4 Punkte

KOMMUNIKATION

● 0 – 2
● 3
● 4

Fokus Beruf: Ein schriftlicher Arbeitsauftrag

1 Verbinden Sie.

a eine Person vertreten   1 jemanden informieren

b Bescheid geben   2 jemandem sagen, was sie/er machen soll

c einen Auftrag geben   3 Eine Kollegin / Ein Kollege ist krank oder in Urlaub.
                Eine andere Person muss ihre/seine Arbeit machen.

2 Frau Nokic arbeitet im Hotel „Bergblick".

a Lesen Sie und ergänzen Sie die Nachricht von der Hotelchefin Frau Bruzzone.

> Geben Sie mir bitte   Könnten Sie bitte   Geht das

Nachricht von: __Frau Bruzzone__

an: __Frau Nokic__   Datum __12.6., 7.30 Uhr__

Frau Andreotti ist krank.

_____ morgen länger bleiben und an der Rezeption arbeiten?

Ich weiß, Sie haben morgen Nachmittag eigentlich frei.

Aber sonst kann niemand. _____ ?

Das wäre sehr nett.

_____ Bescheid. Vielen Dank.

b Was ist richtig? Lesen Sie noch einmal und kreuzen Sie an.

  ○ Frau Bruzzone ist krank.   ○ Frau Nokic hat einen Tag frei.   ○ Frau Nokic soll Frau Andreotti vertreten.

3 Frau Nokic hat keine Zeit.

> Frau Nokic hat keine Zeit. Sie muss gleich nach der Arbeit ihre Tochter vom Kindergarten abholen.

a Frau Nokic antwortet Frau Bruzzone. Welche Sätze passen? Kreuzen Sie an.

  ○ Das kann ich gern machen.   ○ Leider muss ich …   ○ Ist gut. Ich habe Zeit.

  ○ Tut mir leid, aber …   ○ Morgen … leider nicht, weil …

b Schreiben Sie die Nachricht von Frau Nokic an Frau Bruzzone.

Nachricht von: __Frau Nokic__

an: _____   Datum __12.6., 11.00 Uhr__

4 Sie müssen morgen Vormittag zum Arzt und brauchen eine Vertretung.

a Schreiben Sie einer Kollegin / einem Kollegen eine Nachricht wie in 2.

b Tauschen Sie nun Ihre Nachricht mit Ihrer Partnerin / Ihrem Partner und schreiben Sie eine Antwort. Können Sie Ihre Partnerin / Ihren Partner vertreten?

A Die Lampe **hängt an der Decke**.

A1 **1 Was ist richtig? Kreuzen Sie an.**

Achtung: Manchmal gibt es mehrere Lösungen.

	steht	liegt	hängt	steckt	
a Das Papier	○	⊗	○	○	auf dem Tisch.
b Das Buch	⊗	⊗	○	○	im Regal.
c Das Bild	○	○	○	○	an der Wand.
d Die Hose	○	○	○	○	auf dem Bett.
e Der Kugelschreiber	○	○	○	○	unter den Zeitungen.
f Die Lampe	○	○	○	○	an der Decke.
g Das Handy	○	○	○	○	in der Jacke.
h Der Fernseher	○	○	○	○	zwischen den Fenstern.

A1 **2 Wo ist ...? Machen Sie eine Tabelle und ergänzen Sie die Sätze aus 1.**

Grammatik
entdecken

	• der	• das	• die	• die
a Das Papier liegt	auf dem Tisch.			
b Das Buch steht/liegt		im Regal.		
c ...				

A1 **3 Wo ist der Ball? Ordnen Sie zu.**

Wieder-
holung

A1, L11

auf vor unter in hinter neben über ~~an~~ zwischen

A   B   C   D   E   F   G   H   I

___an___ _____ _____ _____ _____ _____ _____ _____ _____

A2 **4 Janas Zimmer**

a Was ist das? Ergänzen Sie mit • der – • das – • die – • die.

1 • der Schrank	10
2	11
3	12
4	13
5	14
6	15
7	16
8	17
9	18
	19
	20

b Wie sieht Janas Zimmer aus?
Schreiben Sie.

Der Schreibtisch steht
neben dem Bett.
Vor dem Schreibtisch
steht ...

◇ A2 **5 Ergänzen Sie** *stehen – liegen – stecken – hängen* **und die Artikel in der richtigen Form.**

> E-Mail senden
>
> Hallo Emilia,
> ich bin gestern umgezogen. Hier ist im Moment noch Chaos: Meine Hosen und T-Shirts
> _____ auf d_em_ Bett, weil mein neuer Schrank noch nicht da ist. ☹ Die Bücher
> _stehen_ noch nicht i_____ Regal, sie _____ überall: auf d_____ Teppich,
> auf d_____ Schreibtisch, auf d_____ Sofa ... Das Geschirr ist auch nicht in
> d_____ Schränken. Es _____ auf d_____ Küchenstühlen! Ich habe noch
> keine Bilder an d_____ Wänden ... Und es ist dunkel in d_____ Wohnung, weil noch
> keine Lampen an d_____ Decke _____.
> Eigentlich habe ich einen super Balkon, aber leider kann ich die Balkontür nicht öffnen. Es
> _____ kein Schlüssel i_____ Schloss, aber es muss doch einen Schlüssel geben!
> Mein Hund Lilo ist glücklich. Er _____ die ganze Zeit auf d_____ Sofa und schläft.
> Na ja, er muss ja nicht aufräumen. ☺
> Wollen wir morgen Abend skypen?
> Grüße
> Pia

❖ A2 **6 Was** *liegt/steht/hängt/steckt* **wo in Ihrer Wohnung? Schreiben Sie Sätze.**

a das Handy
   Mein Handy liegt meistens auf dem Schreibtisch im Wohnzimmer.

b der Kühlschrank

c die Lieblingslampe

d der Fernseher

e die Schuhe

f die Waschmaschine

B Kann ich das **auf den Tisch legen**?

B1 **7 Was ist richtig? Kreuzen Sie an.**

A Wohin?

Ich lege das Buch ...
1 ☒ auf den ○ auf dem Tisch.
2 ○ neben der ○ neben die Lampe.
3 ○ neben dem ○ neben das Bett.
4 ○ in den ○ im Schrank.
5 ○ unter die ○ unter den Zeitungen.

B Wo?

Das Buch liegt ...
1 ○ auf den ☒ auf dem Tisch.
2 ○ neben der ○ neben die Lampe.
3 ○ neben dem ○ neben das Bett.
4 ○ in den ○ im Schrank.
5 ○ unter die ○ unter den Zeitungen.

B1 **8 Ergänzen Sie die Sätze aus 7.**

Grammatik entdecken

	Ich lege das Buch ... →	Das Buch liegt ... ◎
● der Tisch	*auf den Tisch.*	*auf dem Tisch.*
● das Bett		
● die Lampe		
● die Zeitungen		

B3 **9 Ordnen Sie zu und ergänzen Sie in der richtigen Form.**

~~stellen~~ stecken liegen hängen stecken legen hängen ~~stehen~~

a ◆ Wohin hast du das Fahrrad _gestellt_ ?
  ○ Das _steht_ im Garten.
b ◆ Wohin hast du das Geld _____ ?
  ○ Das _____ auf dem Tisch.
c ◆ Wohin hast du die Tasche _____ ?
  ○ Die _____ am Stuhl.
d ◆ Wohin hast du das Handy _____ ?
  ○ Das _____ in der Tasche.

◇ B3 **10 Wo ist mein Handy? Ergänzen Sie in der richtigen Form.**

a ◆ Wo ist denn bloß mein Handy?
  ○ Hast du es auf _den_ ● Schreibtisch gelegt?
  ◆ Nein, _auf dem_ Schreibtisch ist es nicht.
b ○ Hast du es in _____ ● Regal gelegt?
  ◆ Nein, _____ Regal
     ist es auch nicht.
c ○ Ist es vielleicht unter _____ ● Bett?
  ◆ _____ Bett ist es
     auch nicht.
d ○ Und neben _____ ● Sofa?
  ◆ Nein, _____ Sofa
     liegt es auch nicht!

e ○ Hast du es vielleicht in _____
     ● Tasche gesteckt?
  ◆ Nein, _____ Tasche
     steckt es auch nicht!
f ○ Liegt es vor _____ ● Fernseher?
  ◆ Nein, _____ Fernseher
     liegt es nicht!
g ○ Du hast es doch nicht in _____
     ● Papierkorb gesteckt!
  ◆ _____ Papierkorb?
     Da muss ich mal nachsehen ...

❖ ▣ B3 **11 Wohin** *stellen, legen, hängen* **wir ...? Schreiben Sie.**

a die Stühle / der Tisch — das Bett / die Tür
b das Foto / das Regal — das Bild / die Wand
c die Kleider / der Schrank — der Tisch / die Mitte
d der Fernseher / das Regal — die CDs / der Tisch
e das Regal / das Fenster — die Lampe / die Decke

> a *Die Stühle stellen wir an den Tisch und das Bett stellen wir neben die Tür.*

▣ B3 **12 Was ist richtig? Lesen Sie und kreuzen Sie an.**

Kleine Wohnung ganz groß

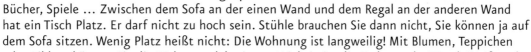

Beim Einzug in eine kleine Wohnung muss man gut planen:
Was brauche ich? Wie viel Platz habe ich? Sehr praktisch ist
ein Bettsofa. Stellen Sie es an die Wand oder in eine Ecke.
Am Tag können Sie auf dem Sofa sitzen, in der Nacht wird es
5 zum Bett. Stellen Sie an die Wand gegenüber ein Regal. Es soll
breit, aber nicht zu hoch sein! In das Regal passen Geschirr,
Bücher, Spiele … Zwischen dem Sofa an der einen Wand und dem Regal an der anderen Wand
hat ein Tisch Platz. Er darf nicht zu hoch sein. Stühle brauchen Sie dann nicht, Sie können ja auf
dem Sofa sitzen. Wenig Platz heißt nicht: Die Wohnung ist langweilig! Mit Blumen, Teppichen
10 oder Bildern können Sie die Wohnung dekorieren. Wichtig ist die Farbe an der Wand: Weiß und
Hellgelb machen einen Raum groß, dunkle Farben oder Rot machen ihn klein.

<u>Mehr lesen</u>

a In einer kleinen Wohnung ...
  ○ stört ein Sofa.
  ✖ ist ein Sofa zum Sitzen und Schlafen gut.
  ○ muss das Sofa in der Mitte stehen.
b Ein Regal ...
  ○ ist nicht praktisch.
  ○ soll hoch sein.
  ○ hat Platz für viele Sachen.
c Man soll einen Tisch ...
  ○ an die Wand stellen.
  ○ zwischen das Sofa und das Regal stellen.
  ○ und Stühle kaufen.

d Mit ...
  ○ Teppichen und Bildern kann man die
    Wohnung schön machen.
  ○ Farbe an der Wand sieht ein Zimmer
    nicht gut aus.
  ○ Farben wie Weiß, Hellgelb und Rot sieht
    ein Zimmer klein aus.

▣ B3 **13 Milan ist neu im Büro. Hören Sie und korrigieren Sie.**

1 ◀)) 09

a Milan kann seine Jacke ~~über den Stuhl legen.~~   *neben die Tür hängen*
b Milan möchte Fotos auf den Schreibtisch stellen.
c Papier ist im Drucker.
d Der Schrankschlüssel steckt im Schloss.

C Stellen Sie die Leiter **dahin**.

C1 **14 Was ist richtig? Kreuzen Sie an.**

a ◆ Gibt es hier einen Papierkorb?
   ○ Ja, ☒ dort ○ dorthin in der Ecke.
b ◆ Wohin hast du meine Stifte gelegt?
   ○ ○ Dort. ○ Dorthin.
c ◆ Entschuldigung, wo sind denn hier die Toiletten?
   ○ Ich weiß nicht, aber guck mal:
   ○ Da ○ Dahin ist ein Schild.

d ◆ Soll ich die Kleider in den Schrank hängen?
   ○ Nein, leg sie ○ hier. ○ hierhin.
e ◆ Guck mal, ich habe eine schöne Pflanze gekauft.
   ○ Toll. Wir stellen sie ○ dort, ○ dorthin, ja?
f ◆ Wo ist nur mein Autoschlüssel?
   ○ Sieh mal, ○ hier ○ hierhin liegt er doch.

C1 **15 Ergänzen Sie *wo – wohin – da – dahin* und die Artikel in der richtigen Form und vergleichen Sie.**

Deutsch	Englisch	Meine Sprache
◆ *Wohin* soll ich meine Jacke hängen?	◆ Where should I hang my jacket?	
○ Häng sie _____ – über d_____ Stuhl.	○ Hang it there – over the chair.	
◆ _____ sind meine Stiefel?	◆ Where are my boots?	
○ Sie stehen _____ – unter d_____ Stuhl.	○ They are there – under the chair.	

C2 **16 Wohin geht Marita? Ordnen Sie zu und schreiben Sie.**

aus dem Haus   ins Haus   ~~in den Hof~~   raus   rüber   über die Straße   ~~runter~~
in den dritten Stock   rauf   rein

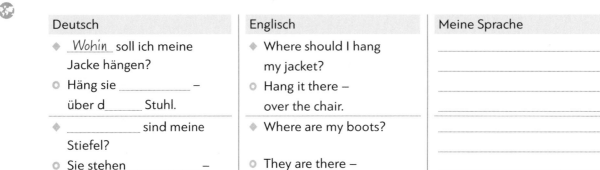

A

a Marita geht in den Hof. Sie geht runter.

b _____

B

C

c _____

D

d _____

E

e _____

◇ [C2] **17 Verbinden Sie und ergänzen Sie.**

| a in den Supermarkt | c in den 10. Stock | e vom 2. Stock die Treppe |

| b über die Straße | d aus dem Geschäft |

1 _____ 2 _raus_ 3 _____ 4 _____ 5 _____

❖ [C2] **18 Was darf man nicht? Was muss man? Ordnen Sie zu und ergänzen Sie in der richtigen Form.**

~~rausstellen~~ reinbringen reingehen reinkommen ~~runterfahren~~ rüberfahren

A

a Hier _darf_ man _nicht runterfahren_ .

B

KEIN EINGANG

b Vorsicht! Hier _____ man

_____ .

C

c Hier _____ Sie leider

_____ .

D

d Am Donnerstag _____

du den Müll _____ .

e Es regnet! Schnell! Wir _____

alles _____ .

E

f Nein, du _____ noch

nicht _____ .

F

[C3] **19 ü hören und sprechen**

1 ◀)) 10 **a** Wo hören Sie ü? In Wort A oder B? Kreuzen Sie an.

Phonetik

1 A⊠ B○ 2 A○ B○ 3 A○ B○ 4 A○ B○

1 ◀)) 11 **b** Hören Sie und sprechen Sie nach.

1 viel Müll
sehr viel Müll
Das ist aber sehr viel Müll.

2 vor die Tür stellen
Bitte den Müll vor die Tür stellen!
Herr Müller, würden Sie bitte den Müll
vor die Tür stellen?

3 natürlich
natürlich müssen Sie
Aber natürlich müssen Sie die Tür schließen.

4 rüberbringen
lieber den Schlüssel rüberbringen
Bring den Schlüssel lieber zu den
Nachbarn rüber.

D Zusammen leben

20 Verbinden Sie die passenden Ausdrücke und notieren Sie.

leeren   klingeln   b auf die Katze   gießen

aufpassen   a an der Haustür   werfen   c den Briefkasten

d die Pflanzen   e ein Päckchen

annehmen   f etwas in den Briefkasten

a an der Haustür klingeln
b ...

21 Ich habe eine Bitte: ...

a Welche Antwort passt? Kreuzen Sie an.

1 ◆ Könntest du bitte heute Nachmittag auf Foxi aufpassen?
  ○ ☒ Oh, leider kann ich nicht auf deinen Hund aufpassen. Ich muss arbeiten.
  ○ ○ Danke, das ist wirklich nett.

2 ◆ Das Schloss an meiner Wohnungstür ist kaputt. Ich glaube, jemand muss es wechseln.
    Mit wem kann ich denn da sprechen?
  ○ ○ Da rufen Sie am besten den Hausmeister, Herrn Kuhne, an.
  ○ ○ Danke für den Tipp.

3 ◆ Ich habe eine Bitte: Würden Sie nächste Woche meinen Briefkasten leeren?
  ○ ○ Vielen Dank für Ihre Hilfe.
  ○ ○ Natürlich. Das mache ich gern.

4 ◆ Ich habe ein Problem: Das Paket muss heute noch zur Post, aber ich kann
    nicht rausgehen, weil ich Fieber habe.
  ○ ○ Sei so nett und nimm das Paket für mich an.
  ○ ○ Kein Problem. Ich bringe das Paket für dich zur Post.

1 ◀))) 12   **b** Hören Sie und vergleichen Sie.

◇ **22 Ordnen Sie zu.**

seien Sie doch bitte so nett   ~~Würden Sie ... annehmen~~   Danke für den Tipp
sprechen Sie am besten   Das mache ich gern   ich habe eine Frage

a ◆ Guten Tag, ich habe ein Paket für Herrn Reisinger. Aber er ist nicht zu Hause.
    Würden Sie das Paket *annehmen* ?
  ○ Natürlich. _____.
  ◆ Soll ich eine Nachricht in Herrn Reisingers Briefkasten werfen?
  ○ Ja, _____.

b ◆ Entschuldigung, _____:
    Ich bin neu im Haus. Wohin muss ich den Papiermüll bringen?
  ○ Das weiß ich nicht. Ich besuche hier nur jemanden. Da
    _____
    mit dem Hausmeister. Oder Sie sehen mal hinter der Treppe nach.
  ◆ Das ist eine gute Idee. _____.

❖ D2 **23 Nachrichten in der Wohngemeinschaft. Ergänzen Sie.**

1 Guten Morgen, Thorsten. Ich habe eine Bitte : Ich bekomme später ein Paket, aber ich muss jetzt zum Deutschkurs. S_____ d_____ b_____ s___ n_____ und nimm es für mich an. Der Paketbote kommt gegen elf. V_____ D_____ f_____ D_____ H_____. Galina

2 Hallo Thorsten und Galina, ich fahre am Wochenende zu meinen Eltern. K_____ I_____ b_____ meine Pflanzen g_____? Und: Ich muss eigentlich diese Woche die Küche putzen. Aber ich habe keine Zeit, denn mein Zug fährt schon um 8.30 Uhr. W_____ I_____ das für mich machen? Tausend Dank! Britta

3 Hallo Galina, Dein Paket ist gekommen. 🙂 L_____ k_____ i_____ die Küche auch nicht putzen, weil ich zur Spätschicht muss. Räumst Du sie bitte auf? Danke! Thorsten

4 Putzen: nein! Aufräumen: ja. D_____ m_____ i_____ g_____. Gruß Galina

5 O.k., danke, d_____ i_____ w_____ n_____! Britta 😚

D3 **24 Eine Nachricht für Herrn Regner**

Schreib-
training

a Verbinden Sie.

Ein Fenster in Ihrer Wohnung schließt nicht richtig. Der Handwerker kommt am 18. Januar, aber leider sind Sie nicht zu Hause. Ihr Nachbar, Herr Regner, soll den Handwerker in die Wohnung lassen. Sie schreiben eine kurze Nachricht und stecken sie in seinen Briefkasten.

1 Anrede

2 Was machen Sie am 18. Januar?

3 Was soll Herr Regner tun?

4 Dank und Gruß

b Schreiben Sie die Nachricht.

Hallo Herr Regner,
...

Vielen Dank für Ihre Hilfe und herzliche Grüße

ich erwarte am 18.1. zwischen 9 und 11 Uhr einen Handwerker. Leider habe ich an dem Tag einen Termin an der Universität und kann nicht zu Hause sein.

Hallo Herr Regner,

Könnten Sie den Handwerker bitte in meine Wohnung lassen? Ich klingle heute Abend mal bei Ihnen oder werfe meinen Wohnungsschlüssel in Ihren Briefkasten.

D3 **25 Eine Mitteilung schreiben**

Prüfung

Eine Freundin ist krank. Sie wohnt in einer anderen Stadt und Sie wollen sie über das Wochenende besuchen. Schreiben Sie Ihrer Nachbarin, Frau Steiner, eine SMS.

– Sie sind am Wochenende nicht zu Hause: warum?
– Frau Steiner soll Ihre Pflanzen gießen und die Katze füttern.
– Sie werfen den Schlüssel in Frau Steiners Briefkasten.
– Danken Sie Frau Steiner für ihre Hilfe.

LERNTIPP Kontrollieren Sie Ihren Text nach dem Schreiben: Haben Sie die Anrede und alle Nomen großgeschrieben? Sind die Verb-Endungen korrekt?

E Müll vermeiden

E3 **26 Hier sind zehn Wörter vertauscht. Korrigieren Sie.**

> **RAUS AUS DEM MÜLLBERG**
>
> Alles hat vor sechs Monaten begonnen: Fabiana Rossi aus Urbino war für einen Deutschkurs in Göttingen. Ein Thema im Unterricht war Müll: Wie muss man den Müll in Deutschland <u>verzichten</u> (a)? Wie funktioniert Recycling? … Da hatte Fabiana eine Idee: Sie will auf alle Verpackungen aus Plastik <u>trennen</u> (b). Zuerst hat sie eine Liste gemacht: Was ist alles in Plastik verpackt? Fabianas Liste war ziemlich lang: Joghurt, Obst und Gemüse, Shampoo, Zahnbürsten, Cola, Eis. Für vieles hat Fabiana ~~recht~~ (c) gefunden. So kauft sie zum Beispiel nur noch im Bioladen ein. Dort bekommt sie das Obst und Gemüse ohne <u>Leitung</u> (d) und die Tüten sind aus Papier. Eis aus dem Supermarkt gibt es für Fabiana nicht mehr. Sie holt ihr Eis im Eiscafé. „Oft ist Plastik nicht <u>negativ</u> (e)", sagt sie. „Denn man kann Wasser auch aus der <u>Verpackung</u> (f) trinken und Joghurt im Glas <u>vermeiden</u> (g)." Und was sagen Fabianas Freunde und ihre Familie zu ihrer Aktion? „Sehr viele sehen das Experiment positiv. Nur mein Bruder hat <u>nötig</u> (h) reagiert. Er meint, ein Leben ohne Plastik ist nicht realistisch." Und hat er ~~eine Lösung~~ (i)? „Nein", lacht Fabiana. „Natürlich nicht. Alle können Müll <u>kaufen</u> (j). Ich höre sicher nicht mehr damit auf."

a ....
b ....
c *eine Lösung*
d ....
e ....
f ....
g ....
h ....
i *recht*
j ....

E3 **27 Ein Leben ohne Plastik? Ordnen Sie die Aussagen zu.**

1 positiv   2 skeptisch/negativ

2 Das Experiment gefällt mir nicht.	◯ Das möchte ich auch einmal ausprobieren.
◯ Kompliment an Fabiana!	◯ Auf Plastik verzichten? Das ist keine Lösung.
◯ Ich finde die Idee unrealistisch.	◯ Ich finde die Idee toll.
◯ Das Experiment klingt interessant.	◯ Das Experiment funktioniert nicht.

◇ E3 **28 Verbinden Sie.**

> *Wie vermeiden Sie Müll?*

a ◆ An unserer Uni gibt es Wasserautomaten. Ich benutze aber nicht die Plastikbecher. Ich bringe ein Glas von zu Hause mit.

b ◆ Auf Plastik ganz verzichten? Das finde ich unrealistisch. Aber es gibt auch Bioplastik.

c ◆ Ich mache viel selbst: Kuchen und Brot, Joghurt und Eis, Seifen und Zahnpasta.

d ◆ Ich bestelle nichts im Internet. So spare ich Verpackungsmüll und die Geschäfte freuen sich auch.

e ◆ Die Leute wollen jedes Jahr einen neuen Fernseher, ein neues Handy, ein neues Fahrrad. Ich habe meine Geräte viele Jahre und repariere sie selbst. Das ist umweltfreundlich!

1 ○ Kein Online-Shopping mehr? Das ist doch keine Lösung.

2 ○ Kompliment! Leider bin ich nicht so gut in Technik.

3 ○ Ich finde die Idee toll. Aber warum trinken Sie kein Leitungswasser? Automaten brauchen Strom.

4 ○ Das funktioniert nicht für alle. Wer hat schon so viel freie Zeit und kann das alles selbst machen?

5 ○ Ach? Das klingt interessant. Aber ist dieses Plastik wirklich umweltfreundlich?

❖ E3 **29 Wie finden Sie die Tipps? Schreiben Sie eine Antwort.**

a ◆ Nur kaufen, was man wirklich braucht. Das ist umweltfreundlich!

○ *Sie haben recht. Wir kaufen immer viel zu viel.*

b ◆ Ich kaufe nur selten Kleidung oder ich kaufe sie auf dem Flohmarkt.

○ ....

c ◆ Aus Flaschen werden Schuhe, aus Tüten werden T-Shirts: Eine kleine Firma macht ein Experiment und will Kleidung aus Plastikmüll machen.

○ ....

d ◆ Mein Tipp: Nicht neu kaufen – reparieren! In Repair Cafés bekommst du kostenlos Hilfe und Tipps.

○ ....

e ◆ Wer braucht zehn verschiedene Putzmittel in Plastikflaschen? Nehmt einfach heißes Wasser.

○ ....

E4 **30 Wortakzent**

1 ◀) 13   a Hören Sie und markieren Sie die Betonung: _____ .

Phonetik

1 die Kasse – der Zettel – der Kassenzettel
2 der Müll – die Tonne – die Mülltonne
3 das Holz – das Spielzeug – das Holzspielzeug
4 die Pizza – der Karton – der Pizzakarton
5 das Haus – der Bewohner – der Hausbewohner
6 das Plastik – die Flasche – die Plastikflasche

1 ◀) 14   b Hören Sie noch einmal und sprechen Sie nach.

E4 **31 Was passt?**

a Verbinden Sie.

1 leere Verpackungen   a machen
2 ein Kostüm   b in die Mülltonne werfen
3 Waschmittel   c von Beruf sein
4 Notizen   d trennen
5 Moderatorin   e in großen Mengen benutzen
6 Müll   f anziehen

b Ergänzen Sie mit Wörtern aus a.

Ich heiße Anke Gallus und bin _Moderatorin_ von Beruf. Ich habe _____ gemacht für eine Umfrage zum Thema Umwelt und Waschen. Ich _____ für meine Arbeit oft Kostüme _____ . Diese muss ich oft waschen und so _____ ich Waschmittel in großen _____ – leider. _____ Verpackungen werfe ich in die Mülltonne – natürlich in die richtige. Müll _____ ist wichtig, finde ich. So, jetzt aber zur Umfrage. Entschuldigen Sie ...

Test Lektion 2

1 Ergänzen Sie das Gespräch.

◆ Guten Abend, Frau Kraus. Kommen Sie doch rein. (a)

○ Danke. Ich will w___k___h (b) nicht lange s___ö___ (c). Aber ich habe eine B_____ (d): Ich erwarte morgen ein P__k__t (e). Ich habe aber Früh_____t (f) und bin nicht zu Hause. Würden Sie es bitte annehmen?

◆ Natürlich. Kein Problem.

○ Super. Ich hä_____ (g) eine Nachricht an meinen B_____k_____ (h). Dann weiß der Paketbote Bescheid und k_____g____t (i) bei Ihnen.

2 Ordnen Sie zu.

rauf ~~raus~~ rein rüber

a Hallo, Herr Ley! Kommen Sie doch _____ und trinken Sie einen Kaffee mit uns.

b Schade, hier darf ich heute nicht _____ gehen.

c Hier darf man nur im Notfall _raus_ gehen.

d Kommen Sie bitte _____, Frau König.

3 Ordnen Sie zu und ergänzen Sie die Artikel in der richtigen Form.

~~hängt~~ lege liegt stecken stellen

a Du, da _hängt_ ein Schild an d_er_ Tür: „Ruhe, bitte". Meinst du, wir dürfen stören?

b Ah, Sie bringen den neuen Drucker. Bitte _____ Sie ihn gleich auf d_____ Schreibtisch.

c Hier sind Handys verboten. Bitte _____ Sie Ihr Handy wieder in d____ Tasche. Danke!

d Ich _____ Ihnen die Briefe auf d_____ Tisch, ja?

e Das Papier für den Drucker _____ neben d_____ Telefon.

4 Ergänzen Sie die Mitteilung.

Lieber Herr Yilmaz,

ich _____ (a): Ich muss heute Abend nach Bremen fahren. Meine Mutter liegt im Krankenhaus. _____ (b) bitte meine Katze füttern? _Den Schlüssel werfe ich_ (c) in Ihren Briefkasten – wie beim letzten Mal.

_____ (d) für Ihre Hilfe und

_____ (e) Grüße

Gerhard Zwolinski

1 Seien Sie doch bitte so nett und ...

1 ◀)) 15–20   **a** Was sollen die Kollegen / die Mitarbeiter (nicht) tun?
Hören Sie und verbinden Sie.

1 Annette soll	a für Mara arbeiten.
2 Herr Posner soll	b nicht privat telefonieren.
3 Frau Krause soll	c die Pflanzen gießen.
4 Sandra soll	d ein technisches Problem lösen.
5 Frau Cesco soll	e pünktlich kommen.
6 Eren soll	f mit der Personalabteilung sprechen.

b Welche Antwort passt? Kreuzen Sie an.

1

◆ Hör mal, Annette. Du weißt, ich habe ab morgen Urlaub.
Könntest du vielleicht meine Pflanzen gießen?

⊙ ☒ Natürlich. Das mache ich gern.

⊙ ○ Oh, natürlich. Entschuldigung.

2

◆ Kann ich kurz mit Ihnen sprechen, Herr Posner?

⊙ ○ Ja? Was gibt es denn?

⊙ ○ Sie kommen fast jeden Tag zu spät.

3

◆ Frau Krause? Ich habe eine Bitte: Sie telefonieren ziemlich viel privat.
Seien Sie doch bitte so nett und telefonieren Sie nur in den Pausen
und nur mit Ihrem eigenen Handy, ja?

⊙ ○ Das geht nicht.

⊙ ○ Oh, natürlich. Entschuldigung, Herr Fauser.

4

◆ Du, Sandra? (...) Würdest du meine Schicht übernehmen?

⊙ Leider kann ich am Samstag auch nicht arbeiten, weil mein Freund Geburtstag hat.
(...) Tut mir wirklich leid, Mara.

◆ ○ Kein Problem. Ich frage Kasia.

◆ ○ Ach, bitte! Sei doch so nett!

5

◆ Darf ich Sie etwas fragen, Herr König?

⊙ ○ Da sprechen Sie am besten mit Herrn Willemsen.

⊙ ○ Natürlich, Frau Cesco. Was ist los?

6

◆ (...) Die neue Software funktioniert nicht. Was soll ich nur machen?

⊙ ○ Das ist doch kein Problem!

⊙ ○ Da rufst du am besten Herrn Wagner an.

1 ◀)) 15–20   **c** Hören Sie noch einmal und vergleichen Sie.

2 Spielen Sie die Gespräche aus 1 mit Ihrer Partnerin / Ihrem Partner.

A Ich esse **nie** Fleisch.

A1 **1 Ordnen Sie zu.**

meistens   nie   manchmal   oft   immer   ~~selten~~

0% _____ 100%

_____ _selten_ _____ _____ _____

A2 **2 Ordnen Sie zu.**

oft   immer   ~~selten~~   nie

a Sofia geht nur einmal oder zweimal pro Monat zum Mittagessen
   in die Kantine. Sie isst nur sehr _selten_ dort.
b Carla isst nur vegetarisch. Sie isst _____ Fleisch.
c Franz isst sehr _____ Fleisch – fast jeden Tag.
d Francesco trinkt jeden Morgen Kaffee. Er braucht zum
   Frühstück _____ einen Kaffee.

A2 **3 Wer macht was wie oft?**

a Wählen Sie eine Person aus Ihrem Kurs. Überlegen Sie: Was macht sie/er wie oft? Schreiben Sie.

spazieren gehen   in den Klub gehen   am Abend fernsehen
schwimmen   Kleidung einkaufen   Deutsch lernen
Sport machen   spät ins Bett gehen   …

Ich glaube, Alfredo geht oft spazieren, er geht … in den Klub, …

b Zeigen Sie dieser Person Ihren Text und fragen Sie: Was stimmt und was stimmt nicht?
   Wer hat seine Person am besten beschrieben?

A2 **4 Wie heißen die Wörter? Ergänzen Sie.**

> E-Mail senden
>
> Lieber Simon,
> nun lebe ich schon zehn Monate in Würzburg. Am Anfang war alles neu für mich. Aber jetzt habe
> ich schon ein paar _Gewohnheiten_ (wohntenheiGe) von meinen deutschen Kollegen _____
> _____ (nomübermen). Ich frühstücke zum Beispiel _____ (gensmor)
> Brot mit _____ (ginHo) oder _____ (melaMarde) und ich
> kaufe mir _____ (wegsterun) noch einen Kaffee. _____
> (sgatMit) gehe ich meistens mit Kollegen in die _____ (Kanneti) zum Essen.
> Es gibt immer ein vegetarisches _____ (thcirGe). Das nehme ich oft, denn ich
> esse nie _____ fleisch (enSchwei). Manchmal gehen wir auch abends nach der
> Arbeit zusammen weg. Alle sagen: Hier in der Nähe von Würzburg schmeckt der Wein sehr gut.
> Aber Du weißt ja, ich trinke keinen Wein! Mein Lieblingsgetränk ist zurzeit Apfelschorle. Die trinke
> ich zu _____ (tsaf) jeder _____ (zeitlhaM) ☺ .
> Wie geht es Dir? Wie geht es Deiner Familie? Treffen wir uns bald mal wieder?
> Viele Grüße
> Kerem

B1 **5 Ergänzen Sie:** *ein-, kein-, welch-* **in der richtigen Form.**

a ◆ Ich brauche bitte eine Tasse. ○ Hier ist doch *eine* .

b ◆ Haben wir eigentlich noch Nüsse? ○ Ja, hier sind _____ .

c ◆ Gibst du mir bitte ein Brötchen? ○ Tut mir leid, hier ist _____ mehr.

d ◆ Gib mir bitte einen Löffel. ○ Dort liegt doch _____ .

e ◆ Haben wir noch Eier? ○ Nein, im Kühlschrank sind _____ mehr.

f ◆ Ich brauche bitte ein Messer. ○ Schau, hier liegt doch _____ .

g ◆ Gibst du mir bitte eine Zwiebel? ○ Tut mir leid, aber hier ist _____ .

h ◆ Gibst du mir bitte einen Apfel? ○ Tut mir leid, hier ist _____ .

B1 **6 Was ist richtig? Kreuzen Sie an.**

a ◆ Gibst du mir bitte noch ein paar Nüsse?
  ○ Tut mir leid, wir haben
    ○ welche ☒ keine mehr.
b ◆ Wer möchte noch Spaghetti?
  ○ Ich nehme gern noch ○ eine. ○ welche.
c ◆ Möchtest du eine Nachspeise?
  ○ Nein danke, ich möchte
    ○ keins. ○ keine.
d ◆ Gibt es noch ein Messer?
  ○ Ich weiß nicht. Ich sehe ○ keins. ○ keinen.
e ◆ Ich brauche noch einen Teller.
  ○ Bleib sitzen, ich hole dir ○ einen. ○ welche.

f ◆ Ich hole noch eine Tasse.
  ○ Ich brauche auch ○ eins. ○ eine.
g ◆ Soll ich noch ein Brot kaufen?
  ○ Nein, wir haben noch ○ eins. ○ einen.
h ◆ Wir brauchen noch einen Löffel.
  ○ Oh, wir haben ○ keinen ○ keins mehr.

B1 **7 Markieren Sie Wer?/Was? in 5 und Wen?/Was? in 6 und ergänzen Sie.**

Grammatik
entdecken

Wer?/Was?	Hier ist/sind ...
• **der** Löffel	_____ /keiner
• **das** Messer	_____ /keins
• **die** Tasse	*eine* /keine
• **die** Nüsse	_____ /keine

Wen?/Was?	Ich habe/möchte/nehme
• **den** Löffel	einen /_____
• **das** Messer	eins /_____
• **die** Tasse	_____ /keine
• **die** Nüsse	welche / *keine*

B2 **8 Ordnen Sie zu.**

eins ~~keine~~ keins eine welche keine einen

a ◆ Ich nehme mir noch eine Nachspeise.
  Du auch?
  ○ Nein danke. Ich möchte *keine* mehr.
b ◆ Haben wir noch ein Käsebrötchen?
  ○ Ja, schau mal, dort liegt _____ .
c ◆ Ich mache mir noch einen Espresso.
  ○ Gute Idee. Ich möchte auch noch
    _____ .

d ◆ Wo sind denn die Nüsse? Haben wir
  noch _____ ?
  ○ Nein, ich glaube, wir haben _____
  mehr.
e ◆ Ich brauche eine Gabel.
  ○ Da auf dem Tisch liegt doch _____ .
f ◆ Wo ist denn das Brot?
  ○ Wir haben _____ mehr.

B

◇ B2 **9 Verbinden Sie.**

a ◆ Soll ich noch Birnen kaufen? 1 ○ Nein, wir haben noch eins.
b ◆ Soll ich noch eine Flasche Milch kaufen? 2 ○ Nein, wir haben noch welche.
c ◆ Soll ich noch ein Brot kaufen? 3 ○ Ja bitte, wir haben keinen.
d ◆ Soll ich noch einen Kuchen kaufen? 4 ○ Ja bitte, es ist keine mehr da.
e ◆ Soll ich noch Bananen kaufen? 5 ○ Nein, es sind noch welche da.

❖ B2 **10 Ergänzen Sie die Gespräche.**

a ◆ Ich brauche ein Wörterbuch Deutsch-Ungarisch. Hast du _eins_ ?
   ○ Nein, aber frag doch mal Janno.
b ◆ Kannst du mir einen Bleistift leihen?
   ○ Tut mir leid, ich habe _____. Aber dort auf dem Tisch liegt doch _____.
c ◆ Ich gehe in der Pause ein Käsebrötchen kaufen. Magst du auch _____ ?
d ◆ Haben Sie Kopfschmerzen? Nehmen Sie doch eine Tablette.
   ○ Ich habe aber _____ .
   ◆ Einen Moment. Ich habe sicher _____ in der Tasche. Ja, hier, bitte sehr.
e ◆ Haben wir noch Kaffeetassen?
   ○ Ja, dort im Schrank sind noch _____ .

B3 **11 Lösen Sie das Rätsel.**

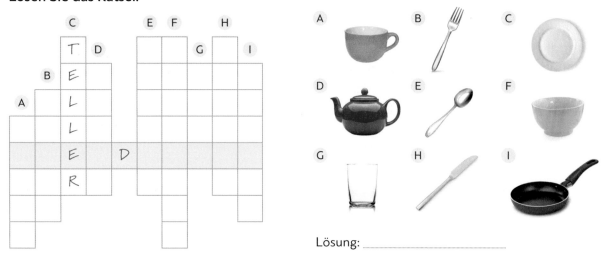

Lösung: _____

B3 **12 Ergänzen Sie und vergleichen Sie.**

Deutsch	Englisch	Meine Sprache
Bitte stell das Geschirr nach dem Essen in die _____ .	dishwasher	
Möchtest du gern ein _____ Wein?	glass	
Das Wasser im _____ kocht gleich.	pot	
Ich brauche eine _____ für die Steaks.	pan	

C2 **13 Eine Einladung**

a Ordnen Sie die Gesprächsteile.

◯ ◆ Nein, nein. Lass sie ruhig an. Der Boden ist kalt.
◯ ◦ Hallo Elly. Die Blumen sind für dich.
① ◆ Hallo Linda, komm bitte rein.
◯ ◆ Oh, sind die schön! Vielen Dank. Das ist aber nett.
◯ ◦ Soll ich die Schuhe ausziehen?

...

◯ ◆ Ja dann: Guten Appetit!
◯ ◦ Ja, ein Glas sehr gern. Danke.
◯ ◆ Schweinefleisch mit Gemüse und Kartoffeln. Das magst du doch gern, oder?
① ◦ Hm, es riecht sehr lecker. Was hast du denn gekocht?
◯ ◆ Das freut mich. Möchtest du Wein?
◯ ◦ Ja, sehr gern!

...

◯ ◆ Sehr gern! Tschüs.
◯ ◆ Vielen Dank für deinen Besuch und komm gut nach Hause.
① ◦ Es ist schon spät. Vielen Dank für den schönen Abend und das gute Essen.
◯ ◦ Das nächste Mal kommst du zu mir, ja?

1 ◀)) 21   b Hören Sie und vergleichen Sie.

◇ **C2** **14 Verbinden Sie.**

a Hier, die Blumen sind für Sie.	1 Gern! Es war wirklich schön!
b Was möchten Sie trinken?	2 Ja, gern.
c Soll ich die Schuhe ausziehen?	3 Oh, danke. Das ist aber nett.
d Darf ich Ihnen noch etwas Fleisch geben?	4 Lassen Sie sie ruhig an.
e Vielen Dank für den schönen Abend.	5 Einen Orangensaft, bitte.

❖ **C2** **15 Wie antworten Sie höflich? Ergänzen Sie.**

~~Kein Problem!~~   Ja, gern. Sie schmeckt wirklich lecker!   Vielen Dank für den schönen Abend.
Vielen Dank. Das ist sehr nett. Wir kommen gern.   Ein Wasser, bitte. Ich trinke keinen Alkohol.

a ◆ Wir möchten Sie und Ihre Frau am Samstag gern zum Abendessen einladen.

   ◦ _____

b ◆ Tut mir leid! Ich habe gar nichts mitgebracht.

   ◦ *Kein Problem!*

c ◆ Möchten Sie Wein oder lieber ein Bier?

   ◦ _____

d ◆ Möchten Sie noch etwas von der Nachspeise?

   ◦ _____

e ◆ Auf Wiedersehen. Kommen Sie gut nach Hause.

   ◦ _____

C

C4 **16 Wie heißen die Wörter? Ergänzen Sie.**

In Deutschland darf man nicht einfach seine Freunde zu einer Einladung mitbringen. Das üb e r r a s ch t mich. In Brasilien nimmt man öfter jemanden mit. Aber man fragt vorher.

João
aus Brasilien

Viele Deutsche essen schon um 12 Uhr zu Mittag. Das finde ich s____t __a__. In meinem Heimatland ist das a__d__r__. In Spanien isst man normalerweise erst um 14 oder 15 Uhr.

Alba
aus Spanien

In Deutschland eine Stunde zu spät zum Essen kommen? Das geht nicht. Das ist nicht h__f__i____.

Sonja
aus Deutschland

In Deutschland bringt man zu einer Einladung oft Blumen mit. Das kenne ich. Bei uns ist das g__n__u__o.

Cosmin
aus Rumänien

C5 **17 Wie sind/schmecken diese Lebensmittel? Ergänzen Sie.**

A   B  C   D E

s a u e r   _____   _____   _____   _____

C5 **18 Hören Sie und sprechen Sie nach. Achten Sie auf den s-Laut.**

1 🔊 22
Phonetik

das Glas – das Messer – der Reis – das Eis – der Bus – die Straße – der Salat –
das Gemüse – der Käse – am Sonntag – die Pause – die Bluse

C5 **19 Sie hören jeweils zwei Wörter. Wo hören Sie den gleichen s-Laut? Kreuzen Sie an.**

1 🔊 23
Phonetik

a ☒ b ○ c ○ d ○ e ○ f ○ g ○ h ○ i ○

C5 **20 Hören Sie und sprechen Sie nach.**

1 🔊 24
Phonetik

Ich sitze im Sessel und sehe fern. – Der Saft ist süß. – Meistens trinke ich morgens ein Glas Orangensaft. –
Der Essig ist sehr sauer. – Susanne ist satt.

C5 **21 Hören Sie und ergänzen Sie: s – ss – ß.**

1 🔊 25
Phonetik

a Du trinkst ja nur Mineralwa ss er und i____t nur Brot. Was i____t denn pa____iert?

b Rei____en ist mein Hobby. Das macht mir Spa____. Ich habe schon drei____ig Städte be____ucht.

c Hallo Susanne. Du mu____t schnell nach Hau____e kommen, ich habe schon wieder meinen
Schlü____el verge____en.

D In der Kantine

D1 22 **Ergänzen Sie.**

Mittagessen in der Kantine, ein Snack am Imbissstand oder ein Sandwich vor dem PC – Wie essen Sie zu Mittag?

A Inga, 24 Jahre

Wissen Sie, ich arbeite in einer kleinen Firma mit r u n d 25 Mitarbeitern. Wir haben keine Kantine. Aber ich brauche mittags auch keine warme M__h__z__t. Mein Frühstück ist sehr „deutsch": Müsli mit F__ü__t__n. Ich nehme noch ein Sandwich mit und das esse ich so g__g__ 14 Uhr. So bin ich bis abends s__t. Dann koche ich zu Hause mit meinem Mann.

B Mehmet, 38 Jahre

Ich gehe nur selten in unsere Kantine. Dort gibt es jeden Tag nur zwei H__up__gerichte und das Essen ist auch nicht f__i__c__ gekocht. Es kommt aus einer F__r__k. Gemüse oder Salat gibt es eigentlich nie. Das ist schade. In meinem Heimatland essen wir viele u__t__r-__c__i__dli__he Arten von Gemüse. Das vermisse ich hier. Ich esse meistens an einem kleinen Imbissstand. Dort ist das E__s__n lecker und frisch.

C Andressa, 26 Jahre

Ich gehe täglich in die Kantine. Unsere Kantine l__i__e__ eine junge Frau. Sie ist super. Jeden Tag gibt es ein großes Salatbüfett, leckere V__sp__s__, ein vegetarisches Gericht, manchmal auch ein gutes Steak oder andere Fleischgerichte. A__ß__d__m kocht sie immer mit P__od__k__n aus der Umgebung. Die Salate, das Gemüse und Fleisch sind r__g__o__l und kommen vom M__r__t. Das finde ich super!

D1 23 **Sie hören drei kurze Texte. Sie hören jeden Text zweimal.**

1 ◀)) 26–28

Prüfung

Wählen Sie für die Aufgaben 1–3 die richtige Lösung a, b oder c.

1 Was kostet 15,90 € im Kaufhausrestaurant?
   a ○ Vorspeise, Hauptgericht und Nachspeise.
   b ○ Vorspeise, Hauptgericht, Nachspeise und Espresso.
   c ○ Vorspeise, Hauptspeise, Nachspeise und Bier.

2 Was möchte die Frau?
   a ○ Mit Dany ins Kino gehen.
   b ○ Mit Dany ins Restaurant gehen.
   c ○ Zu Hause kochen.

3 Sie möchten etwas bestellen. Was sollen Sie machen?
   a ○ Die 1 drücken.
   b ○ Die 2 drücken.
   c ○ Mit einem Mitarbeiter sprechen.

E Essen gehen

E1 **24 Was sehen Sie auf dem Tisch?**

a Ergänzen Sie mit ● *der* – ● *das* – ● *die* – ● *die*.

● das Wasser

● die Schüssel

● der Löffel

b Ordnen Sie die Wörter aus a zu.

Besteck	Geschirr	Essen/Getränke
der Löffel	die Schüssel	das Wasser
...	...	...

E2 **25 Im Restaurant**

a Ordnen Sie zu.

reklamieren   bezahlen   ~~einen Sitzplatz suchen~~   bestellen

1   einen Sitzplatz suchen

2

3

4

b Ordnen Sie die Situationen den Sätzen zu und schreiben Sie die Gespräche 1–4.

1   einen Sitzplatz suchen   2   bestellen

1 Entschuldigung, ist der Platz noch frei?   2 Ich möchte bitte bestellen.   ○ Einen Apfelsaft, bitte.
○ Sicher. Nehmen Sie doch Platz.   ○ Und was möchten Sie essen?   ○ Gern. Was darf ich Ihnen bringen?
○ Vielen Dank. Das ist sehr nett.   ○ Ich nehme einen Hamburger mit Salat, bitte.

① ◆ Entschuldigung, ist der Platz noch frei?
  ○ ...

② ◆ Ich möchte bitte bestellen.
  ○ ...

3   reklamieren   4   bezahlen

○ Oh, das tut mir leid. Ich putze ihn gleich.   ○ Zusammen oder getrennt?   ○ Stimmt so.
○ Entschuldigung, aber der Tisch ist nicht sauber.   ○ Wir möchten bitte zahlen.   3 Vielen Dank.
○ Zusammen.   ○ Das macht 13,60 €.

E3 **26 Essen gehen**

a Sehen Sie den Text an. Was ist das? Kreuzen Sie an.

1 ○ eine Anzeige　　2 ○ ein Zeitungstext　　3 ○ eine Restaurantkritik

---

RESTAURANT „GOLDENER LÖWE" IN GRAZ

Neu eröffnet hat in diesem Monat im Zentrum von Graz der „Goldene Löwe". Dieses Restaurant bietet traditionelle österreichische Gerichte zu fairen Preisen an. Hauptgerichte bekommt man
5 für 9,90 € bis 15,90 €. Das Original Wiener Schnitzel mit hausgemachtem Kartoffelsalat hat uns am besten geschmeckt!
Aber esst nicht zu viel vom Hauptgericht, denn sonst habt ihr keinen Appetit mehr auf das
10 Beste in diesem Restaurant: die Nachspeisen! Salzburger Nockerln, Dampfnudeln, Apfelstrudel ... alles hausgemacht und perfekt. Kommt lieber nicht, wenn ihr gerade eine Diät macht, denn die Nachspeisen müsst ihr probieren!

15 Auch die Weine – alle aus der Umgebung von Graz – können wir sehr empfehlen. Am Wochenende ist das Restaurant sehr voll. Wir sind um 19 Uhr gekommen und fast alle Tische waren schon besetzt. Der Service ist schnell und die
20 immer freundlichen Kellner erfüllen auch gern mal Extrawünsche.
Alles in allem: leckeres Essen und normale Preise. Wir waren schon zweimal dort, beide Male sehr zufrieden und kommen bestimmt
25 wieder!

KÜCHE: österreichisch
ÖFFNUNGSZEITEN: Di – So von 11 Uhr bis 24 Uhr; warme Küche bis 22 Uhr

---

LERNTIPP Sie verstehen nicht jedes Wort? Kein Problem. Lesen Sie zuerst die Aufgaben und dann den Text. Wo steht die Information?

b Lesen Sie den Text und ergänzen Sie.

1 Was kann man im Restaurant „Goldener Löwe" essen? _traditionelle österreichische Gerichte_
2 Welches Hauptgericht ist besonders gut? _____
3 Wie sind die Nachspeisen? _____
4 Wann sollte man einen Tisch reservieren? _____
5 Was ist auch gut im Restaurant? _____
6 Wie sind die Kellner? _____

E3 **27 Essen in unserer Stadt**

Schreib-
training

a Wo kann man überall essen? Sammeln Sie.

in der Mensa　　　　　　am Imbissstand

（Wo kann man etwas essen?）

b Wo essen Sie an Ihrem Kursort gern/oft?
Schreiben Sie an eine Person in Ihrem Kurs.

– Wo essen Sie und was gibt es dort?
– Was essen Sie? Warum?
– Was können Sie noch empfehlen?

Liebe/r ...,
ich esse sehr gern ...

Test Lektion 3

1 Was passt nicht? Streichen Sie.

1 .... /6 Punkte

a der Löffel – die Tasse – das Messer – die Gabel
b die Teekanne – die Schüssel – die Pfanne – der Löffel
c das Schnitzel – die Hauptspeise – die Nachspeise – die Vorspeise
d süß – frisch – salzig – scharf
e oft – selten – immer – vorher
f bezahlen – leiten – bestellen – reklamieren
g abends – morgens – meistens – mittags

● 0–3
● 4
● 5–6

2 Ergänzen Sie in der richtigen Form: *ein-, kein-, welch-*.

2 .... /7 Punkte

a ◆ Wo sind die Zitronen?   ○ Wir haben _keine_ mehr.
b ◆ Gibst du mir bitte einen Löffel?   ○ Ja, gern, hier ist _____.
c ◆ Ich möchte einen Tee. Du auch?   ○ Ja, ich trinke auch gern _____.
d ◆ Haben wir noch Nüsse?   ○ Ja, im Schrank sind noch _____.
e ◆ Ich esse jetzt ein Brötchen.   ○ Gute Idee, ich esse auch _____.
f ◆ Möchtest du noch einen Kuchen?   ○ Nein, ich möchte _____ mehr.
g ◆ Wo ist denn meine Tasse?   ○ Keine Ahnung. Ich sehe hier _____.
h ◆ Haben wir noch Bananen?   ○ Ja, ich glaube, wir haben noch _____.

● 0–3
● 4–5
● 6–7

3 Ordnen Sie das Gespräch.

3 .... /7 Punkte

○ Hmmm, was riecht denn hier so gut?
① Hallo Simona, komm rein, bitte!
○ Ja, sehr gern sogar!
○ Hallo Julia. Hier, die sind für dich.
○ Was möchtest du trinken? Wein, Bier, Wasser, Saft?
○ Ich habe Rinderbraten gemacht. Den magst du doch gern, oder?
○ Gern ein Glas Wasser.
○ Oh, Blumen, wie schön. Danke, das ist aber nett!

4 Ordnen Sie zu.

4 .... /6 Punkte

| möchten bitte zahlen | Das macht | darf ich Ihnen bringen |

Wir hätten gern   wir möchten bitte bestellen
Zusammen oder getrennt   ~~was darf ich Ihnen zu trinken bringen~~

a ◆ Entschuldigung, _____.
    ○ Was _____?
    ◆ _____ das Schnitzel und
      den Rinderbraten.
    ○ Und _was darf ich Ihnen zu trinken bringen_ ?

b ◆ Wir _____.
    ○ _____?
    ◆ Zusammen.
    ○ _____ 34,60 Euro, bitte.

● 0–6
● 7–10
● 11–13

Fokus Beruf: Gesunde Ernährung am Arbeitsplatz

1 Was essen und trinken Sie an einem ganz normalen Arbeitstag zum Frühstück, zum Mittagessen und zwischendurch?

Sprechen Sie mit Ihrer Partnerin / Ihrem Partner.

- ein Brötchen mit • Marmelade • Rührei • Obst
- ein Salat • eine Suppe • eine Pizza • ein Stück • Schokolade
- Gemüse • ein Sandwich • ein Vollkornbrot
- eine Currywurst mit • Pommes frites • ein Wasser
- ein Kaffee • ein Saft • ein Tee

> *Zum Frühstück esse ich immer ein Brötchen mit Marmelade und ich trinke ein Glas Saft.*

2 Lesen Sie und ordnen Sie die Überschriften zu.

Gesund frühstücken ist ganz einfach!   ~~Gesundes Essen am Arbeitsplatz? – Kein Problem!~~

Lecker und gesund essen – das geht auch zwischendurch!   Tipps für eine gesunde Mittagspause

Bleiben Sie gesund mit Ihrer AK-Krankenkasse!

A Gesundes Essen am Arbeitsplatz? – Kein Problem!
Für viele Menschen ist die Ernährung am Arbeitsplatz nicht so wichtig: Da gibt es mittags schnell eine Currywurst und zwischendurch Schokolade oder Kuchen. Gesund ist das nicht. Machen Sie es besser! Wir zeigen Ihnen, wie:

B _____
Beginnen Sie Ihren Tag mit einem Glas Milch oder einer Tasse Tee. Essen Sie ein Vollkornbrot oder Vollkornbrötchen mit Käse oder ein Müsli mit Milch oder Joghurt.

C _____
- Trinken Sie vor und nach dem Essen ein Glas Wasser.
- Sie essen oft nicht gesund? Essen Sie Obst, Gemüse oder einen Salat.
- Sie haben nur Zeit für ein Brot? Essen Sie nicht nur ein Sandwich mit Käse oder Wurst. Legen Sie auch Salat, Gurken oder Tomaten auf das Brot.
- Haben Sie eine Mikrowelle am Arbeitsplatz? Dann nehmen Sie eine gesunde Mahlzeit von zu Hause mit und machen Sie sie warm.

D _____
Mit einem kleinen Snack zwischendurch können Sie besser arbeiten. Essen Sie am besten Nüsse, eine Banane, einen Apfel oder eine Karotte.

3 Gesund essen

a Wie können Sie sich besser ernähren? Lesen Sie den Text in 2 noch einmal und notieren Sie.

> Frühstück: Vollkornbrot, ...
> Mittagessen: ...
> ...

b Welche Tipps möchten Sie ausprobieren? Erzählen Sie im Kurs.

> *Nüsse sind ein gesunder Snack – das ist super! Gleich nach dem Kurs kaufe ich mir welche.*

A **Wenn** Sie einen Fehler gemacht haben, **dann** ...

A1

1 Wie fährt Silke zur Arbeit? Ordnen Sie zu.

wenn es schneit   wenn es regnet   wenn die Sonne scheint

A   Sie fährt mit dem Rad, _____.

B   Sie nimmt die U-Bahn, _____.

C   Sie fährt mit dem Bus _____.

A2

2 Ergänzen Sie.

a   Manchmal bin ich noch müde. Ich komme am Morgen ins Hotel.
Manchmal bin ich noch müde, wenn ich am Morgen ins Hotel
komme .

b   Ich frage die Chefin. Etwas ist kompliziert.
Ich frage die Chefin, wenn etwas kompliziert _____ .

c   An der Rezeption ist immer viel los. Viele Gäste kommen an.
An der Rezeption ist immer viel los, wenn viele Gäste

_____ .

d   Ich entschuldige mich. Ich habe einen Fehler gemacht.
Ich entschuldige mich, wenn ich einen Fehler

_____ .

A2

Grammatik
entdecken

3 Wenn ich am Morgen ins Hotel komme, ...

a   Ergänzen Sie die *wenn*-Sätze aus 2.

Manchmal ...,	wenn	ich am Morgen ins Hotel	komme.
Ich frage ...,			
An der Rezeption ...,			
Ich ...,			

b   Schreiben Sie die Sätze aus 2 neu. Beginnen Sie mit dem *wenn*-Satz.

Position 1	Position 2	
Wenn ich am Morgen ins Hotel komme,	bin	ich manchmal noch müde.
Wenn ...		

A2   **4 Schreiben Sie Sätze mit *wenn*.**

a Ich brauche Büromaterial. → Ich gehe zu Frau Petri.
Wenn _ich Büromaterial brauche, (dann) gehe ich zu Frau Petri._

b Ich komme morgens als Erster ins Büro. → Ich schalte den Kopierer an.
Wenn _____ ,
_____ .

c Ich frage am Empfang. → Ich suche jemanden in der Firma.
_____ ,
wenn _____ .

d Ich schreibe eine Quittung. → Ich gebe natürlich die Mehrwertsteuer an.
Wenn _____ ,
_____ .

e Ich spüle die Tassen. → Wir haben in der Besprechung Kaffee getrunken.
_____ ,
wenn _____ .

f Ich brauche Hilfe. → Ich frage die Sekretärin.
Wenn _____ ,
_____ .

◇ A2   **5 Fragen an den Chef: Schreiben Sie Antworten.**

a ◆ Kann ich heute schon um 16 Uhr nach Hause gehen?
○ Ja, wenn _Sie mit der Arbeit fertig sind_ .
(sein – mit der Arbeit – fertig)

b ◆ Kann ich am Montag einen Tag freinehmen?
○ Ja, wenn _____. (da – sein – Frau Volb)

c ◆ Kann ich auch manchmal einen Tag zu Hause arbeiten?
○ Ja, wenn _____ .
(können – wir – dann – Sie – anrufen)

d ◆ Ich muss morgen um 11 Uhr zum Arzt. Geht das?
○ Ja natürlich, wenn _____ .
(möglich – kein anderer Termin – sein)

❖ A2   **6 Schreiben Sie Sätze mit *wenn*.**

Sie/Er ist glücklich/traurig, wenn …
Sie sind glücklich/traurig, wenn …

Ⓐ Sie ist glücklich, wenn
sie Geburtstag hat.

A   B   C   D   E

B Du **solltest** Detektiv werden.

B2 **7 Wie heißen die Wörter? Ergänzen Sie.**

a Sie brauchen Hilfe bei der Berufs_wahl_ (lhaw)? Wir beraten Sie und helfen Ihnen bei der

schwierigen _____ (ungscheidEnt). Bereiten Sie eine Liste mit Ihren

_____ (teresInsen), Stärken und Schwächen vor und bringen Sie sie zu dem

Termin beim Berufs_____ (terrabe) mit.

b Waren Sie zufrieden mit unserem Angebot? Schreiben Sie uns Ihre _____ (gnunMei).

c Jetzt ganz neu: Ein _____ (rumoF) mit Tipps zur Arbeitssuche und eine

_____ (mrofPlatt) mit Jobangeboten!

Seien Sie _____ (gulk), _____ (neznut) Sie diese Angebote!

B2 **8 Ergänzen Sie.**

a Am ersten Arbeitstag sollt_e_ man sich allen Kollegen vorstellen.

b Wenn Sie den Besprechungsraum online buchen, sollt____ Sie um eine
Reservierungsbestätigung bitten.

c Wir sollt____ mehr Zeit mit unseren Kunden verbringen. Wir müssen ihre Wünsche besser verstehen.

d Ihr sollt____ immer freundlich bleiben, wenn ihr mit Kunden sprecht.

e Du sollt____ Frau Junghans jetzt nicht stören. Sie ist in einer Besprechung.

f Wenn es einen Notfall gibt, sollt____ Sie ruhig bleiben.

B2 **9 Ordnen Sie zu und schreiben Sie Ratschläge mit *sollte-*. Vergleichen Sie dann.**

| trinken – beim Sport – Ihr – genug – Wasser | ~~Füße – Tisch – legen – Sie – nicht – im Büro~~ |

Du – anziehen – lieber diesen Rock   nicht – Sie – rauchen – so viel

nicht – am Schreibtisch – Sie – essen

	Deutsch	Englisch	Meine Sprache
A	*Sie sollten im Büro die Füße nicht auf den Tisch legen.*	You shouldn't put your feet on the table.	
B		You shouldn't smoke so much.	
C		You should rather wear that skirt.	
D		You should drink enough water.	
E		You shouldn't eat at your desk.	

C2 **10 Ergänzen Sie:** *schon – noch nicht.*

    a ◆ Guten Morgen, Nadja. Sag mal, ist Herr Steiner _schon_ da?

      ○ Nein, der ist _____ da. Er kommt immer erst nach 9 Uhr!

    b ▲ Haben Sie die Unterlagen für die Besprechung _____ geholt?

      ▫ Nein, _____ , aber das mache ich gleich.

C2 **11 Jemand hat angerufen.**

Ergänzen Sie: *jemand – niemand – etwas – nichts.*

    a ◆ Vor fünf Minuten hat _jemand_ für dich angerufen. Ein Herr Peterson oder so ähnlich.

      ○ Wie bitte? Peterson? Ich kenne _____ mit dem Namen Peterson.

    b ▲ Ich habe uns _____ zu essen mitgebracht.

      ▫ Vielen Dank, das ist sehr nett. Aber ich möchte jetzt _____ . Ich habe

        gerade _____ gegessen.

    c ✚ Was hat er gesagt? Hast du _____ verstanden?

      ○ Nein, tut mir leid, ich habe auch _____ verstanden.

    d ● Hallo, ist da _____ ?

      ▫ Komm, wir gehen rein, ich glaube hier ist _____ .

C2 **12 Ein Telefongespräch**

    a Wer sagt was? Ergänzen Sie: Sekretärin (S), Anruferin (A).

    Ⓐ Guten Tag, hier spricht Grahl.
      Könnten Sie mich bitte mit Frau Pauli verbinden?

    ◯ Nein, danke. Ist denn sonst noch jemand
      aus der Abteilung da?

    ◯ Ja, gern, das ist die 301. Also 9602-301.

    ◯ Tut mir leid, Frau Pauli ist gerade nicht am Platz.
      Kann ich ihr etwas ausrichten?

    ◯ Auf Wiederhören.

    Ⓢ Firma Hens und Partner, Maurer, guten Tag.

    ◯ Nein, es ist gerade Mittagspause. Da ist im Moment niemand da.

    ◯ Gut, ich versuche es später noch einmal.
      Geben Sie mir doch bitte die Durchwahl von Frau Pauli.

    ◯ Vielen Dank, Frau Maurer. Auf Wiederhören!

◇   b Ordnen Sie und schreiben Sie das Gespräch in a.
    Hören Sie dann und vergleichen Sie.

1 ◀)) 29

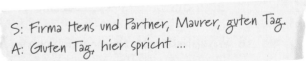

S: Firma Hens und Partner, Maurer, guten Tag.
A: Guten Tag, hier spricht ...

❖   c Schreiben Sie ein Telefongespräch wie in a.

    ausrichten Durchwahl verbinden Mein Name
    Vielen Dank zurückrufen

◇ Firma Kaiser, Hauck, guten Tag.
● ...

C

C3 **13** Ordnen Sie zu.

nicht mehr im Haus | schon Feierabend | geben Sie mir doch bitte die Durchwahl
~~Können Sie mich bitte ... durchstellen~~ | Vielen Dank und auf Wiederhören
morgen früh noch einmal anrufen

◆ Firma Schwarz & Co, Importabteilung, Stefan Münter, guten Tag.

○ Guten Tag, hier ist Natalia Lublanski. *Können Sie mich bitte* zu Herrn Mulino *durchstellen* ?

◆ Tut mir sehr leid, Frau Lublanski, aber Herr Mulino ist _____

_____. Er hat _____. Können Sie vielleicht _____

_____ ?

○ Ja, das mache ich. Ach, Herr Münter, _____

_____ von Herrn Mulino.

◆ Ja, gern. Das ist die 6583.

○ _____.

◆ Auf Wiederhören.

> **LERNTIPP** Üben Sie wichtige Sätze für ein Telefon-
> gespräch. So fühlen Sie sich sicher, wenn Sie ein
> Telefongespräch auf Deutsch führen müssen.

C3 **14** Satzakzent

1 🔊 30
Phonetik

a Hören Sie und markieren Sie die Betonung: _____.

1 ◆ Guten <u>Morgen</u>. Ist Herr <u>Steiner</u> schon da?
  ○ Nein, tut mir <u>leid</u>. Herr Steiner kommt erst um <u>neun</u>.

2 ◆ Guten Morgen, <u>Nadja</u>. Ist Herr Steiner schon <u>da</u>?
  ○ Nein, er ist noch nicht da. Du weißt doch, er kommt immer erst nach neun.

3 ▲ Es hat jemand für dich angerufen. Ein Herr Peterson oder so ähnlich.
  ☐ Peterson? Ich kenne niemand mit dem Namen.

1 🔊 31
b Hören Sie noch einmal und sprechen Sie nach.

C3 **15** Hören Sie und sprechen Sie nach. Achten Sie auf den *ch*-Laut.

1 🔊 32
Phonetik

a
ich – auch | dich – doch | nicht – noch | die Bücher – das Buch | die Küche – der Kuchen |
die Rechnung – die Nachricht | ich möchte – ich mache | ich berichte – ich besuche |
täglich – nachmittags
b
Kommst du pünktlich? | Ich komme um acht. | Lies doch ein Buch! | Ruf mich doch mal an. |
Geh doch bitte noch nicht! | Vorsicht, die Milch kocht! | Mach doch Licht! |
Ich möchte bitte gleich die Rechnung. | Ich möchte Frau Koch sprechen.

C3 **16** Wo spricht man *ch* wie in *ich*, wo wie in *auch*?

Phonetik

Ergänzen Sie die Wörter aus 15.

ich: *dich,* _____

auch: *doch,* _____

D1 **17** Bilden Sie noch fünf Wörter zum Thema „Arbeit" und ergänzen Sie mit ● *der* – ● *das* – ● *die*.

~~Ar~~ | trieb | der | ~~to~~ | be | beit | treu | bil | Wei | dung | Kin | ung | Ar
neh | nah | ~~beits~~ | me | ~~zeit~~ | mer | Maß | ~~kon~~ | Be | ter

● *das Arbeitszeitkonto* ....

....

....

D1 **18** Ergänzen Sie.

a Wenn Firmen qualifizierte Mitarbeiter b e h a l t e n wollen, müssen sie etwas dafür tun.
Das e __ k __ n __ e __ allmählich immer mehr Chefs. Familienfreundliche Angebote n __ n __ __ n
sie als erste wichtige Maßnahme.

b Unser Betrieb b __ s __ __ ä __ t __ g __ viele junge Mütter und Väter. Für die Kinder gibt es einen
eigenen Kindergarten. Er ist sehr b __ l __ e __ t , denn die Kinderbetreuung ist dort sehr gut.

c Ich arbeite T __ i __ z __ __ t, nur 20 Stunden pro Woche. Natürlich bekomme ich so auch
weniger L __ h __ . Aber dafür kann ich nachmittags bei meinen Kindern sein.

d Auch die Arbeitszeiten in meiner Firma finde ich gut: Sie sind sehr f __ __ x __ b __ l. Ich kann
an einem Tag früher gehen, wenn ich an einem anderen länger arbeite – Vieles ist m __ g __ i __ h,
unser Arbeitgeber a __ z __ p __ i __ r __ unterschiedliche Arbeitszeitmodelle. Das gefällt mir.

D2 **19** Hören Sie und kreuzen Sie an.

1 🔊 33–37

Pablo,
39 Jahre

Ich beginne gern früh am
Morgen mit der Arbeit.
○ ja ☒ nein

Marjana,
28 Jahre

Ich arbeite sehr gern
im Homeoffice.
○ ja ○ nein

Christine,
43 Jahre

Ich arbeite immer abends,
wenn mein Mann zu Hause ist.
○ ja ○ nein

Svea,
37 Jahre

Ich habe einen Teilzeitjob
und verdiene zu wenig.
○ ja ○ nein

Chris,
46 Jahre

Weiterbildung im Job
ist wichtig.
○ ja ○ nein

E Arbeit und Freizeit

E3 **20 Ordnen Sie zu.**

~~gibt es~~ das gilt auch durchschnittlich keine Ahnung
ist das auch so arbeiten Ich denke, es gibt

◆ Wie viele Stunden arbeiten die Deutschen in der Regel pro Tag?

○ Ich habe _____ .

◆ Ich auch nicht. Aber was glaubst du?

○ _____ da sicher große Unterschiede.
Einige Angestellte machen fast jeden Tag Überstunden
und _____ acht bis zehn Stunden
jeden Tag und andere gehen nach genau acht Stunden nach Hause.

◆ Ja, _____ für mein Heimatland.
Bei uns _gibt es_ auch große Unterschiede.

○ In meinem Land _____ . Ich bin kein Arbeitnehmer. Ich bin
selbstständig und arbeite _____ neun Stunden täglich. In der Industrie
dagegen gibt es klare Regeln im Arbeitsvertrag: Da arbeitet man acht Stunden pro Tag.

E3 **21 Schreiben Sie eine E-Mail an eine deutsche Bekannte / einen deutschen Bekannten
zum Thema: „Arbeit und Freizeit in meinem Land"**

Schreib-
training

Schreiben Sie etwas zu folgenden Punkten:
– Urlaubstage pro Jahr
– durchschnittliche Arbeitszeit
  pro Woche
– Möglichkeiten von Teilzeitarbeit,
  Homeoffice und Arbeitszeitkonto
– Ihre Meinung dazu

Wenn Sie zu einem Punkt keine
Informationen haben, suchen Sie
sie im Internet.

Betreff: Arbeit und
Freizeit in ...

Liebe ... / Lieber ...,
Du möchtest gern etwas zum Thema
Arbeit und Freizeit in ... erfahren. Das ist so:
In ... arbeitet man / hat man / gibt es ...
Das gilt auch / nicht für ...
In ... ist das anders. / auch so.

E4 **22 Hören Sie und schreiben Sie die Antworten.**

1 ◀)) 38

a Warum möchte Frau Leonides freinehmen?

_____

_____

b Was ist das Problem?

_____

_____

c Was ist die Lösung?

_____

_____

23 Lesen Sie den Text. Was ist richtig? Kreuzen Sie an.

Arbeitsrecht: Arbeitszeit, Krankheit und Urlaub

Arbeitszeit

In Deutschland kann man Vollzeit oder
Teilzeit arbeiten. Vollzeit heißt: Man arbeitet etwa 40 Stunden pro Woche. Die maxi-
5 male Arbeitszeit pro Woche ist gesetzlich
begrenzt, im Durchschnitt auf 48 Stunden.
Normalerweise arbeitet man von Montag
bis Freitag. Das Gesetz erlaubt Arbeit an
allen Werktagen der Woche (Montag bis
10 Samstag) sowie Nachtarbeit und Schicht-
arbeit. In vielen Bereichen, zum Beispiel in
Krankenhäusern, Restaurants und Verkehrsmitteln wie Zügen, Bussen und Stra-
ßenbahnen darf man auch an Sonntagen
15 und Feiertagen arbeiten.

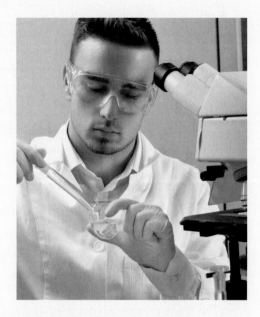

Krankheit

Wenn man krank ist, bezahlt der Arbeitgeber sechs Wochen lang den vollen Lohn. Ist
man mehr als sechs Wochen krank, erhält
20 man 70 Prozent des Lohns von der gesetz-
lichen Krankenkasse. Es gibt aber auch pri-
vate Krankenversicherungen. Dort sind die
Regeln anders. Man kann die Krankenkasse
anrufen und dort nachfragen. Wenn man
25 krank ist, muss man seinem Arbeitgeber
sofort Bescheid geben. Ist man länger als
drei Tage krank, muss man spätestens am
vierten Tag eine Krankmeldung vom Arzt
beim Arbeitgeber abgeben – so steht es im

30 Gesetz. Allerdings haben viele Firmen
eigene Regelungen. Man sollte am besten
beim Arbeitgeber nachfragen.

Urlaub

Wenn man fünf Tage pro Woche
35 arbeitet, bekommt man mindestens 20
Arbeitstage Urlaub im Jahr. Bei Jugendli-
chen ist das anders, sie haben Anspruch
auf mehr Urlaub: im Alter von unter 16
Jahren mindestens 30 Tage, unter 17 Jahren
40 mindestens 27 Tage und unter 18 Jahren
mindestens 25 Tage.

Stand: 2016

a Angestellte in Vollzeit arbeiten in der Regel ...
  ○ sechs Tage pro Woche.
  ○ jede Woche ungefähr 40 Stunden.
  ○ auch nachts und an Feiertagen.

b Wenn Angestellte krank sind, ...
  ○ bekommen sie 30 % weniger Lohn.
  ○ müssen sie ihren Arbeitgeber gleich
    informieren.
  ○ müssen sie sofort zum Arzt gehen.

c Erwachsene Angestellte in Vollzeit bekommen mindestens ...
  ○ 20 Tage Urlaub. ○ 25 Tage Urlaub. ○ 27 Tage Urlaub.

Test Lektion 4

1 Ordnen Sie zu.

1 .... / 8 Punkte

Sekretärin Angestellter möglich kompliziert
Import Lohn Empfang ~~konten~~ vertrag

a Ich habe eine Ausbildung als _____ gemacht,
  aber jetzt arbeite ich am _____ von einer großen
  _____ -Export-Firma. Mein _____
  ist nicht sehr hoch, aber die Arbeit gefällt mir und sie ist nicht so
  _____ .

b Ich bin _____ in einer IT-Firma. In meiner Firma gibt es
  Arbeitszeit*konten* , flexible Arbeitszeiten sind _____ .
  Das steht sogar in meinem Arbeits _____ .

● 0 – 4
● 5 – 6
● 7 – 8

2 Schreiben Sie Sätze mit *wenn*.

2 .... / 3 Punkte

a Niemand soll mich stören. Ich bin in einer Besprechung.
  Niemand soll mich stören , wenn *ich in einer Besprechung bin* .

b Sie suchen eine neue Arbeit? Lesen Sie regelmäßig die Stellenanzeigen.
  Wenn _____ ,
  _____

c Sie haben Fragen zu der Weiterbildung? Rufen Sie bitte Herrn Breuer an.
  Wenn _____ ,
  dann _____ .

d Ich nehme einen Tag frei. Ich habe viele Überstunden gemacht.
  _____
  wenn _____ .

3 Ergänzen Sie *sollte-* in der richtigen Form.

3 .... / 3 Punkte

a Ihr Kollege ist krank. Er *sollte* zum Arzt gehen.
b Eure Kollegin ist neu. Ihr _____ ihr am Anfang helfen.
c Sie haben Husten? Sie _____ heute früher nach Hause gehen.
d Du bist nicht glücklich bei deiner Arbeit. Du _____ dir eine neue Stelle
  suchen.

● 0 – 3
● 4
● 5 – 6

4 Was kann man auch sagen? Verbinden Sie.

4 .... / 5 Punkte

a Frau Roth ist heute schon außer Haus.
b Können Sie mich bitte zu Frau Roth durchstellen?
c Geben Sie mir bitte die Durchwahl von Frau Roth.
d Versuchen Sie es bitte später noch einmal.
e Ist Frau Roth schon im Haus?
f Kann Frau Roth mich bitte zurückrufen?

1 Kann ich bitte die Nummer von Frau Roth haben?
2 Kann Frau Roth sich bitte bei mir melden?
3 Frau Roth hat schon Feierabend.
4 Ist Frau Roth schon da?
5 Können Sie mich bitte mit Frau Roth verbinden?
6 Rufen Sie bitte später noch einmal an.

● 0 – 2
● 3
● 4 – 5

1 Josip Babic sucht eine Arbeit.
Lesen Sie die Anzeige und die E-Mail und ergänzen Sie.

a Alter: _34_

b Seit wann in Deutschland? _____

c Deutschkenntnisse: _____

d Berufserfahrung: _____

Freundlicher und flexibler Koch (m/w) mit Erfahrung
(40 Std., auch Sa/So) gesucht
Bewerbungen bitte per E-Mail an Frau Bauer:
bauer@hotel-post.de

E-Mail senden

Betreff: Bewerbung als Koch

Sehr geehrte Frau Bauer,
hiermit bewerbe ich mich um die Stelle als Koch in Ihrem Restaurant.
Ich bin 34 Jahre alt und lebe seit vier Jahren in Deutschland. Seit zwei Jahren besuche ich
einen Deutschkurs und habe das Zertifikat B1 mit der Note „gut" bestanden.
In Kroatien habe ich drei Jahre im Restaurant von meinem Onkel gearbeitet. Danach habe
ich fünf Jahre in zwei Restaurants in Frankreich als Koch gearbeitet. Deshalb habe ich schon
viel Erfahrung und die Arbeit in der Küche hat mir immer Spaß gemacht.
Ich bin flexibel und arbeite auch gern am Wochenende.
Mit freundlichen Grüßen
Josip Babic

---

2 Lesen Sie die Antwort von Frau Bauer und schreiben Sie Josips E-Mail.

E-Mail senden

Betreff: Ihre Bewerbung vom 15.2.

Sehr geehrter Herr Babic,
vielen Dank für Ihr Interesse an einer
Arbeit in unserem Restaurant.
Wir würden Sie gern kennenlernen
und laden Sie zu einem Vorstellungs-
gespräch am 28.2. um 17 Uhr in unserem Restaurant ein. Haben Sie an
diesem Termin Zeit? Bitte geben Sie
uns so bald wie möglich Bescheid.
Mit freundlichen Grüßen
Ilse Bauer

~~Frau Bauer – geehrte – Sehr~~
Dank – für – E-Mail – vielen – Ihre – .
komme – um – Sehr gern – am – ich –
zu dem Gespräch – 28.2. – 17 Uhr – .
für – Einladung – Besten – die – Dank – !
auf – Gespräch – Ich – mich – freue – unser – .
Grüßen – freundlichen – Mit

E-Mail senden

Betreff: AW: Ihre Bewerbung vom 15.2.

Sehr geehrte Frau Bauer,
...

A Ich **bewege mich** zurzeit nicht genug.

A1 **1 Ordnen Sie zu.**

Ⓐ ◆ Ihr bewegt euch zu wenig! Geht doch mal in den Garten.
  ○ Das stimmt nicht! Wir bewegen uns wirklich genug!

○ ◆ Mir geht's nicht so gut.
  ○ Vielleicht bewegst du dich zu wenig?

○ ◆ Wie geht's Klaus? Spielt er noch Basketball?
  ○ Nein, er fühlt sich nicht so gut.

○ ◆ Ach, Herr Doktor, ich fühle mich gar nicht gut.
  ○ Vielleicht bewegen Sie sich nicht genug? Sie sollten jeden Tag spazieren gehen.

A1 **2 Markieren Sie in 1 und ergänzen Sie.**

Grammatik
entdecken

ich	fühle _____	wir	bewegen _____
du	bewegst _____	ihr	bewegt _euch_
er/es/sie	fühlt _____	sie/Sie	bewegen _____

A1 **3 Ordnen Sie zu.**

~~dich~~ euch mich sich sich uns

a ◆ Hast du _dich_ schon für den Tanzkurs im Latin-Dance-Club angemeldet?
  ○ Ja, ich freue _____ schon sehr.
b ◆ Frau Sánchez, wie fühlen Sie _____ heute?
  ○ Danke, gut.
c ◆ Rike und Lara, habt ihr _____ eigentlich schon kennengelernt?
  ○ Ja, klar, wir kennen _____ schon.
d ◆ Was wollen wir Candice zum Geburtstag schenken?
  ○ Sie wünscht _____ ein Buch.

A2
Grammatik entdecken

4 Sich oder jemand/etwas?

a Ordnen Sie zu.

~~Der Vater zieht die Kinder an.~~   Sie meldet ihren Bruder zum Deutschkurs an.   ~~Er zieht sich an.~~
Er wäscht sich.   Alisa meldet sich zum Deutschkurs an.   Er wäscht das Baby.

1 Der Vater zieht
die Kinder an.

2 Er zieht sich an.

3 _____

4 _____

5 _____

6 _____

b Ordnen Sie die Sätze aus a zu.

jemand/etwas	sich
Der Vater zieht die Kinder an.	Er zieht sich an.

A2

5 Ergänzen Sie.

○ Ach, Ines. Ich fühle _mich_ zurzeit nicht gut und ich schlafe auch schlecht.

◆ Vielleicht bewegst du _____ zu wenig?

○ Ja, das kann sein. Ich bin abends oft müde. Ich dusche _____ dann nur noch heiß und gehe ins Bett.

◆ Oje! Also, ich bin zurzeit richtig fit. Meine Kollegin Mira ernährt _____ schon lange sehr gesund und hat mir viele Ernährungs-Tipps gegeben. Und ich mache jetzt mehr Sport. Wir können _____ ja mal mit Mira zum Schwimmen verabreden. Dann lernt ihr _____ endlich mal kennen!

A2
Grammatik entdecken

6 Ich fühle mich zurzeit nicht gut.

a Schreiben Sie die Sätze aus 5 neu.

1 Ich   fühle   mich   zurzeit nicht gut.
   Zurzeit   fühle   ich   mich   nicht gut.

2 Ich   dusche   mich   dann nur noch heiß.
   Dann

3 Mira   ernährt   sich   schon lange sehr gesund.
   Schon lange

4 Dann   lernt   ihr   euch   endlich mal kennen.
   Ihr

b Markieren Sie in a wie im Beispiel.

A

A2

7 Fit ins neue Jahr: Geben Sie Tipps.

Grammatik entdecken

a sich mehr ausruhen (Sie)   *Ruhen Sie sich mehr aus!*

b sich warm und kalt duschen (du)

c viel Obst und Gemüse essen (ihr)

d sich etwas mehr bewegen (du)

e jeden Tag spazieren gehen (Sie)

f sich beim Sportverein anmelden (ihr)

A2

8 Schreiben Sie die Sätze aus 7 mit *sollte-*.

Grammatik entdecken

> a *Sie sollten sich mehr ausruhen.*
> b *Du solltest ...*

A2

9 Schreiben Sie *wenn*-Sätze mit den Tipps aus 7.

Grammatik entdecken

wenn man	*sich*	*mehr*	*ausruht.*
wenn man	*sich*	*warm und kalt*	*duscht.*

Man kommt fit
ins neue Jahr,

A4

10 Was macht man mit diesen Dingen? Ergänzen Sie.

A   B   C   D   E

*sich
umziehen*

A4

11 Ordnen Sie zu und ergänzen Sie in der richtigen Form.

sich noch umziehen müssen   sich nicht ärgern   sich beeilen müssen   sich ein bisschen entspannen
~~sich heute nicht konzentrieren können~~

a ◆ Ich sitze immer noch an den Hausaufgaben. Ich _kann mich heute nicht konzentrieren_ .

    ○ Vielleicht lernst du zu viel. Du solltest mal eine Pause machen und

    _____ .

b ◆ Seid ihr fertig? Wir _____ . Die Oper

    beginnt in 30 Minuten.

    ○ Ja, ich bin fertig, aber Klaus _____ .

c ◆ Mist! Jetzt haben wir den Bus verpasst.

    ○ Ach, _____ , Anna!

    Der nächste kommt schon in zehn Minuten.

B2 **12 Radiobeiträge**

1 🔊) 39–42   **a** Hören Sie und ordnen Sie die Radiobeiträge.

⟨ ○ • die Sportnachrichten ⟩ ⟨ ○ • die Werbung ⟩ ⟨ ○ • die Wettervorhersage ⟩ ⟨ ○ • der Veranstaltungstipp ⟩

b Was ist richtig? Hören Sie noch einmal und kreuzen Sie an.

1 ○ Die neue Zeitschrift „Digitale Welt" kostet nur 5,80 €.
2 ○ Im Theater Neustadt kann man viel über die Geschichte
   von Neustadt lernen.
3 ○ Die deutsche Fußballnationalmannschaft spielt morgen in Polen.
4 ○ Am Samstag wird es in ganz Deutschland sonnig.

B2 **13 Ergänzen Sie.**

a ◆ Interessierst du _dich_ eigentlich _für_ den Tanzsport?
   ○ Ja, sehr. Aber mein Mann interessiert _____ leider überhaupt nicht _____ das Tanzen.
b ◆ Interessiert ihr _____ nicht _____ deutsche Geschichte?
   ○ Nein, eigentlich nicht.
   ▲ Doch, ich interessiere _____ sehr _____ deutsche Geschichte.
c ◆ Jaciara hat Geburtstag. Wollen wir ihr eine Theaterkarte schenken?
   ○ Ach, ich weiß nicht. Interessiert sie _____ nicht mehr _____ Kinofilme?

B2 **14 Ordnen Sie zu.**

~~Erzähl~~   freue   zufrieden   ärgere   warten   beschweren   interessiert   treffe

◆ Wie geht's? _Erzähl_ doch mal von deinem neuen Job.
○ Ich bin _____ mit dem Job. Auch über meine Chefin kann ich mich nicht
   _____. Nur über das Essen in der Kantine _____ ich mich
   manchmal. Das ist nicht so lecker. Morgen _____ ich mich mit einer Kollegin.
   Wir gehen ins Stadtmuseum. Sie _____ sich auch für Geschichte.
◆ Klingt gut. Aber du siehst müde aus.
○ Ja, es ist natürlich auch anstrengend. Ich _____ mich schon auf meinen Urlaub.
◆ Wir müssen auch gar nicht mehr lange auf den Urlaub _____.
   In drei Wochen geht's los.

B2 **15 Markieren Sie Verben und Präpositionen in 14. Ergänzen Sie und vergleichen Sie.**

🌐

	Deutsch	Englisch	Meine Sprache
auf	_sich_	to look forward to	....
	....	to wait for	....
mit	....	to be content with	....
	sich	to meet (with)	....
über	_sich_	to complain about	....
	sich	to be angry about	....
für	_sich_	to be interested in	....
von	_erzählen von_	to tell s.o. about sth.	....

B2 **16 Ergänzen Sie die Verben und Präpositionen aus 15.**

> E-Mail senden
>
> Liebe Tulia,
> jetzt habe ich endlich Zeit und _erzähle_ Dir ein bisschen
> _von_ unserem neuen Wohnort. Wir _____ wirklich sehr
> _____ _____ der Wohnung. Jetzt haben wir viel
> mehr Platz und _____ die Miete können wir uns auch nicht
> _____. Unsere Kinder sind glücklich hier! Kai und
> Jonas _____ sich nur noch _____ den Sportplatz hinter dem Haus. Dort
> _____ sie sich _____ ihrer neuen Fußballmannschaft. Eigentlich ist alles toll, ich
> _____ mich nur manchmal _____ meinen Arbeitsweg. Heute habe ich wieder
> eine halbe Stunde _____ den Bus _____. Ich _____ mich jetzt
> schon _____ den Sommer. Dann fahre ich mit dem Fahrrad! Viele Grüße und bis bald, Valeria

B2 **17 Wen?/Was? oder Wem?/Was?**

Grammatik
entdecken

a Verbinden Sie.

1 Ich habe Lust   a mit dem Kollegen getroffen?
2 Hast du dich gestern   b über seinen Abteilungsleiter.
3 Du hast noch gar nicht   c auf eine Tasse Kaffee.
4 Mein Mann ärgert sich oft   d von dem neuen Job erzählt.

b Markieren Sie in a: Wen?/Was? und Wem?/Was? und ergänzen Sie dann.

Wen/Was?: _Lust haben auf,_ _____
Wem/Was?: _sich treffen mit,_ _____

B2 **18 Ergänzen Sie _mit_ oder _über_ und ordnen Sie zu.**

Sie ~~der~~ dich dir ihr mir mich mir

a ◆ Hast du schon _mit_ _der_ _____ neuen Kollegin in Wien gesprochen?
   ○ Ja, ich habe heute Vormittag _____ telefoniert.
b ◆ Nils, ein Kunde hat sich _____ _____ beschwert.
   ○ _____ _____? Warum das denn?
c ◆ Kommst du mit in die Kantine? ... Hey Lina, ich spreche _____ _____ !
   ○ _____ _____? Entschuldige, ich habe dich nicht gehört.
d ◆ Herr Richter, ich gehe jetzt zur Chefin und beschwere mich _____.
   ○ Warum denn? Reden Sie doch erst einmal _____ _____ !

B2 **19 Schreiben Sie Sätze.**

a sich freuen auf: wir – euer Besuch   _Wir freuen uns auf euren Besuch._
b Lust haben auf: die Gäste – Kuchen   _____
c zufrieden sein mit: ich – das Praktikum   _____
d sich ärgern über: wir – unser Lehrer   _____

◇ B2 **20 Schreiben Sie Sätze.**

a Daniel – sich – die Sportnachrichten – sehr – interessiert – für
   Daniel interessiert sich sehr für die Sportnachrichten. .

b treffe – Ich – morgen – mit – Franka – mich
   _____

c haben – lange – auf – Wir – gewartet – den Bus
   _____

d Mein Vater – oft – erzählt – dem Leben in seiner Heimat – von
   _____

❖ B2 **21 Ordnen Sie zu und schreiben Sie Sätze.**

warten   treffen   ~~freuen~~   Kinder   ~~Weihnachten~~   im Park   Anja   am Bahnhof   ärgern   seine Freundin

A    *Die Kinder freuen sich auf Weihnachten.*

B   _____

C _____

D    _____

B3 **22 Wörter mit r**

1 ◄) 43   a Wo hören Sie r? Hören Sie die Sätze zweimal und markieren Sie.
Phonetik

Herr und Frau Schröder interessieren sich sehr für den Tanzsport.
René spielt lieber Basketball oder er verabredet sich mit Freunden zum Kartenspielen,
zum Radfahren oder zur Sportschau im Fernsehen.

b Lesen Sie laut.

B3 **23 Hören Sie und sprechen Sie nach.**

1 ◄) 44   a Regen – Regel – Regal – Reparatur   c sprechen – Sprache – Straße – Stress
Phonetik   b treffen – trinken – Problem – Praktikum   d rot und rund – grün und grau –
                                                        raus und rein – rauf und runter

B3 **24 r hören und sprechen**

1 ◄) 45   a Was hören Sie? Kreuzen Sie an.
Phonetik

1 ☒ Reise – ○ leise   3 ○ braun – ○ blau   5 ○ Herr – ○ hell
2 ○ richtig – ○ wichtig   4 ○ Art – ○ alt   6 ○ Reis – ○ heiß

1 ◄) 46   b Hören Sie und sprechen Sie nach.

Reise – leise | Rätsel – Lösung | rechts – links | grau – blau | groß – klein | Herr – hell

C **Darauf** habe ich keine Lust.

C2 **25 Ordnen Sie zu.**

~~worauf~~ darauf Wofür Woran darüber Dafür Daran worüber

a ▲ Und, _worauf_ freust du dich? Auch auf die Eishockey-Saison?

　 ○ Nein, _____ freue ich mich nicht. Ich finde Eishockey zu brutal.

b ○ Weißt du noch – unser Urlaub letztes Jahr? _____ erinnerst du dich am liebsten?

　 ▲ An die Abende am Meer. _____ erinnere ich mich oft.

c ▭ Sag mal, _____ ärgerst du dich denn so?

　 ◆ Über das schlechte Fußballspiel bei der Weltmeisterschaft.

　 ▭ Ach, _____ solltest du dich nicht ärgern!

d ◆ _____ interessierst du dich?

　 ○ Für Handball.

　 ◆ _____ interessiere ich mich auch. Ich träume von einer Goldmedaille für Kroatien.

C2 **26 Ergänzen Sie aus 25.**

Grammatik entdecken

a wo + r + auf = _worauf_ 　　　da + r + auf = _darauf_

b wo + r + an = _____ 　　　da + r + an = _____

c wo + r + über = _____ 　　　da + r + über = _____

d ⚠ wo + für = wofür 　　　⚠ da + für = _____

◇ **C2** **27 Was ist richtig? Kreuzen Sie an.**

a ◆ ○ Dafür ☒ Wofür interessierst du dich?

　 ○ Für Musikvideos.

b ◆ Ich habe Angst vor der Prüfung.

　 ○ Ja, ○ davor ○ wovor habe ich auch Angst.

c ◆ ○ Darauf ○ Worauf freust du dich?

　 ○ Auf den Sommerurlaub. Freust du dich nicht ○ darauf? ○ worauf?

d ◆ Ärgerst du dich auch über das schlechte Wetter?

　 ○ Ja, ○ darüber ○ worüber kann man sich wirklich nur ärgern.

e ◆ ○ Daran ○ Woran erinnerst du dich gern?

　 ○ An unseren ersten Kuss. Kannst du dich auch noch ○ daran ○ woran erinnern?

❖ **C2** **28 Ergänzen Sie.**

a ◆ Kannst du dich noch _an_ unseren ersten Skikurs erinnern?

　 ○ Ja, klar. _____ erinnere ich mich gut. Ich bin doch so oft hingefallen.

b ◆ _____ ärgerst du dich?

　 ○ _____ die Autofahrer. Sie achten nicht _____ Radfahrer. _____ ärgere ich mich sehr.

c ◆ Was wollen wir heute Abend essen? _____ hast du Lust?

　 ○ Ich habe Lust _____ eine Pizza.

　 ◆ Oh ja, lecker. Kümmerst du dich _____ die Bestellung?

D2 29 Emmas Kalender. Schreiben Sie Sätze.

Mo	Di	Mi	Do	Fr	Sa	So
zum Fitness-training (gehen)	mit Anna joggen (gehen)	Yogakurs (haben)	Segelkurs (haben)	Aqua-Gymnastik (machen)	zum Volley-balltraining (gehen)	Radtour (machen)

a Montags geht Emma zum Fitnesstraining.
b Dienstags
c
d
e
f
g

D3 30 Ordnen Sie.

○ Das ist immer montags von 19.00 Uhr bis 20.30 Uhr in der Sporthalle am Ring.
④ Ich bin Anfänger. Gibt es da auch eine Anfängergruppe?
○ Ja, wir haben verschiedene Gruppen für Anfänger und Fortgeschrittene.
① Firma Kliemens, Mielke am Apparat, guten Morgen.
⑥ Das klingt gut. Und wann findet das Training statt?
○ Ja, für Tischtennis bin ich der Ansprechpartner. Was möchten Sie denn wissen?
○ Super. Dann sehen wir uns nächste Woche. Herzlichen Dank für die Informationen!
○ Gern geschehen. Auf Wiederhören.
○ Oh, der Montagabend passt mir gut. Kann meine Frau auch in der Betriebssportgruppe mitmachen?
○ Ja, das ist kein Problem. Ehepartner und Familienangehörige zahlen nur etwas mehr. Für sie beträgt der Beitrag 3,00 Euro im Monat. Mitarbeiter zahlen 2,50 Euro und Azubis 1,50 Euro pro Monat. Kommen Sie doch einfach mal vorbei.
○ Guten Morgen, mein Name ist Len Steinfeld. Ich interessiere mich für die Betriebssportgruppe Tischtennis. Bin ich da bei Ihnen richtig?

D3 31 Anmeldung beim Sportverein

1 ◀)) 47 a Für welche Sportart interessiert sich Frau Bianchi? Ergänzen Sie.

Sportart:

1 ◀)) 48 b Hören Sie jetzt das ganze Gespräch. Was ist richtig? Kreuzen Sie an.

1 Es gibt ○ keine verschiedenen ☒ zwei verschiedene Gruppen.
2 Der ○ Anfängerkurs ○ Fortgeschrittenenkurs findet von 18.45 Uhr bis 20.15 Uhr statt.
3 ○ Die erste Stunde ○ Der erste Monat ist kostenlos.
4 Der Mitgliedsbeitrag beträgt für Erwachsene ○ 4 €. ○ 12 €.
5 Für Auszubildende gibt es eine Ermäßigung von ○ 4 €. ○ 8 €.
6 Für weitere Sportangebote muss man ○ eine ○ keine zusätzliche Gebühr bezahlen.

D

D3 **32 Lesen Sie die Anzeigen und die Aufgaben 1–6. Welche Anzeige passt zu welcher Situation?**

Prüfung Für eine Aufgabe gibt es keine Lösung. Schreiben Sie hier den Buchstaben X.

1 ◯ Ihr Neffe ist 13 Jahre alt und möchte regelmäßig Fußball spielen.
2 ◯ Sie möchten Gymnastik machen. Ein Fitnessstudio ist Ihnen aber zu teuer.
3 ◯ Sie haben früher im Verein Fußball gespielt. Jetzt möchten Sie das in Ihrer Freizeit tun.
4 ◯ Sie wollen Sport machen. Was können Sie tun? Sie möchten einen Arzt fragen.
5 ◯ Sie fahren gern Rad und möchten mit anderen
    Leuten leichte Touren machen.
6 ◯ Sie möchten etwas für Ihre Gesundheit tun und
    Sport machen, haben aber nur am Vormittag Zeit.

> **LERNTIPP** Markieren Sie wichtige Informationen wie im Beispiel.

A

Übung macht den Meister!
Sie wollen Tennis spielen und
haben vormittags Zeit?
Tennis-Stunden günstig von erfahrenem Trainer.
Ab 8 Uhr vormittags im Parkclub
Neusserstr. 47, Info: Tel. 74 94 84

B

Pöseldorfer Freizeitkicker
Fußball mit Spaß und ohne Stress!
Über 35 und Lust auf Fußball?
Wir treffen uns jeden Samstag um 14 Uhr
auf dem Sportplatz am Luisenweg.

C

Gesund mit dem Sportverein Neu-Isenburg
Es sind noch Plätze frei für: Volleyball |
Step-Aerobic | Tischtennis | Fitnessgymnastik
Günstige Mitgliedsbeiträge: monatlich 12,– €
Tel. 06102/501-370

D

FAHRRAD-TREFF
Unsere nächste Tour ist
am 12.6. und führt uns
rund um das Steinhuder Meer
(ca. 35 km).
Treffpunkt: 9 Uhr/Rathaus
Infos: 0511/9 52 34 10

E

FUSSBALL IM VEREIN
Der SV Altendorf sucht neue Mitspieler für die
C-Junioren-Mannschaft (13–14 Jahre).
Training ist immer dienstags von 15 bis 17 Uhr
auf dem Sportplatz Freienhofen.
Infos bei Matthias Kurz unter 0311/73 65 84

F

*Laufen ist gesund &
macht glücklich!*
Probier es aus und komm zu
unserem Lauftreff für Einsteiger
Wann? Immer mittwochs um 17.00 Uhr
Wo?   Eingang zum Stadtpark
in der Hellbrunner Straße
Du hast noch Fragen?
0176/4 32 15 69 (Heike)

G

*Rennrad-Training
für Fortgeschrittene*
Tempotraining, Ausdauertraining und
Wettkampfvorbereitung
Wir treffen uns immer sonntags
um 8:00 Uhr und am Mi um 19:00 Uhr
Infos bei Timo: 0172/12 30 00 00

H

Gesundheitstraining für Berufstätige!
Sie haben beruflich viel Stress und
brauchen Entspannung?
Dann sind Sie in unserem Yogakurs genau richtig.
Mo und Mi ab 19:00 Uhr
Infos unter 0311/98 76 54

E1 **33 Aktiv bleiben**

Schreib-
training

a Lesen Sie die E-Mail und ordnen Sie zu.

~~1 Anrede~~ 2 „Unterschrift" 3 Adresse 4 Gruß 5 Betreff 6 Text

---

An: ○ susi-q@weg.web; lisa-m@hin.de

○ So viel Arbeit ...

① Liebe Lisa, liebe Susi,
○ ich habe Euch schon lange nicht mehr geschrieben – Entschuldigung! Aber ich habe im Büro zurzeit so viel zu tun, jeden Tag viele Besprechungen. ☹ Ich weiß gar nicht: Wie soll ich alles schaffen? Auch mein Körper sagt „Nein" zu dem Stress: Abends habe ich häufig Kopf- und Rückenschmerzen. Wahrscheinlich bewege ich mich auch nicht genug und bin außerdem zu wenig an der frischen Luft. Geht es Euch auch so? Oder wie bleibt Ihr aktiv?
○ Viele Grüße
○ Hanna

◇ **b** Lisas Antwort: Ordnen Sie und schreiben Sie dann eine E-Mail.

Denken Sie an die Anrede, den Betreff, den Gruß und die „Unterschrift".

○ Am Wochenende gehe ich dann oft walken.
③ Aber so bleibe ich fit:
○ danke für Deine E-Mail.
○ Vielleicht walken wir mal zusammen? Hast Du Lust?
○ Ich verstehe Dich gut! Bei mir ist es auch so: viel Arbeit und wenig Zeit.
○ In der Woche gehe ich viel zu Fuß, zum Beispiel zur Arbeit und wieder nach Hause.
○ Und im Büro benutze ich nie den Aufzug. Ich gehe die Treppen immer zu Fuß hoch.

*Liebe Hanna,
danke für ...*

❖ **c** Susis Antwort: Schreiben Sie eine E-Mail.

Denken Sie an die Anrede, den Betreff, den Gruß und die „Unterschrift".

○ zu Fuß einkaufen gehen
○ jeden Morgen Yoga machen
○ zusammen joggen gehen?
○ am Wochenende joggen
○ montags und freitags ins Fitnessstudio

*Liebe Hanna,
ich habe mich sehr über Deine E-Mail gefreut. ...*

LERNTIPP Ordnen Sie die Informationen vor dem Schreiben.

E1 **34 Ordnen Sie zu.**

~~eine Reise~~ einen 30-minütigen Spaziergang ins Fitnessstudio Eishockey Gymnastik
Handball Joggen ins Schwimmbad auf den Spielplatz spazieren Volleyball

machen	gehen	spielen
eine Reise		

E

E2 **35 Fitness-Tipps für jeden Tag: Aber was denkt Andy darüber?**

Verbinden Sie.

SO HALTEN SIE SICH IM ALLTAG FIT!

A ■ regelmäßige Bewegung
B ■ täglich 10.000 Schritte gehen
C ■ Treppen steigen
D ■ zur Arbeit laufen oder mit dem Fahrrad fahren
E ■ morgens Gymnastik machen

1 Also, ehrlich gesagt: Ich schlafe morgens gern noch ein bisschen.
2 Sport ist natürlich wichtig. Aber jeden Tag? Diesen Trend finde ich übertrieben.
3 Wenn ich ehrlich bin, nehme ich normalerweise das Auto.
4 Fitness ist beliebt und wichtig. Das ist doch selbstverständlich. Aber man kann es auch übertreiben.
5 Ehrlich gesagt benutze ich lieber den Aufzug.

E2 **36 Lesen Sie die Sätze a–f. Hören Sie dann die Aussagen und ordnen Sie zu.**

1 ◀)) 49–52 Achtung: Nicht alles passt.

a Mein Beruf ist anstrengend. In meiner Freizeit brauche ich Entspannung.
b Ein Spaziergang am Wochenende: Das ist genug Bewegung.
c Ich fahre alle Kurzstrecken mit dem Fahrrad. So bleibe ich fit und außerdem ist das besser für die Umwelt.
d Ich empfehle die Sportangebote bei den Krankenkassen. Sie sind kostenlos und man bleibt flexibel.
e Ich soll jeden Morgen Gymnastik machen, sagt mein Arzt. Das hält fit.
f Fitness ist auch eine Frage von gesunder Ernährung.

Aussage	1	2	3	4
Satz	d			

E2 **37 Ordnen Sie zu.**

Bildschirm   Krankheiten   minütigen   Augenuntersuchungen   preiswerte   ~~Ursache~~

Macht Ihre Arbeit am Computer krank?

Immer mehr Menschen sitzen jeden Tag viele Stunden vor dem Computer – im Beruf und im Privatleben. Das kann eine _Ursache_ für _____ und Probleme mit den Augen sein. Ist Ihr Arbeitsplatz gesund? Machen Sie den Test.

1 Ja ○ Nein ○ Haben Sie oft Kopf- oder Rückenschmerzen?
2 Ja ○ Nein ○ Machen Sie regelmäßig _____ -Pausen?
3 Ja ○ Nein ○ Machen Sie in der Mittagspause einen 30-_____ Spaziergang?
4 Ja ○ Nein ○ Sind Ihre Augen abends manchmal müde?
5 Ja ○ Nein ○ Gibt es in Ihrem Betrieb regelmäßig _____?

Dafür könnten Sie sich auch interessieren: Sport muss nicht teuer sein.
Hier finden Sie _____ Sportmöglichkeiten.   >>mehr   >>weiter

1 Ordnen Sie zu.

Körper Bewegung ~~Krankenkasse~~ Untersuchungen Krankheiten Verein

Ihre _Krankenkasse_ **(a) rät: Bringen Sie** _____ **(b) in Ihren Alltag!**

_____ (c) haben gezeigt: Die Deutschen sitzen zu viel.

Aber der _____ (d) braucht Bewegung. Ohne Bewegung

bekommen wir mehr _____ (e) und fühlen uns nicht

wohl. Sie müssen sich nicht extra in einem _____ (f)

anmelden. Schon ein Spaziergang am Abend hilft.

2 Ergänzen Sie.

a Kinder, habt ihr _euch_ schon umgezogen?

b Ruh _____ doch mal ein bisschen aus!

c Ich fühle _____ zurzeit nicht so gut.

d Sergio möchte _____ zum Deutschkurs anmelden.

3 Ergänzen Sie mit – über – für – an und ordnen Sie zu.

~~der~~ dem die ihm unseren unsere

a ◆ Seid ihr zufrieden _mit der_ neuen Wohnung?

   ◯ Na ja, gestern haben wir uns _____ Nachbarin geärgert.

b ◆ Hast du schon _____ neuen Kollegen gesprochen?

   ◯ Nein, aber ich treffe mich heute Abend _____ _____ .

c ◆ Erinnerst du dich noch _____ Urlaub in Bern?

   ◯ Ja, klar. Seit dem Urlaub interessiere ich mich sehr _____ _____ Schweiz.

4 Ordnen Sie zu.

darauf Woran ~~Worauf~~ Auf vor An

a ◆ _Worauf_ freust du dich? _____ den Besuch von deinen Eltern?

   ◯ Ja, _____ freue ich mich schon lang!

b ◆ _____ denkst du?

   ◯ _____ morgen. Ich habe Angst _____ der Prüfung.

5 Was passt? Verbinden Sie.

a Kleinert am Apparat, guten Tag!

b Gibt es da auch eine Anfängergruppe?

c Wie viel kostet das Training für Azubis?

d Kann mein Mann auch mitmachen?

e Herzlichen Dank für die Information.

1 Ja, Familienangehörige zahlen 3 € pro Monat.

2 Guten Tag! Ich interessiere mich für die Betriebssportgruppe Yoga.

3 Gern geschehen.

4 Ja, die Gruppe trifft sich immer mittwochs um 19.00 Uhr.

5 Azubis bezahlen nur 1,50 € im Monat.

Fokus Beruf: Ein Gespräch mit einer Fitnesstrainerin

1 Lesen Sie den Text. Was ist richtig? Kreuzen Sie an.

Unternehmensfitness

Sportangebote am Arbeitsplatz liegen im Trend. Immer mehr
Betriebe achten auf die Gesundheit ihrer Mitarbeiter. Der
Grund: Die Arbeitnehmer in Deutschland werden immer älter.
So haben große Firmen schon eigene Fitness-Studios. Aber
5 auch kleine Betriebe bieten häufig ein Fitnessprogramm für ihre Mitarbeiter an.
Hier reicht das Angebot vom gemeinsamen Joggen oder Yogatraining in der Mittagszeit bis zu einem Fitnesstrainer. Dieser kommt ein- bis zweimal pro Woche ins
Büro, gibt den Mitarbeitern Fitnesstipps und macht mit ihnen kurze Übungen
direkt am Arbeitsplatz. Experten meinen: „Für Betriebe ist Unternehmensfitness
10 immer eine gute Investition. Die Mitarbeiter arbeiten pro Tag etwas weniger, sie
sind aber nach dem Sport auch schneller. Außerdem sind sie nicht so oft krank."

a ○ Nur wenig Betriebe wissen: Wir müssen uns um die Gesundheit unserer Mitarbeiter kümmern.
b ○ In deutschen Betrieben arbeiten wenig junge und immer mehr alte Menschen.
c ○ Fast alle Firmen in Deutschland haben eigene Fitness-Studios.
d ○ Manchmal kommt ein Fitnesstrainer in die Firma und macht mit den Mitarbeitern Übungen.
e ○ Für Betriebe ist Unternehmensfitness auch dann eine gute Idee, wenn das Angebot in der
Arbeitszeit stattfindet.

1 ◀)) 53 **2 Beratungsgespräch mit der Fitnesstrainerin**

a Welche Probleme hat Frau Kleinert? Hören Sie den Anfang des Gesprächs und ergänzen Sie.

1 *Sie hat müde Augen.*
2 _____
3 _____
4 _____

1 ◀)) 54 **b Was soll Frau Kleinert machen? Hören Sie weiter und kreuzen Sie an.**

○ joggen   ○ abends fernsehen   ○ Übungen für den Bauch, den Rücken und die Beine machen
○ regelmäßig Bildschirmpausen machen   ○ nicht mehr am Computer arbeiten
○ Augenübungen machen   ○ Entspannungsübungen machen   ○ abends spazieren gehen
○ sich abends in die Badewanne legen

1 ◀)) 54 **c Hören Sie noch einmal und korrigieren Sie.**

1 Früher habe ich ~~Gymnastik gemacht~~, aber das ist schon mindestens drei Jahre her. *gejoggt*
2 Nach der Arbeit mache ich einen Sprachkurs. _____
3 Abends nach dem Haushalt setze ich mich dann nur noch vor den Computer. _____
4 Außerdem müssen Sie regelmäßig Kaffeepausen machen. _____
5 Sie können sich in der Zeit um Ihre E-Mails kümmern. _____
6 Hier, in dieser Broschüre finden Sie viele verschiedene Übungen für den Rücken. _____

A1
Wieder-holung
A1, L7
L9
L10

1 Was ist richtig? Kreuzen Sie an.

a Ich ⊗muss ○kann jetzt lernen.
  Ich ○darf ○will morgen in der Prüfung eine gute Note bekommen.
b Du ○musst ○darfst jetzt noch nicht mit Denis Fußball spielen.
  Du ○musst ○willst erst für den Test morgen lernen.
c Meine Erdkunde-Lehrerin hat gesagt, ich ○will ○soll ein Referat halten.
d Wie ○kann ○darf ich denn meine Note in Mathematik verbessern?
e Warum ○will ○muss Ihr Sohn denn nicht auf das Wilhelm-Gymnasium gehen?
f Wenn ihr Abitur machen ○könnt ○wollt, dann ○müsst ○dürft ihr fleißig sein.

A1
2 Wer sagt was? Verbinden Sie.

a Ich will Abitur machen.
b Ich durfte nicht studieren.
c Ich wollte Abitur machen.
d Ich darf nicht studieren.
e Ich will noch nicht arbeiten.
f Ich wollte mit 15 noch nicht arbeiten.

Elisabeth, 15 Jahre   Elisabeth, heute

A2
3 Was ist richtig? Kreuzen Sie an.

Mein Freund Jan kommt aus einem kleinen Dorf in Norddeutschland.
Er ○konnte ⊗wollte eine Ausbildung als Kfz-Mechatroniker machen.
Das war sein großer Wunsch, weil er sich schon immer sehr für Autos
interessiert hat. Aber er ○durfte ○musste nicht. Sein Vater hat es
nicht erlaubt. Er ○sollte ○konnte wie sein großer Bruder auf dem
Bauernhof arbeiten. Das hat Jan drei Jahre lang gemacht.
Aber dann ○wollte ○musste er nicht mehr in dem Dorf leben. Das
war ihm zu langweilig und er ist zu seinem Onkel nach Kiel umgezogen.
Dort ○musste ○durfte er endlich eine Ausbildung als Kfz-Mechatroniker
machen und war sehr glücklich!

A2
4 Ordnen Sie zu.

| mussten | Musstet | konnten | konnte | musstest | ~~musste~~ | wollte |

a ◆ _____ ihr für die Abschlussprüfung viel lernen?
  ○ Ja, und in Englisch _musste_ ich viel wiederholen.
b ◆ Ich _____ immer Ärztin werden. Das war mein Plan.
  ○ Aber warum bist du denn jetzt nicht Ärztin?
  ◆ Meine Eltern hatten nicht viel Geld und so _____ sie mir kein langes Studium bezahlen.
c ◆ Für welches Fach _____ du in der Schule am meisten lernen?
  ○ Für Mathe. Das _____ ich überhaupt nicht gut. Jedes Wochenende
    mein Bruder und ich mit meinem Vater Mathe lernen. Er war sehr streng.

| wollten | Wolltest | durften | wollte | Wolltest | sollte | durfte |

d ◆ _____ du eigentlich nicht studieren?

　○ Doch, aber ich _____ nicht. Nur meine Geschwister _____ studieren.

　　Ich _____ eine Ausbildung machen. Meine Eltern _____ das so.

e ◆ _____ du nicht Informatik studieren?

　○ Ja, das _____ ich. Aber ich habe die Matheprüfung nicht geschafft.

5 Ergänzen Sie die Formen aus 4 und die Endung.

	wollen	können	sollen	dürfen	müssen	Endung
ich					musste	-te
du		konntest	solltest	durftest		
er/es/sie	wollte	konnte	sollte	durfte	musste	
wir	wollten	konnten	sollten	durften		
ihr	wolltet	konntet	solltet	durftet		
sie/Sie			sollten		mussten	

heute	früher
ich will	→ ich wollte
ich möchte	→ ⚠ ich wollte

6 Ordnen Sie zu und ergänzen Sie in der richtigen Form.

a ｜ können ｜ müssen ｜ ~~wollen~~ ｜

◆ _Wolltest_ du nicht am Wochenende Ski fahren?

○ Doch, natürlich. Aber leider _____ ich nicht, denn ich war krank und hatte Fieber.

　Deshalb _____ ich zu Hause im Bett bleiben.

b ｜ dürfen ｜ müssen ｜ wollen ｜ wollen ｜

▲ Warum haben Sie denn nicht studiert? Sie haben doch Abitur gemacht!

　_____ Sie nicht oder _____ Sie nicht studieren?

◻ Ich _____ Schauspielerin werden.

　Und dafür _____ ich auf die Schauspielschule gehen.

c ｜ dürfen ｜ können ｜

◆ Warum bist du denn gestern nicht zu Ginas Geburtstagsparty gekommen?

　Hat dein Vater es nicht erlaubt?

○ Doch. Ich _____ schon, aber ich _____ leider nicht kommen,

　weil wir im Sportverein unser Sommerfest hatten.

d ｜ können ｜ sollen ｜ müssen ｜

● Frau Weger, Sie _____ mich doch um 10.00 Uhr anrufen.

　Warum haben Sie das nicht gemacht?

◆ Entschuldigung. Um 10.00 Uhr _____ ich nicht.

　Ich _____ Frau Manek bei der Präsentation helfen.

　Danach habe ich es vergessen.

◇ **A3** **7 Ergänzen Sie in der richtigen Form.**

Als Kind _wollte_ (wollen) ich so gern Lehrerin werden, aber ich

_____ (dürfen) nicht aufs Gymnasium gehen. Mein Vater hat es nicht

erlaubt. Ich _____ (sollen) heiraten, Kinder bekommen und eine

gute Hausfrau und Mutter sein. Meine zwei Brüder _____ (dür-

fen) studieren. Also habe ich jung geheiratet und war zu Hause mit

unseren drei Kindern. Aber ich _____ (wollen) einen Beruf lernen

und arbeiten. Mit 42 Jahren _____ (können) ich dann endlich

eine Ausbildung als Erzieherin im Kindergarten machen.

Jetzt bin ich Erzieherin von Beruf und die Arbeit gefällt mir sehr gut!

Elfriede aus Wien,
49 Jahre

❖ **A3** **8 Und Sie? Schreiben Sie Sätze mit *durfte – musste – wollte – konnte*.**

| um ... Uhr ins Bett gehen | Fahrrad fahren | auf Geschwister aufpassen | lesen |

Ihren Namen schreiben   in den Klub gehen   Ihren Eltern bei der Hausarbeit helfen

um ... Uhr zu Hause sein   auf Partys gehen   eine Ausbildung als ... machen/studieren   ...

> Als Kind musste ich immer um 20 Uhr ins Bett gehen.
> Als Jugendlicher wollte ich gern ..., aber ich durfte nicht.
> Mit 16 Jahren ...

A3 **9 Finden Sie noch neun Wörter und ordnen Sie zu.**

M	O	R	G	V	E	R	B	E	S	S	E	R	N
F	S	T	R	E	M	ß	A	D	P	Ü	L	U	F
A	S	C	H	R	E	C	K	L	I	C	H	F	S
U	F	A	R	H	R	U	Z	I	L	P	O	M	T
L	E	R	L	A	W	L	I	N	G	E	R	A	R
O	R	T	F	L	E	I	ß	I	G	J	A	F	E
L	A	B	I	T	U	R	E	M	M	A	T	A	N
ß	K	U	R	E	F	E	R	A	T	I	L	C	G
Z	A	U	G	N	O	T	E	N	G	E	R	H	N

a Mein Bruder hat im Unterricht oft gestört. Sein _Verhalten_ war sehr schlecht.

b Ich habe in der Schule nicht viel gelernt. Ich war ziemlich _____.

c Aber meine Schwester war ganz anders: Sie war sehr _____.

d Musik war mein Lieblings_____ in der Schule.

e Mathe hat mich noch nie interessiert. Und auch heute noch finde ich Mathe _____.

f Unser Englischlehrer war sehr _____. Wir mussten sehr viel lernen.

g Meine Eltern haben sich immer über gute _____ gefreut.

h Ich wollte als Schüler nicht gern vor der ganzen Klasse sprechen und ein _____ halten.

i Ich habe viel Mathe gelernt, weil ich meine Note _____ wollte.

j Ich habe mit 18 Jahren das _____ gemacht. Dann habe ich gleich studiert.

B Es ist wichtig, **dass** ...

B1 **10 Verbinden Sie.**

a Ich glaube,   1 dass junge Leute gut Englisch lernen.

b Es tut mir sehr leid,   2 dass du jetzt auch in Bern lebst.

c Es ist wichtig,   3 dass sich Anna und Luis vorhin gestritten haben.

d Es ist schön,   4 dass du die Prüfung nicht geschafft hast.

B2 **11 Schreiben Sie die Sätze neu.**

Grammatik entdecken

> Ich finde bald eine Stelle als Friseurin.

> Deutschlernen macht Spaß.

> Mein Sohn schafft das Abitur.

> Ich möchte bald gut Deutsch sprechen.

> Ich kann in den USA studieren.

A   Wanida   B   Ricardo und Teresa   C   Omar   D   Jayanti   E   Kimi

a Wanida denkt, | dass | *sie bald eine Stelle als Friseurin* | *findet.*

b Ricardo und Teresa finden, | dass |

c Omar ist sicher, | dass |

d Jayanti sagt, | dass |

e Kimi glaubt, | dass |

B2 **12 Schreiben Sie Sätze.**

a Simona – ist – sehr – intelligent

Ich glaube, dass *Simona sehr intelligent ist* .

b ist – wichtig – eine gute Ausbildung

Ich finde, dass _____ .

c du – im – hast – Zeugnis – schlechte Noten

Es tut mir leid, dass _____ .

d soll – viel Sport – machen – man

Er findet, dass _____ .

e lernen – ein bisschen mehr – kannst – du

Ich bin sicher, dass _____ .

f können – unsere Kinder – besuchen – eine gute Schule

Es ist schön, dass _____ .

g Sebastian und Luca – haben – vorhin – gestritten

Es tut mir leid, dass _____ .

h Sie – kommen – pünktlich – zu dem Termin

Es ist wichtig, dass _____ .

B3 **13 Ergänzen Sie: *weil – wenn – dass*.**

Wieder-
holung

A2, L1

L4

a Sie müssen in der Sprachenschule anrufen, _wenn_ Sie krank sind.

b Wissen Sie schon, _____ wir morgen länger arbeiten müssen?

c Der Junge musste die Klasse wiederholen, _____ er schlechte Noten hatte.

d Du musst viel lernen, _____ du gute Noten haben willst.

e Findest du auch, _____ unsere Schule wenig Freizeitaktivitäten anbietet?

f Ich habe mir eine neue Arbeit gesucht, _____ ich in der alten Firma wenig verdient habe.

g Meinen Sie nicht auch, _____ man seine Meinung immer freundlich sagen sollte?

B3 **14 *-ig* und *-ich* am Wortende**

1 ◀)) 55

Phonetik

a Wo hören Sie den *ich*-Laut? Hören Sie und markieren Sie.

◆ Du lernst zurzeit sehr wenig!

○ Das ist ja auch so langweilig und überhaupt nicht wichtig.

◆ So, und was ist denn dann wichtig?

○ Dass ich endlich in der Fußballmannschaft so richtig mitspielen darf.

1 ◀)) 56 b Hören Sie noch einmal und sprechen Sie nach.

1 ◀)) 57 c Hören Sie und ergänzen Sie: *-ig* oder *-ich*.

glückl_ich_   lust_____   traur_____   freundl_____

ruh_____   höfl_____   led_____   bill_____

berufstät_____   selbstständ_____   schwier_____

B3 **15 Laute *f, w*: Hören Sie und sprechen Sie nach.**

1 ◀)) 58

Phonetik

nach Frankfurt – zum Frühstück – am Anfang – dein Brief – mein Vater – im Verein – dein Vorname

eine Woche – in der Wohnung – im Wasser – aus aller Welt – im Winter

das Gewicht – ein Gewitter – herzlichen Glückwunsch

Ich freue mich wirklich sehr auf Freitag. – Wie viele Kartoffeln willst du? –

Vorgestern waren wir verabredet. Hast du das vergessen?

B3 **16 *w* oder *b*?**

1 ◀)) 59

Phonetik

a Was hören Sie? Kreuzen Sie an.

1 ⊠ Wein – ○ Bein   3 ○ wir – ○ Bier   5 ○ Wald – ○ bald

2 ○ Wort – ○ Brot   4 ○ Wecker – ○ Becher   6 ○ weit – ○ breit

1 ◀)) 60 b Hören Sie und sprechen Sie leise. Wie oft hören Sie *w*, wie oft *b*?

1 w ||| b —   3 w _____ b _____   5 w _____ b _____

2 w _____ b _____   4 w _____ b _____   6 w _____ b _____

1 ◀)) 61 c Hören Sie noch einmal und sprechen Sie nach.

B3 **17 Hören Sie und sprechen Sie nach.**

1 ◀)) 62

Phonetik

Wann bringst du den Wagen in die Werkstatt? – Ab wann wollen Sie die Wohnung mieten? –

Würden Sie mir bitte das Wasser geben? – Das ist ein Bild von Barbaras Bruder. –

Warum willst du nach Berlin fahren? – Wie viele Buchstaben hat das Wort?

C Schule

C1 **18 Sehen Sie das Schema im Kursbuch auf Seite 74 noch einmal an.**
Was ist richtig? Kreuzen Sie an.

a ⊠ Kinder müssen nicht in die Krippe gehen. Der Besuch ist freiwillig.
b ○ Mit drei Jahren müssen alle Kinder in den Kindergarten gehen.
c ○ Alle Kinder müssen in die Grundschule gehen.
d ○ Nach der Grundschule kann man auf die Mittelschule, die Realschule,
das Gymnasium oder die Gesamtschule gehen.
e ○ Nach der Mittelschule kann man auf die Berufsschule gehen.
f ○ Nach der mittleren Reife kann man eine Berufsausbildung machen.

C2 **19 Lesen Sie den Zeitungstext. Was ist richtig? Kreuzen Sie an.**

Prüfung

In der Schule eine Null – im Beruf ein Star!

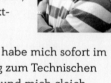

„'Jan, von dir habe ich nichts anderes erwartet',
hat unser Deutsch- und Englischlehrer oft gesagt,
wenn er mir mal wieder einen Test mit einer
schlechten Note zurückgegeben hat. Meine Schul-
5 zeit war einfach nur schrecklich", erzählt Jan Busch
im Gespräch mit der Zeitschrift Schule und Beruf.

Heute ist Jan Busch ein gut bezahlter Industrie-
Designer und arbeitet für einen großen deutschen
Automobilkonzern. Er erzählt weiter: „Mein Vater
10 war sehr streng und wollte, dass ich Abitur mache.
Nur war ich leider in der Schule eine absolute
Null. Nur das Fach Kunst hat mich wirklich interes-
siert und mir Spaß gemacht, auch weil unsere
Kunstlehrerin super war.

15 Mit 16 habe ich die Mittlere Reife gemacht und
wollte auf keinen Fall weiter zur Schule gehen. Ich
habe mir dann verschiedene Jobs gesucht, habe
zum Beispiel in der Küche von einem Restaurant
gearbeitet oder in einem Autohaus Autos geputzt.

20 Das war ziemlich langweilig, aber
ich hatte viele Ideen, was man an
Autos schöner machen kann. Und
so hat mir mein Chef empfohlen,
eine Ausbildung zum Produkt-
25 Designer zu machen.

Das war eine super Idee. Ich habe mich sofort im
Internet über die Ausbildung zum Technischen
Produkt-Designer informiert und mich gleich
beworben. Nach zwei Monaten hatte ich einen
30 Ausbildungsplatz. Nach der Ausbildung habe ich
das Fachabitur gemacht und danach Industrie-
Design studiert. Ich war glücklich! Zum ersten
Mal in meinem Leben hat mir Lernen richtig Spaß
gemacht und ich hatte nur gute Noten.

35 Nach meiner Abschlussprüfung habe ich gleich
eine Stelle in der Autoindustrie gefunden. Und
wissen Sie was? Ich denke oft an meine wunder-
bare Kunstlehrerin. Sie hat mein Interesse an
Design und kreativer Arbeit geweckt."

1 In der Schule ...
  a ○ wollte Jan Abitur machen.
  b ○ war Jan kein guter Schüler.
  c ○ hat Jan kein Fach besonders
      interessiert.

2 Die Arbeit im Autohaus ...
  a ○ hat Jan interessiert.
  b ○ hat Jan keinen Spaß gemacht.
  c ○ war immer schön.

3 Jan hat ...
  a ○ nach der Ausbildung wieder im Autohaus
      gearbeitet.
  b ○ studiert und danach das Fachabitur
      gemacht.
  c ○ eine Ausbildung gemacht und studiert.

> **LERNTIPP** Lesen Sie zuerst den Text
> komplett. Beim zweiten Lesen suchen
> Sie die Antworten zu den Aufgaben.

C2 **20 Was passt nicht? Streichen Sie.**

a • Physik – • Geschichte – • Chemie – • Biologie
b • die Grundschule – • das Gymnasium – • die Krippe – • die Realschule
c • das Zeugnis – • die Abschlussprüfung – • das Abitur – • das Referat
d Ein Schüler ist: fleißig – intelligent – streng – faul
e • das Handwerk – • die Universität – • die Hochschule – • das Studium
f • Englisch – • Erdkunde – • Spanisch – • Italienisch
g • Geschichte – • Sozialkunde – • Sport – • Geografie

C2 **21 Sehen Sie die Bilder an. Ergänzen Sie und vergleichen Sie.**

	Deutsch	Englisch	Meine Sprache
A	Geografie	geography	
B		biology	
C		physics	
D		chemistry	

A   B

C   D

C3 **22 Sprachunterricht hier und dort**

Schreib-
training
    a Ordnen Sie.

④ Ich freue mich <u>jeden Morgen</u> auf die Sprachenschule, weil ich einen sehr netten und lustigen Deutschlehrer habe. Die Lehrer <u>in China</u> sind nicht so lustig. Sie sind streng.
○ Viele Grüße Lien
○ Bitte schreib mir bald! Ich freue mich auf eine Antwort von Dir.
○ Wir sprechen auch viel Deutsch im Unterricht und machen häufig Gruppenarbeit. Das macht so viel Spaß!
○ Liebe Samira,
○ Ich finde <u>das</u> nicht so gut. Denn man lernt eine Sprache leichter, wenn die Lehrer freundlich sind, oder?
○ wie geht es Dir? So lange habe <u>ich</u> nichts von Dir gehört.
○ Ich mache <u>seit zwei Monaten</u> einen Deutschkurs in Wien.
○ Wie war der Sprachunterricht in Deiner Schule?

◇   **b** Schreiben Sie die E-Mail aus a. Beginnen Sie die Sätze mit den markierten Wörtern.

> Liebe Samira,
> wie geht es Dir? Ich habe so lange
> nichts von Dir gehört.

❖   **c** Schreiben Sie eine Antwort an Lien.

   – Dank für die E-Mail
   – Wo sind Sie zur Schule gegangen?
   – Was war Ihr Lieblingsfach?
   – Wie war Ihre Lehrerin / Ihr Lehrer?
   – War ihr/sein Unterricht lustig/langweilig/interessant?

> Liebe Lien,
> vielen Dank für Deine E-Mail. Ich
> habe mich sehr darüber gefreut. ...
> ...
> Herzliche Grüße
> ...

D Aus- und Weiterbildung

D1 **23 Verbinden Sie.**

a an einem Kurs   1 speichern/löschen
b ein Gespräch   2 bewerben
c Dateien auf der Festplatte   3 lösen
d sich um einen Studienplatz   4 teilnehmen
e Konflikte   5 führen

D1 **24 Ordnen Sie zu.**

a Expertin ~~Fürchten~~ lösen Streit Situationen Auftritt verhalten

> **KOMMUNIKATIONSTRAINING**
>
> *Fürchten* Sie sich vor Gesprächen mit Ihrem Chef? Oder vor Ihrem ersten _____
> bei einer Präsentation mit dem ganzen Team? Haben Sie Ärger oder sogar _____
> mit Kollegen? Unsere _____ für Kommunikationstraining zeigt Ihnen mit praktischen
> Übungen, wie Sie sich in schwierigen _____ im Beruf _____ und Prob-
> leme _____ können.

b Beginn Kulturen aller Vortrag notwendig

> **INTERNATIONALER STUDENTENTREFF**
>
> Sie wollen Studenten aus _____ Welt und verschiedenen _____ treffen?
> Dann kommen Sie zu uns: Jeden Donnerstagabend gibt es in der Uni-Mensa einen kurzen
> _____ und im Anschluss ein Gespräch. _____ :19.30 Uhr. Anmeldung nicht
> _____ . Wir freuen uns auf Sie!

c Theorie verletzt blutet verkehr praktischen

> **Erste Hilfe im Straßen**_____
> Ein Radfahrer ist hingefallen, hat sich _____ und _____ stark. Sie warten auf den
> Notarzt. Was können Sie in dieser Zeit tun? Das lernen Sie bei uns im Erste-Hilfe-Kurs in der
> _____ und mit _____ Übungen.

d Voraussetzung Wirtschaft und Politik Einführung

> Kuba zu Gast im Eine-Welt-Haus
> Am Donnerstag gibt es von 18.30 bis 20.00 Uhr von Dr. Eduardo Álvarez Fabo eine _____
> in Kubas _____ seit 1959. _____ : gute Spanischkenntnisse.

D1 **25 Beratungsgespräch bei der Volkshochschule**

1 🔊 63   Hören Sie, ergänzen Sie und kreuzen Sie an.

Kurs: _____   Datum: _____

Wochentage: _____   Gebühr: _____

Anmeldung: ○ nur online möglich ○ direkt per Formular

E1 **26 Ergänzen Sie.**

~~realisiert~~ Tier sogenannten Traum bestehen entdeckt unbedingt klinik Zukunft vor allem

a Mit 17 Jahren wollte ich _____ Tierarzt werden. Das war mein _____.
   Dafür musste ich aber zuerst das Abitur _____ – und ich war ein schlechter Schüler,
   _____ in Deutsch und in Fremdsprachen.

b In der 12. Klasse habe ich dann _realisiert_, dass ich zu schlechte Noten für das Studium der
   _____medizin hatte, und so musste ich etwas Neues für meine _____ finden.

c Dann habe ich _____, dass es auch den _____ „Tierpfleger" gibt. Das ist ein
   Krankenpfleger für Tiere. Ja, das habe ich gemacht. Und jetzt arbeite ich in einer Tier_____.

E1 **27 Mein Berufsweg**

1 ◀ᴐ) 64–66   a Welchen Traumberuf hatten die Personen früher? Sehen Sie die Bilder an, hören Sie
   die Gespräche und ordnen Sie zu. Achtung: Nicht alles passt.

 1 ◯ Luana

 2 ◯ Jannis

 3 ◯ Alexandra

A

B

C D

E

b Hören Sie noch einmal und notieren Sie.

   – Beruf heute
   – Was ist gut ☺/nicht so gut ☹ an dem Beruf?

Luana:	Schneiderin	☺	Kleidung selbst nähen, …
		☹	…

E3 **28 Berufe raten: Mein Traumberuf**

Schreiben Sie einen kurzen Text. Arbeiten Sie auch mit dem Wörterbuch.
Geben Sie Ihren Text Ihrer Partnerin / Ihrem Partner. Sie/Er muss den Beruf raten.

In meinem Traumberuf
  arbeite ich …
Meine Arbeitszeit ist …
Meine Arbeit ist …
Meistens arbeite ich …
Ich arbeite …
Oft/Manchmal muss ich …
…

abends nachts auch am Wochenende jeden Tag …

von … bis … flexibel …

schwer leicht lustig kreativ …

allein zusammen mit Kollegen viel mit dem Kopf / den Händen …

draußen in einem Büro

Test Lektion 6

1 Ergänzen Sie.

a Meine Lieblings*fächer* (rehcäf) in der Schule waren _____

_____ (eigloBio) und _____ (oeGfiegra).

b Ich war in der Schule _____ (ßigflei), denn ich wollte das

_____ (rutAbi) mit einer guten _____ (etNo)

_____ (stehbeen) und mich danach um einen

Medizin-Studienplatz _____ (benwerbe).

c Nach der Schule möchte ich einen Beruf lernen. Er soll _____

_____ (tischkarp) sein, vielleicht _____ (inseurFri).

- 0 – 4
- 5 – 7
- 8 – 9

2 Wählen Sie und ergänzen Sie in der richtigen Form.

a ◆ Hallo Mario – was machst du denn hier?

Solltest (sollen – wollen – können) du nicht lieber im Bett bleiben?

○ Ja, ich fühle mich auch noch nicht so gut, aber ich _____

(müssen – können – wollen) die Party auf keinen Fall verpassen.

b ◆ Warum warst du denn am Samstag nicht im Fußballstadion?

○ Ich _____ nicht (müssen – wollen – dürfen). Meine Mutter hat es

verboten, weil ich eine schlechte Note in Physik hatte. Ich _____

(müssen – können – dürfen) am Nachmittag Physik lernen.

c ◆ Euer Deutsch ist wirklich super!

○ Danke. Vor einem Jahr _____ (müssen – können – sollen) wir

noch kein Wort auf Deutsch sagen.

3 Ordnen Sie zu und schreiben Sie die Sätze neu.

Du besuchst mich am Wochenende.   Man hat gute Noten im Abitur.

Ich bin zu spät gekommen.   Du findest einen Studienplatz.

~~Juan kommt etwas später.~~   Sie ist sehr intelligent.

a Ich glaube, dass *Juan etwas später kommt.*

b Ich finde, dass _____

c Ich bin sicher, dass _____

d Es tut mir leid, dass _____

e Es ist schön, dass _____

f Es ist wichtig, dass _____

- 0 – 4
- 5 – 7
- 8 – 9

4 Verbinden Sie.

a Ich bin mit zehn Jahren — 1 habe ich gehasst.

b Mein Lieblingsfach war 2 Ingenieur von Beruf.

c Schön war auch immer 3 habe ich Abitur gemacht.

d Biologie 4 ins Gymnasium gekommen.

e Mein Englischlehrer war 5 auf der Fachhochschule studiert.

f Mit 18 6 Physik.

g Später habe ich dann 7 sehr streng.

h Jetzt bin ich 8 der Kunst-Unterricht.

- 0 – 3
- 4 – 5
- 6 – 7

1 Marina Benzis Lebenslauf

Welche Informationen fehlen im Lebenslauf? Lesen Sie den Text und markieren Sie.
Ergänzen Sie dann die Informationen im Lebenslauf.

Mein Name ist Marina Benzi. Ich bin am 29.11.1986 in Udine geboren. Mit zwei Jahren bin ich mit meinen Eltern nach Deutschland gezogen, nach München. Hier habe ich auch die Grundschule besucht: von 1992–1996. 1998 konnte ich von der Haupt- auf die Realschule wechseln. Die habe ich dann mit der Note 2,1 abgeschlossen. Danach habe ich für drei Jahre eine Ausbildung als Krankenpflegerin am Klinikum Neumarkt gemacht. Nach meiner Ausbildung wollte ich Berufserfahrung sammeln und wieder in München arbeiten. Zum Glück habe ich auch gleich eine Stelle als Krankenpflegerin am Klinikum Großhadern bekommen. Weil ich aber so gern mit Kindern zusammen bin, wollte ich lieber auf einer Kinderstation arbeiten. Nebenbei habe ich nach einer anderen Stelle gesucht und 2007 dann endlich eine Stelle an der Kinderklinik Dritter Orden gefunden. Dort arbeite ich bis heute.

Ja, und 2005 habe ich Max kennengelernt. 2009 haben wir geheiratet. Und 2011 ist unser Sohn Alexander auf die Welt gekommen! Welche Sprachen ich spreche? Nun, natürlich fließend Deutsch und Italienisch, und in der Schule habe ich noch Englisch gelernt.

LEBENSLAUF MARINA BENZI

Klugstraße 34 • 80638 München • 0175/23126432 • MarinaBenzi@mm-muenchen.de

Persönliche Daten
Geburtsdatum und -ort: 29.11.1986 in _Udine_
Staatsangehörigkeit: deutsch
Familienstand: _____, 1 Kind

Berufliche Tätigkeiten
8/2007 bis heute   _____ in der
    Kinderklinik Dritter Orden, München
9/2005 – 7/2007   Krankenpflegerin am Klinikum Großhadern,
    _____

Berufsausbildung
9/2002 – 6/2005   _____ an der Berufsfachschule
    für Krankenpflege, Klinikum Neumarkt

Schulausbildung
1998 – 2002   Städtische Arthur-Kutscher-Realschule, München
    _____: Mittlere Reife (Note 2,1)
1996 – 1998   Städtische Hauptschule München-Moosach
1992 – 1996   Städtische _____ an der Manzostraße, München

Besondere Kenntnisse
Sprachkenntnisse: Italienisch, _____, _____
EDV-Kenntnisse: Microsoft Office: Word, Excel

München, 20.10.20..

Marina Benzi

2 Schreiben Sie nach dem Muster in 1 Ihren eigenen Lebenslauf.

A Ich habe **meinem Mann** ... gekauft.

A1 **1 Was ist richtig? Kreuzen Sie an.**

a Ich schenke ○ meinen ✗ meinem Sohn einen Fußball.
b Sie kauft ○ ihrem ○ ihren Baby eine Jacke.
c Wir backen ○ unsere ○ unserer Freundin einen Kuchen.
d Sie schenken ○ ihre ○ ihren Großeltern Konzertkarten.

A1 **2 Markieren Sie in 1 und ergänzen Sie.**

Grammatik
entdecken

Wer?		Wem? (Person)	Was? (Sache)
Ich	schenke	• mein _em_ Sohn	einen Fußball.
Sie	kauft	• ihr_____ Baby	eine Jacke.
Wir	backen	• unser_____ Freundin	einen Kuchen.
Sie	schenken	• ihr_____ Großeltern	Konzertkarten.

A1 **3 Ergänzen Sie.**

a ◆ Was kauft ihr eur_er_ Kollegin zum Geburtstag?
  ○ Keine Ahnung. Das haben wir noch nicht entschieden.
b ◆ Die Farbe steht Ihr_____ Frau sehr gut, finden Sie nicht?
  ○ Hm, ich weiß nicht.
c ◆ Geben Sie die Papiere bitte ein_____ Kollegin. Ich habe heute keine Zeit.
  ○ Na gut.
d ◆ Was? Du willst dein_____ Mann Gartenstühle schenken? Ist das eine gute Idee?
  ○ Warum denn nicht? Er beschwert sich immer über die alten Stühle.
e ◆ Dieses Restaurant kann man kein_____ Menschen empfehlen.
  ○ Ja, da hast du recht! Das Essen ist sehr schlecht.
f ◆ Schenken Sie Ihr_____ Mitarbeiterin doch Schokolade und Blumen.
  ○ Gute Idee! Darüber freut sie sich bestimmt.
g ◆ Kaufen wir unser_____ Lehrer zum Abschied ein Geschenk?
  ○ Ja, gute Idee!

A2 **4 Ordnen Sie zu.**

Wieder-
holung
A1, L13

Ihnen   ihm   euch   ~~ihr~~   ihnen   mir   dir   ihr   uns

a Oma hat bald Geburtstag und wir basteln _ihr_ ein Geschenk.
  Sie schenkt _____ auch immer so schöne Sachen.
b Hallo, David! Und, wie gefällt _____ mein Auto?
c Hallo, Herr Kunze! Gehört das Fahrrad hier _____?
d Wartet bitte kurz. Ich helfe _____ gleich.
e Meine Eltern haben 25. Hochzeitstag. Ich schenke _____ ein Wellness-Wochenende.
f Julia hat ein neues Kleid. Die Farbe steht _____ total gut.
g Für meinen Freund koche ich heute chinesisch. Das schmeckt _____ sicher.
h Ich glaube, ich nehme die schwarze Hose. Die passt _____ besser.

Feste und Geschenke 7

A2 **5 Wünsche und Geschenke**

a Wer wünscht sich was? Ordnen Sie zu.

◯ • ein Fußball   ◯ • ein Kochbuch   ◯ • eine Espressomaschine
◯ • eine Kette   1 • ein Spiel   ◯ • ein Fahrrad

b Wem schenken Sie was? Schreiben Sie.

1 Ich schenke *ihr ein Spiel.*   4 Ich schenke _____

2 Ich schenke _____   5 Ich schenke _____

3 Ich schenke _____   6 Ich schenke _____

A3 **6 Markieren Sie noch sieben Wörter und schreiben Sie mit • der – • das – • die.**

ER(MOTORRAD)ADRETCREMEIZPDVDADERPARFÜMITMÜTZE
ADVUPUPPEGAHUNGELDBEUTELIPOMKETTEAUSTRAB

> • das Motorrad
> …

A3 **7 Schreiben Sie Sätze.**

a kocht – Hans – eine Suppe – seinen Kindern
    Hans kocht seinen Kindern eine Suppe .

b seiner Frau – Er – ein Parfüm – kauft
    _____ .

c du – meinen Geldbeutel – mir – bitte – Gibst
    _____ ?

d bringt … mit – Die Oma – eine Puppe – Pia
    _____ .

e du – dein Fahrrad – Kannst – leihen – mir
    _____ ?

A3 **8 Markieren Sie in 7: Wer? – Wem? (Person) und Was? (Sache) und ordnen Sie zu.**

	Wer?	Wem?	Was?
kochen	Hans	seinen Kindern	eine Suppe
kaufen	Er	…	…
…			

neunundsiebzig **79 AB**   LEKTION 7

B Ich kann **es Ihnen** nur empfehlen.

Wieder-
holung

A1, L13

L14

9 Ergänzen Sie die Tabelle.

	ich	du	er	es	sie	wir	ihr	sie/Sie
Ich kenne ...	mich		ihn					
Das gehört ...		dir		ihm				ihnen/Ihnen

B1

Grammatik
entdecken

10 Markieren Sie: Wem? (Person) und Was? (Sache).

Ersetzen Sie dann die grün markierten Wörter durch *ihn – es – sie*.

a Ich habe meinem Bruder mein Fahrrad geliehen.

　　Ich habe es meinem Bruder geliehen.

b Hast du Mama das Geburtstagsgeschenk schon geschickt?

c Können Sie mir den Film empfehlen?

d Hast du deiner Freundin den Geldbeutel geschenkt?

e Bitte bringen Sie uns die Speisekarte.

f Ich habe meinen Eltern dieses Hotel empfohlen.

g Wir schenken unserer Nachbarin Blumen.

B3 11 Ergänzen Sie.

a ◆ Hier sind die Pralinen für Oma. Bringst du *sie   ihr* bitte mit?

　 ○ Klar, mache ich.

b ◆ Hast du Paul die CD schon zurückgegeben?

　 ○ Ja, ich habe _____ gestern gebracht.

c ◆ Erik und ich wollen morgen einen Ausflug machen. Du hast doch ein Auto.

　　 Kannst du _____ leihen?

　 ○ Tut mir leid, morgen brauche ich es leider selbst.

d ◆ Frau Krüger, waren Sie nicht letzte Woche im Restaurant „Am Park"? War das Essen gut?

　 ○ Ja, es war sehr gut. Ich kann _____ wirklich empfehlen.

e ◆ Können Sie mir die Telefonnummer von Frau Wagner geben?

　 ○ Ja, das ist die 2014980. Moment, ich notiere _____.

f ◆ Du, Anna, wir haben die Hausaufgabe nicht verstanden.

　 ○ Kein Problem, ich kann _____ noch einmal erklären.

g ◆ Wo ist denn der Schlüssel von unseren Nachbarn? Ich muss _____ zurückgeben.

　 ○ Er liegt doch da auf dem Tisch.

h ◆ Ich will mir heute den Film von Caroline Link ansehen.

　 ○ Den habe ich schon gesehen. Er ist sehr gut. Ich kann _____ empfehlen.

i ◆ Kannst du bitte Monika diese Bücher hier mitbringen?

　 ○ Ja, natürlich kann ich _____ mitbringen – kein Problem!

◇ **B3** **12 Am Esstisch**

    a Markieren Sie: Was? (Sache).

        1 ◆ Wo ist denn das Brot?

          ○ In der Küche. Hol _es_ dir doch einfach.

        2 ◆ Jonas, haben wir noch Milch?

          ○ Ja. Einen Moment, ich hole _____ euch.

        3 ◆ Bringst du mir bitte einen Joghurt mit?

          ○ Natürlich, ich bringe _____ dir gleich.

        4 ◆ Hast du schon die Marmelade probiert? Sie ist sehr lecker.

          ○ Nein, gib _____ mir doch bitte mal rüber.

        5 ◆ Wie findest du die Brötchen?

          ○ Super, ich kann _____ dir wirklich empfehlen.

        6 ◆ Haben wir eigentlich auch Obst?

          ○ Ja. Holt _____ euch doch einfach. Es steht neben dem Kühlschrank.

    b Ersetzen Sie die grün markierten Wörter in a durch *ihn – es – sie*.

❖ **B3** **13 Ergänzen Sie.**

    a ◆ Wo ist denn mein Stift?

        ○ Moment, ich _gebe ihn dir_ gleich.

    b ◆ Entschuldigen Sie, wie funktioniert denn dieses Gerät?

        ○ Das ist ganz einfach. Ich _____.

    c ◆ Juliane, ist das dein Motorrad?

        ○ Ja, mein Mann hat _____.

    d ◆ Schatz, wo ist denn die Zeitung?

        ○ Moment, ich _____.

    e ◆ Danke, dass wir diese Nacht bei dir bleiben dürfen. Hast du noch einen Schlüssel?

        ○ Ja, klar. Wartet, ich _____.

    f ◆ Entschuldigen Sie? Wir möchten bitte noch eine Pizza.

        ○ Gern, ich _____.

B3 **14 Wie heißen die Wörter? Ergänzen Sie.**

    a ◆ Ich muss jetzt das Essen _____ (reivortenbe). Hilfst du mir?

        ○ Was gibt es denn?

        ◆ _Nudeln_ (nledNu).

        ○ Schon wieder? Ich möchte lieber Pizza!

        ◆ Na gut, die Pizzeria im Zentrum _____ (fertlie) doch auch Nudelgerichte. Dann bestelle ich mir Pasta und du nimmst eine Pizza.

        ○ Super!

    b ◆ Wir müssen noch das Geschenk für Tante Lisa fertig machen. Kannst du mir bitte die _____ (letSchach) dort geben?

        ○ Hier, bitte. Ich kann schon mal den Adressaufkleber _____ (druauscken).

        ◆ Ja, danke. Wenn du das Geschenk morgen zur Post bringst, kannst du bitte noch diese Sonder_____ (marbriefken) mit den bekannten Sehenswürdigkeiten kaufen?

        ○ Ja, das mache ich.

C Feste feiern

C2 **15 Eine Hochzeitsfeier: Ordnen Sie zu.**

A   B   C

D   E   F

1 ○ Das Brautpaar und die Gäste essen und trinken im Restaurant.
  Die Torte schmeckt allen besonders gut.
2 ○ Das Brautpaar tanzt zuerst.
3 ○ Das Brautpaar und die Gäste fahren zum Restaurant.
4 ○ Viele Freunde warten vor der Kirche auf das Brautpaar und gratulieren.
5 ○ Alle tanzen wild bis zum Morgen.
6 Ⓐ Bei der Trauung sagt das Brautpaar: „Ja!"

◇ C2 **16 Sie waren auch da! Schreiben Sie über die Hochzeit mit den Informationen aus 15.**

Schreib-
training

> E-Mail senden
>
> Liebe ...,
> stell Dir vor, am Wochenende war ich auf der Hochzeit von Bernhard und Bianca. Es war toll.
> Besonders die Stimmung in der Kirche: Natürlich haben Bernhard und Bianca *bei der Trauung*
> *„Ja" gesagt*. Ich musste weinen, weil es so wunderschön war. Vor der Kirche haben viele Freunde
> .... Dann sind wir alle
> ....
> Im Restaurant .... Das Hochzeits-
> essen war sehr lecker, besonders gut ....
> Nach dem Hochzeitsessen hat ....
> Am Ende haben alle .... Es war sehr lustig!
> Schade, dass Du nicht dabei warst. Übrigens: Ich soll Dich von Bianca grüßen.
> Bis bald. ...

❖ C2 **17 Ein besonders schönes Fest: Schreiben Sie eine E-Mail.**

Schreib-
training

a Sammeln Sie zuerst Informationen:

– Was haben Sie gefeiert?   – Wer war dabei?   – Wie haben Sie gefeiert?
– Wann und wo haben Sie gefeiert? – Was haben Sie getragen? – Wie war die Stimmung?
                                                               – Was ist alles passiert?

b Ordnen Sie die Informationen und schreiben Sie.

Vor/Nach ...   Dann ...   Danach ...   Am Ende ...

Vor zwei Jahren hat meine Cousine ...

C2 **18 ö hören und sprechen**

1 ◀ŵ) 67 **a** Hören Sie und ergänzen Sie: o oder ö?

Phonetik

offen – *ö*ffnen | sch____n – sch____n | k____mmen – k____nnen

1 ◀ŵ) 68 **b** Hören Sie und sprechen Sie nach.

◆ So blöd, dass wir nicht zur Hochzeit kommen konnten.

○ Ja, es war so schön!

◆ Wenigstens können wir Fotos sehen.

○ Ja, seht mal hier: Hier ist Jonas auf seine Hose getreten.

◆ Typisch! Na ja, er war wohl ganz schön nervös.

C3 **19 Was ist richtig? Hören Sie und kreuzen Sie an.**

1 ◀ŵ) 69

a Moni war ○ die ganze Nacht wach.

         ○ auf einer Hochzeit.

b Moni und ihr Bruder haben ○ das Fest vorbereitet.

                           ○ eine Torte gebacken.

c Moni war ○ vor dem Fest nervös.

         ○ mit dem Fest nicht zufrieden.

d Die Trauung war ○ in der Kirche. ○ nicht in der Kirche.

e ○ Moni ○ Monis Schwester hat geweint.

f Die Stimmung war ○ sehr gut. ○ nicht so gut.

C3 **20 Erzählen Sie Ihrer Partnerin / Ihrem Partner etwas über sich.**

Prüfung Wählen Sie ein Thema.

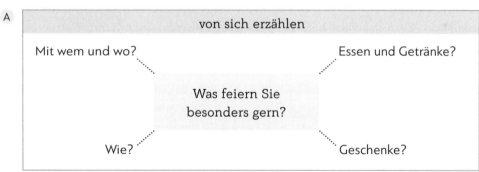

A

von sich erzählen

Mit wem und wo?   Essen und Getränke?

Was feiern Sie
besonders gern?

Wie?   Geschenke?

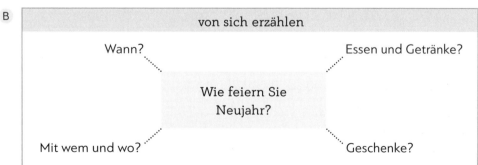

B

von sich erzählen

Wann?   Essen und Getränke?

Wie feiern Sie
Neujahr?

Mit wem und wo?   Geschenke?

LERNTIPP Nehmen Sie sich kurz Zeit und lesen Sie das Thema und die Fragen. Was wollen Sie sagen? Planen Sie.

D Geschenke

D1 **21 Ergänzen Sie:** *meinem – meiner – meinen.*

> Ich bin mit der Schule fertig! Endlich. Weil ich so gute Noten hatte, habe ich
> viele Geschenke bekommen: Von _meinen_ Eltern habe ich eine Gitarre bekommen.
> Die habe ich mir schon lange gewünscht. Von _____ Onkel habe
> ich ein Fußballtrikot bekommen, von _____ Geschwistern eine tolle
> DVD und von _____ Oma einen kleinen Geldbeutel. Ein bisschen Geld
> war auch schon im Geldbeutel. Von _____ Freund Lasse und
> _____ Freundin Miriam habe ich einen Gutschein fürs Schwimmbad
> bekommen. Gleich morgen gehen wir zusammen schwimmen.

D2 **22 Ergänzen Sie.**

◆ Du, Hanna hat am Freitag Geburtstag. Sollten wir ihr nicht etwas s c h e n k e n?

○ Ja, gute Idee. Vielleicht Blumen? Ich kenne Ihre Lieblingsfarbe: Weiß.

◆ Ach nein. In meiner H __ i _____ darf man auf keinen F __ l __ weiße Blumen schenken, denn sie
symbolisieren den T __ __ __. Das ist t __ __ u. Wir können eine K _____ e kaufen. Alle Frauen mögen
Schmuck.

○ Bist du wahnsinnig? So viel Geld kann ich nicht au __ g _____ n. Außerdem ist Schmuck viel zu
p _____ ö _____ ch. Wir können ihr Schweizer Schokolade kaufen. Sie ist besonders gut und kostet
nicht zu viel.

◆ Ist das nicht ein bisschen wenig?

○ Nein. Am wichtigsten ist doch, dass ein Geschenk von H _____ z __ n kommt.

D2 **23 Ein Geschenk kaufen**

Prüfung Eine Kurskollegin / Ein Kurskollege hat bald Geburtstag. Sie möchten mit Ihrer Partnerin / Ihrem Partner
ein Geschenk kaufen. Finden Sie einen Termin.

A | Donnerstag, 5. September

8.00 – 12.30 Uhr	Deutschkurs
13.00 – 14.00 Uhr	Vorstellungsgespräch!
15.00 – 16.00 Uhr	Arzt
17.30 – 19.00 Uhr	Fußballtraining

B | Donnerstag, 5. September

8.00 – 12.30 Uhr	Deutschkurs
14.00 – 15.00 Uhr	Natascha von der Schule abholen und zum Tanzkurs bringen
15.30 – 16.00 Uhr	Termin bei der Bank
18.00 – 23.00 Uhr	arbeiten!

> Wann kaufen wir das Geschenk für ...?
> Wann hast du Zeit?
> Hast du um ... Uhr Zeit?
> Ja, das geht.
> Nein, da kann ich nicht.

E2 **24** **Was ist richtig? Kreuzen Sie an.**

◆ Nächsten Monat habe ich ja Geburtstag. Was meinst du: Soll ich nun eine Mottoparty machen
oder nicht? Ich kann mich nicht ☒ entscheiden. ○ unterhalten.

◌ Eine Mottoparty – muss das sein? Ich finde es toll, wenn man mit seinen Gästen zusammensitzen,
schön essen und ○ sich unterhalten ○ grüßen kann. Da müssen wir auch nicht
so viel ○ kochen ○ vorbereiten – nur ○ kaufen ○ kochen und den Tisch decken ...

◆ Kochen? Nein, davon kannst du mich nicht ○ überzeugen. ○ entscheiden. Ich finde: Jeder sollte
etwas mitbringen und wir ○ kaufen ○ vorbereiten nur die Getränke. Und das Wohnzimmer
müssen wir schön ○ probieren. ○ dekorieren. Mir ist wichtig, dass es nett aussieht.

◌ Na gut, wie du meinst. Die Hauptsache ist ja, dass du deinen Spaß hast!

E2 **25** **Ordnen Sie zu.**

Die Party findet statt am   Zu essen und trinken gibt es   Wir feiern   Natürlich haben wir tolle Musik

~~Unser Motto ist~~

E-Mail senden

Hallo Leute,

wir organisieren eine Tanznacht. *Unser Motto ist* : Wir tanzen!

_____ Samstag, 3. April, ab 22 Uhr.

_____ im Fitnessstudio „Be You"! Bringt gern

Eure Freunde mit. Wenn viele Leute kommen, macht es am meisten Spaß.

_____ : aus Europa, aus Afrika, aus Asien.

_____ natürlich auch etwas: Pizza, Salate, Cola,

Wasser, Saft! Bis 3 Uhr früh dürfen wir bleiben. Wir freuen uns auf Euch!

Bis dann,

Evi und Jens

E2 **26** **Eine besondere Party**

Schreib-training

a Lesen Sie die Einladung und die Antworten.
Wer kommt zur Party? Kreuzen Sie an.

Alle feiern Silvester! Wir feiern
Neujahr! Wenn alle schlafen,
machen wir unsere Party.
Ort: bei Michi im Garten
Zeit: 1. Januar, 6 Uhr morgens
Antworten bitte per SMS an Michi
oder mich. Jana

○ 1   Super Idee! Ich kann aber leider nicht kommen. Wir feiern Silvester bei meinen Eltern ☹
und um 6 Uhr schlafe ich sicher noch. Fikret

○ 2   Danke für die Einladung. Endlich mal etwas
anderes. Ich komme gern und kann eine
Suppe machen, denn wir wollen ja feiern und
es ist bestimmt kalt! Okay? Tatjana

○ 3   Toll! Super! Was ist mit Dekoration? Soll ich
Kerzen mitbringen? Und: Ich komme mit meiner
Freundin Chiara. In Ordnung? Arne

b Schreiben Sie eine Antwort wie in a.

Schreiben Sie,
– dass Sie kommen.
– was Sie mitbringen.
– dass Sie Ihren Hund mitbringen möchten.

Hallo Michi,
vielen Dank ...

E

E2 27 **Einladung zu einem Fest**

a Lesen Sie den Text bis Zeile 3 und schreiben Sie die Antworten.

1 Wer lädt zum Weißen Picknick ein?   *die Stadt Neuburg*

2 Wann ist der Termin für die Veranstaltung?

3 Wo findet das Picknick statt?

4 Wer darf kommen?

Einladung zum „Weißen Picknick"

Auch dieses Jahr möchte die Stadt Neuburg ihre Bewohner mit dieser Veranstaltung zusammenbringen. Das „Weiße Picknick" findet am Samstag, 1. August, ab 17 Uhr auf dem Stadtplatz statt. Und alle sind eingeladen: Familien, Nachbarn, Freunde, Kollegen … Ihnen ist das „Weiße Picknick" noch unbekannt? So funktioniert das „Weiße Picknick":

5 *Kleidung:* Bitte tragen Sie nur weiße Kleidung.

Mitbringen: Essen und Getränke, Tisch und Stühle, weißes Geschirr; gern auch Blumen und andere Dekoration für eine feierliche Stimmung – alles in Weiß!

Unterhaltung: Wir wollen zusammen singen und tanzen! Bringen Sie gern Ihre Gitarre mit. Übrigens: Von 20 bis 22 Uhr spielt die Band „Turbo".

10 *Regeln:* Eine Reservierung von Plätzen ist nicht möglich. Ihre Stühle und Tische dürfen Sie erst ab Veranstaltungsbeginn aufstellen. Die Teilnahme an diesem Picknick ist kostenlos. Bei schlechtem Wetter muss die Veranstaltung leider ausfallen. Die Stadt Neuburg freut sich auf viele Gäste.

---

b Was ist richtig? Lesen Sie den ganzen Text und kreuzen Sie an.

1 ☒ Man darf nur Kleidung in Weiß anziehen.

2 ○ Die Stadt kümmert sich um Essen, Tische und Dekoration.

3 ○ Man darf keine Musik spielen.

4 ○ Man soll bald einen Platz reservieren.

5 ○ Für das Fest muss man nichts bezahlen.

6 ○ Wenn das Wetter schlecht ist, findet das Fest nicht statt.

E2 28 **Hören Sie und sprechen Sie nach: zuerst langsam, dann schnell.**

1 ◄)) 70
Phonetik

a Hoch•zeits•tag – Hochzeitstag | Weih•nachts•fest – Weihnachtsfest | Ge•burts•tags•ge•schenk – Geburtstagsgeschenk

b Herzlichen Glückwunsch zum Hochzeitstag.

c Alles Gute zum Geburtstag, das wünschen wir dir.

d Ein frohes Weihnachtsfest! Hier: ein Weihnachtsgeschenk für dich.

E2 29 **Markieren Sie noch fünf Wörter. Ergänzen Sie und vergleichen Sie dann.**

KFO⟨PARTY⟩ÜEHMGESCHENKRFLDGASTUAVKLEIDLRZKARTEONTTORTEFIDJR

Deutsch	Englisch	Meine Sprache
*Geburtstags*p a r t y	birthday party	
s k _____ e	birthday card	
s g _____ k	birthday present	
s t	wedding cake	
s k	wedding dress	
s g	wedding guest	

1 Geschenkideen: Markieren Sie noch fünf Wörter und ordnen Sie zu.

(KETTE)PARFÜMENSCHACHTELIOBEUTELZGCREMEANPUPPE

a eine .... Pralinen

b ein .... – es riecht
nach Blumen

c eine .... für die
Hände

d eine _Kette_ aus Gold

e eine .... für das
kleine Mädchen

f ein Geld............................ –
schwarz oder braun?

2 Ergänzen Sie.

a Was sollen wir Lena zur Hochzeit s c h e nke n?

b Wir sollten nicht zu viel Geld .... g ... b ....

c Wir haben uns auf der Hochzeit gut mit Lenas Eltern ...... t ... h ... l ....

d Hoffentlich l ..... f ..... t die Bäckerei die Torte pünktlich.

e Die Torte schmeckt super. .... b .... r doch mal!

3 Ergänzen Sie.

Michael war in Lübeck. Er bringt sein_er_ (a) Frau ein Kochbuch mit.

Sein............ (b) Kindern hat er eine Puppe und einen Teddy gekauft. Er zeigt

sein............ (c) Chef und ein............ (d) Kollegin Fotos von der Stadt.

Er empfiehlt ein............ (e) Freund eine Reise dorthin.

4 Ordnen Sie zu.

es   ihn   ~~Ihnen~~   Ihnen   Ihnen   sie   uns

Online eine Torte bestellen – so geht es: Füllen Sie das Online-Formular aus. Wir

machen _Ihnen_ (a) ein Angebot und schicken .... (b) .... (c).

Wenn Sie einen Sonderwunsch haben, können Sie .... (d)

.... (e) gern nennen. Wir backen Ihre Wunschtorte und liefern

.... (f) .... (g) pünktlich.

5 Ordnen Sie zu.

Ich schenke nicht gern   ~~Ich finde, wir sollten~~   Ich finde es nicht so toll

In meiner Heimat schenken wir   Mir ist wichtig

○ Nächste Woche endet unser Deutschkurs! Sollten wir unserer Lehrerin nicht
etwas schenken? Wer hat eine Idee?

▲ _Ich finde, wir sollten_ (a) Blumen für Frau Riedel kaufen.

◻ Ach nein. .... (b) Blumen. Die sind nicht

originell. .... (c), dass ein Geschenk

persönlich ist. Wir können doch ein Lied für sie singen.

■ .... (d), wenn wir nur singen. Wir brauchen

ein richtiges Geschenk. .... (e) gern
Pralinen und Schokolade.

○ Gute Idee. So machen wir es.

Fokus Beruf: Geschenke im Arbeitsleben

1 **Haben Sie einer Kollegin / einem Kollegen schon einmal etwas geschenkt?**
Oder haben Sie selbst ein Geschenk bekommen? Erzählen Sie.

1 ◀)) 71 **2** **Julia und Christian möchten einem Kollegen etwas schenken.**

a Was müssen sie tun? Ordnen Sie. Hören Sie dann und vergleichen Sie.

- ◯ sich für ein Geschenk entscheiden
- ⑤ planen: Wer macht was?
- ◯ das Geschenk übergeben

- ◯ Geld sammeln
- ① Ideen sammeln
- ◯ das Geschenk kaufen

1 ◀)) 71–73 **b** Hören Sie das ganze Gespräch und ergänzen Sie.

1 ◆ Saulo wechselt doch bald zu unserer Partnerfirma in Brasilia.
Sollten wir ihm zum Abschied nicht etwas schenken?
○ Ja, _____. Was könnten wir ihm schenken?
◆ Vielleicht einen Einkaufsgutschein. Dann kann er sich selbst etwas kaufen.
○ Ach nein, _____.
Ich finde, das Geschenk sollte ihn an Deutschland erinnern.
◆ Ja, stimmt. ... Jetzt habe ich es: ein Geschenkkorb mit Spezialitäten aus Deutschland!
_____.
○ Gut! Wenn alle Kollegen mitmachen und jeder 5 Euro gibt, haben wir 60 Euro.
○ Ich denke, das reicht. Wer fragt die Kollegen und sammelt das Geld ein?
◆ _____. Könntest du dann den Geschenkkorb kaufen?
○ Klar. Und dann übergeben wir das Geschenk alle zusammen.

2 ◆ Hallo, Heike. Wir wollen Saulo zum Abschied einen Geschenkkorb kaufen.
_____ ?
▲ Gern. _____ ?
◆ Fünf Euro.
...
◆ Herr Hoffmann? _____ ? Wir möchten für den
Kollegen De Lima ein Geschenk kaufen. _____ ?
☐ Ja, gern. Was bekommen Sie?
◆ Fünf Euro, bitte.

3 ◆ Also, ich habe die 60 Euro zusammen.
○ Gut, dann kaufe ich gleich morgen den Korb. _____ Saulo das
Geschenk geben?
◆ An seinem letzten Arbeitstag, oder? Wenn er am Morgen kommt, holen wir alle Kollegen
und gehen zusammen in sein Büro.
○ _____ .

3 **Wählen Sie mit Ihrer Partnerin / Ihrem Partner eine Situation.**
Planen Sie: Was wollen Sie schenken? Wer kauft das Geschenk? Wann übergeben Sie es?

- A Eine Kollegin / Ein Kollege hat eine
  Prüfung bestanden.
- B Ihre Kollegin / Ihr Kollege geht bald in Rente.

- C Ihre Kollegin / Ihr Kollege
  hat geheiratet.
- D Ihre Kollegin bekommt bald ein Kind.

Lektion 8–14

A Ich **hätte** gern ein bisschen Ruhe!

A1 **1 Wünsche**

Grammatik
entdecken

a Verbinden Sie.

1 Ich bin im Büro.   a Ich würde lieber an einen See fahren.
2 Ich habe einen Hund.   b Ich hätte lieber eine Katze.
3 Ich fahre in die Berge.   c Ich wäre lieber am Meer.

b Ergänzen Sie.

So ist es.	Das ist mein Wunsch.
ich bin	*ich wäre lieber*
ich habe	
ich fahre	

◇ **A1** **2 Was ist richtig? Kreuzen Sie an.**

a Heute ist das Wetter schön. Herr Peters ☒ würde ○ wäre ○ hätte gern spazieren gehen,
aber leider liegt er mit Fieber im Bett. Natürlich ○ würde ○ wäre ○ hätte er lieber gesund.
b Ihr spielt Fußball? Wir ○ würden ○ wären ○ hätten gern mitspielen, aber leider müssen wir arbeiten.
c Es sind fast 30 Grad im Büro. Tina und ihre Kolleginnen ○ würden ○ wären ○ hätten
lieber an einem See.
d Als Kellner läufst du den ganzen Tag sehr viel. ○ Würdest ○ Wärst ○ Hättest du manchmal nicht
lieber einen Bürojob?
e Am Sonntag habe ich Frühschicht. Ich ○ würde ○ wäre ○ hätte so gern einmal wieder lange schlafen.

❖ **A1** **3 Was würden die Personen lieber machen?**
Schreiben Sie Wünsche mit *wäre* – *hätte* – *würde* in der richtigen Form.

a Sie muss arbeiten. – in der Sonne liegen
b Ich bin so allein. – bei dir sein
c Er muss für die Prüfung lernen. – mit Freunden ins Schwimmbad gehen
d Wir müssen noch die Wohnung putzen. – auf dem Balkon sitzen
e Es regnet und ich muss noch nach Hause gehen. – schon zu Hause sein
f Ich muss arbeiten. – Urlaub haben

*a Sie würde lieber in
der Sonne liegen.
b Ich wäre lieber ...*

A2 **4 Schreiben Sie die Antworten.**

a ◆ Hallo, wo bist du gerade?
○ Ich liege gerade am Strand. Das Wetter ist herrlich.
◆ *Oh, da wäre ich jetzt auch gern. /
Oh, ich würde auch gern am Strand liegen.*

b ○ Weißt du, ich habe heute frei und sitze im Garten.

◆ _____

c ○ Stell dir vor, in einer Stunde fliege ich nach Madrid und besuche Freunde.

◆ _____

d ○ Wir sind in den Bergen. Wir wandern zum Feldberg.

◆ _____

A3 **5 Olivias Wünsche**

a Verbinden Sie.

| 1 lange Urlaub | 2 Zeit | 3 Ausflüge | 4 mit den Kollegen | 5 in einem Film |

| a ausgehen | b verbringen | c unternehmen | d mitspielen | e machen |

b Ergänzen Sie die Wünsche aus a mit *würde*.

1 Olivia _würde gern_ einmal _lange Urlaub machen_ . Aber darauf muss sie wohl lange warten.

2 Am Abend _____ mit ihrem Freund _____ .
   Aber abends muss sie arbeiten! Olivia ist nämlich Schauspielerin am Theater.

3 Am Wochenende _____ .
   Aber leider: Da arbeitet sie auch!

4 Nach der Theater-Vorführung _____
   _____ . Aber sie ist zu müde.

5 Olivia hat einen Traum: Sie _____ einmal _____ .

A3 **6 Was ist richtig? Hören Sie und kreuzen Sie an.**

2 ◀)) 1–2

a Michael ...

1 ☒ verbringt viel Zeit mit seiner Mutter.
   ○ würde gern mehr Zeit mit seiner Mutter verbringen.

2 ○ geht heute Abend aus.
   ○ würde gern wieder einmal ausgehen.

3 ○ muss heute noch viele Dinge machen.
   ○ würde gern viele Dinge machen.

4 ○ fährt am Samstag an einen See.
   ○ würde gern am Samstag an einen See fahren.

b Annika ...

1 ○ kann sich gut konzentrieren.
   ○ hätte gern eine Klimaanlage.

2 ○ arbeitet in den Ferien.
   ○ würde gern Urlaub machen.

3 ○ besucht eine Freundin.
   ○ hätte gern Besuch von einer Freundin.

4 ○ studiert in Heidelberg.
   ○ würde Heidelberg gern einmal besichtigen.

A3 **7 Satzakzent: Wunschsätze**

2 ◀)) 3

Phonetik

a Was wird besonders stark betont? Sie hören die Sätze zweimal: einmal leise, dann laut.
   Markieren Sie die Betonung: _____ .

1 Meine Schwester muss für eine Prüfung lernen.
   Natürlich wäre sie viel lieber im Schwimmbad oder in der Disco.

2 Mein Mann hätte gern mehr Werkzeug.
   Er würde nämlich unsere Waschmaschine gern selbst reparieren.

3 Meine Tochter wäre gern schon achtzehn.
   Sie würde so gern den Führerschein machen.

4 Ich würde gern mal wieder abends ausgehen oder mit
   einer Freundin telefonieren. Aber ich bin zu müde.

LERNTIPP Betonen Sie die
wichtigste Information im Satz.

2 ◀)) 4

b Hören Sie noch einmal und sprechen Sie nach: einmal leise, dann laut.

c Schreiben Sie einen Wunsch wie in a und markieren
   Sie die Betonung: _____ .
   Lesen Sie Ihren Wunsch zuerst leise, dann laut.

Ich bin Köchin.
Ich hätte lieber eine andere Arbeit.

B Trotzdem habe ich gewonnen.

B1 **8** Schreiben Sie die Sätze mit *trotzdem*.

a Am Montag hat Marvin eine Prüfung.
Aber: Er fährt am Samstag in die Berge.
Trotzdem fährt er am Samstag in die Berge. /
Er fährt trotzdem am Samstag in die Berge.

b Am Bahnhof merkt er, dass er das Wasser und die Wurstbrote zu Hause vergessen hat.
Aber: Er steigt in den Zug.

c In den Bergen regnet es. Aber: Marvin wandert.

d Am Sonntag will Marvin den ganzen Tag lernen. Aber: Zuerst schläft er bis 10 Uhr.

e Montag: Marvin hat nur wenig gelernt. Aber: Er besteht die Prüfung.

◇ **B1** **9** *Trotzdem ...*

a Verbinden Sie.

1 Du verdienst viel.	a Du hast schon viele Freunde gefunden.
2 Du lernst erst drei Monate Deutsch.	b Du reparierst nie selbst etwas.
3 Du hast sehr viel Werkzeug.	c Du möchtest noch mehr Geld.
4 Du bist neu in der Stadt.	d Du wäschst sie noch einmal.
5 Du arbeitest wenig.	e Du sprichst schon so gut Deutsch. Toll!
6 Die Wäsche ist sauber.	f Du hast Ski gekauft.
7 Es liegt kein Schnee.	g Du sagst, dass du Stress hast.

b Schreiben Sie die Sätze aus a mit *trotzdem*.

1 _Du verdienst viel. Trotzdem möchtest du noch mehr Geld._
2
3
4
5
6
7

❖ **B1** **10** Und Sie? Was machen Sie trotzdem? Schreiben Sie.

a Eigentlich bin ich krank.
Trotzdem .

b Es kommt nichts im Fernsehen.
.

c Ich will mich gesund ernähren.
.

d Eigentlich feiere ich nicht gern Feste.
.

e Meine Wohnung ist nicht groß.
.

> Eigentlich bin ich krank. Trotzdem gehe ich zur Arbeit.

C1 **11** Schreiben Sie Vorschläge mit *könnte-*.

a ◆ Ich brauche ein bisschen Bewegung.
　 ○ Dann mach doch einen Spaziergang! / *Du könntest einen Spaziergang machen.*
b ◆ Ich würde gern mal wieder einen Film sehen. Aber allein habe ich keine Lust.
　 ○ Ich komme mit, wenn du möchtest. / _____
c ◆ Meine Nachbarin hat nächste Woche Geburtstag.
　 ○ Schenken Sie ihr doch Blumen. / _____
d ◆ Das Wetter ist heute in den Bergen so schön.
　 ○ Machen wir einen Ausflug? / _____
e ◆ Ich habe Kopfschmerzen.
　 ○ Ich gebe dir eine Tablette. / _____

C2 **12** Schreiben Sie Sätze mit *könnte-/würde- lieber*.

a ◆ Wir möchten die Stadt ansehen.
　 ○ Sie *könnten eine Stadtrundfahrt machen.*
　　 (eine Stadtrundfahrt machen)
　 ◆ Ach nein, wir *würden lieber einen Stadt-*
　　 spaziergang machen. (einen Stadtspaziergang machen)
b ◆ Mir ist langweilig. Was könnte ich machen?
　 ○ Du _____ (ins Museum gehen)
　 ◆ Ich _____ (draußen etwas unternehmen)
c ◆ Wir haben Hunger!
　 ○ Ihr _____ (eine Pizza kaufen)
　 ◆ Ach nein, ich _____ (ein Schnitzel essen)
d ◆ Mein Bruder hat keine Idee fürs Wochenende.
　 ○ Er _____ (raus an den Wannsee fahren)
　 ◆ Hm, ich glaube, er _____ (ins Museum gehen)
e ◆ Das Wetter ist so schön. Was könnten wir unternehmen?
　 ○ Wir _____ (wandern gehen)
　 ◆ Ach nein, ich _____ (im Garten grillen)

C3 **13** Ordnen Sie das Gespräch.

④ ○ Schade, das geht leider nicht. Meine Mutter kommt am Wochenende zu Besuch. Aber wie wäre es nächste Woche?
○ ◆ Tschüs.
○ ○ Gern. Gute Idee. Wir haben schon lange nicht mehr gemeinsam gefrühstückt.
○ ○ Schade. Na dann, vielleicht ein anderes Mal. Ich rufe dich wieder an. Oder ... warte mal: Wie wäre es am Mittwochabend? Wir könnten wenigstens mal wieder etwas trinken gehen.
○ ○ In Ordnung. Bis dann. Ich freue mich. Tschüs.
○ ◆ Hallo, Susi. Du, ich würde dich gern zum Frühstück einladen. Hast du Lust?
○ ◆ Da kann ich leider nicht. Da bin ich bei Freunden in Dresden.
○ ◆ Hast du am Sonntagmorgen Zeit?
○ ◆ Einverstanden. Das machen wir. Ich hole dich um sechs ab.

C

C3 **14 Verabredungen und Einladungen**

a Ordnen Sie zu.

das geht bei mir | Wie wäre es
Das machen wir | Hast du Lust
Also dann | Warum nicht | ~~Wir könnten mal~~

tut mir sehr leid | Wir würden gern
vielen Dank für die Einladung
haben wir leider keine Zeit

1

◆ Hallo, wie geht's dir?

○ Danke, gut. Wir haben uns lange nicht gesehen. *Wir könnten mal* wieder was zusammen unternehmen.

_____?

◆ Klar. _____?

○ _____ mit Kino?

◆ Gute Idee. _____.
   Im Tivoli kommt gerade ein toller Film.

○ Hast du morgen Abend Zeit?

◆ Ja, _____.

○ _____, bis morgen Abend!

2

◆ Guten Tag, Frau Müller.

○ Guten Tag, Frau Huber.

◆ Am 7. August feiert mein Mann seinen 60. Geburtstag. Wir würden Sie und Ihren Mann gern zum Kaffee einladen.

○ _____
   kommen, Frau Huber. Aber nachmittags

_____.

   Wir müssen beide arbeiten.

◆ Schade, dass Sie nicht kommen können!

○ Ja, _____,
   aber trotzdem _____

_____.

2 ◀)) 5–6 **b** Hören Sie und vergleichen Sie.

◇ **C3** **15 Ordnen Sie zu und schreiben Sie Antworten:** ☺ = positiv oder ☹ = negativ.

Samstagabend – lieber in die Disco gehen | ~~gern mitkommen – Uhrzeit?~~
leidtun – keine Lust haben | gute Idee – Stuttgart gegen Hamburg spielen | einverstanden – Uhrzeit?

a ◆ Ich gehe morgen auf dem Markt einkaufen. Kommst du mit?

   ○ ☺ *Ich komme gern mit. Um wie viel Uhr?*

b ◆ Wir könnten am Wochenende ein Fußballspiel ansehen.

   ○ ☺ _____

c ◆ Ich würde am Samstagabend gern in eine Bar gehen.

   ○ ☹ _____

d ◆ Ich würde am Wochenende gern Fahrrad fahren.

   ○ ☹ _____

e ◆ Ich würde gern am Sonntagmittag mit dir auf den Flohmarkt gehen.

   ○ ☺ _____

❖ **C3** **16 Schreiben Sie kurze Gespräche.**

Machen Sie Vorschläge und reagieren Sie positiv ☺ oder negativ ☹.

a Tennis spielen / ☹ erkältet sein – in zwei Wochen?

b eine Radtour machen / ☺ am nächsten Wochenende – wohin fahren?

c schwimmen gehen / ☺ morgen Nachmittag – wann genau treffen?

d Donnerstagabend essen gehen / ☹ keine Zeit haben – vielleicht Freitag?

a ○ Ich würde gern mit dir Tennis spielen.
● Schade, das geht leider nicht. ...

D3 **17 Endlich Wochenende!**

a Lesen Sie und ergänzen Sie die Namen.

> **Endlich Wochenende! Sicher kennt ihr das auch: Eine ganze Woche mit Stress und Arbeit liegt hinter euch. Jetzt freut ihr euch auf das Wochenende. Wir wollen von euch wissen: Wie sieht euer perfektes Wochenende aus? Welche Tipps habt ihr für die anderen? Schreibt hier im Forum.**
>
> **Katinka11**
> Ich interessiere mich für Kultur. Ein Besuch in einem Museum oder in der Oper – dafür nehme ich mir oft Zeit. Oder für Konzerte! Am nächsten Wochenende findet die „Jazz-Nacht" statt. In mehr als 30 Konzerten treten Musiker in Bars und auf dem Stadtplatz auf.
>
> **Abdul_K**
> Das ist eine typisch deutsche Frage. Ständig fragen meine Kollegen: „Abdul, was machst du am Wochenende?" Muss man immer einen Plan haben? Ich verbringe das Wochenende am liebsten mit meiner Familie. Wenn das Wetter gut ist, machen wir vielleicht eine Radtour oder eine Wanderung. Wenn es regnet, bleiben wir zu Hause. So einfach ist das.
>
> **Stefan1293**
> Abdul hat recht. Wir haben in Deutschland so viel Urlaub und Freizeit und immer soll man etwas unternehmen. Auf dem Balkon oder auf dem Sofa sitzen – das ist doch auch mal schön.
>
> **LukasN**
> Mir wäre das zu langweilig. Ich probiere gern etwas Neues aus. Mein Tipp: Am Samstag bietet die Volkshochschule einen „Tag der offenen Tür" an. Politik, Kultur, Fotografie, Sprachen, … – für jeden ist etwas dabei. Und am besten finde ich: Die Teilnahme ist kostenlos und man muss sich nicht anmelden.
>
> **Vanessa**
> Ein perfektes Wochenende ist für mich ein Wochenende in der Natur: im Garten arbeiten, spazieren gehen, mit Freunden grillen. Und am Sonntagvormittag gehe ich auf den Flohmarkt. Dort finde ich immer etwas.

1 _____ verbringt das Wochenende gern draußen.
2 _____ ruht sich am liebsten nur aus.
3 _____ macht gern neue Sachen.
4 _Katinka11_ besucht gern Musikveranstaltungen.
5 _____ möchte sein Wochenende nicht immer planen.

b Lesen Sie noch einmal und korrigieren Sie.

1 Die Konzerte in der „Jazz-Nacht" finden ~~in Restaurants und in der Oper~~ statt.
in Bars und auf dem Stadtplatz

2 Abdul verbringt gern Zeit mit seinen Freunden.
_____

3 Stefan findet: Deutsche haben wenig Urlaub und Freizeit.
_____

4 Lukas geht am Samstag zu einem Politikkurs an der Volkshochschule.
_____

5 Den Samstagnachmittag verbringt Vanessa auf dem Flohmarkt.
_____

D3 **18 Wie sieht Ihr perfektes Wochenende aus?**

Schreib-training Welche Tipps haben Sie für die anderen im Kurs? Schreiben Sie einen Forums-Beitrag wie in 17a.

D

D3 **19 Mein Wochenende**

Prüfung

Wählen Sie drei Karten aus und fragen Sie Ihre Partnerin / Ihren Partner etwas zu ihrem/seinem Wochenende.

> Thema: Wochenende
> Was ...?

> Thema: Wochenende
> Wann ...?

> Thema: Wochenende
> ...?

> Thema: Wochenende
> Haben Sie ...?

> Thema: Wochenende
> Wohin ...?

> Thema: Wochenende
> Wie oft ...?

> Thema: Wochenende
> Wie lange ...?

- ◆ Wann frühstücken Sie am Wochenende?
- ○ Ich frühstücke so um zehn Uhr.
- ◆ Wie lange ...?

D3 **20 Wie heißen die Wörter? Ergänzen Sie.**

A **Lauftreff** für Anfänger und Fortgeschrittene:
jeden Donnerstag von 18–19 Uhr;
_____ (menahTeil) kostenlos;
Anmeldung nicht _____
(forlicherder); _____
(tknupTreff) vor dem Rathaus

B Der **Auer Singverein** bietet eine **Winterreise** nach Salzburg an:

_____ (rundStadttrhaf), Weihnachtsmarkt, Fahrt mit der _Bahn_ (nhaB) auf die Festung Hohensalzburg. Termin: 18.12.–19.12. Informationen unter 0151-13141516

C Die _____ (schuVolkslehoch) hat **noch Plätze** frei!
_____ (renErhaf) Sie mehr darüber im Programmheft.

D3 **21 Satzmelodie und Pausen**

2 ◀) 7

Phonetik

a Hören Sie und achten Sie auf die Pausen: | = kurze Pause oder || = lange Pause.

Ich arbeite viel → | und komme immer sehr spät nach Hause ↘ ||. Trotzdem nehme ich mir Zeit für Gymnastik _____ ||. Sport ist wichtig _____ |, weil ich den ganzen Tag im Büro sitze _____ ||. Am Wochenende ruhe ich mich aus _____ ||. Wenn das Wetter schön ist _____ |, sitze ich im Garten und lese _____ ||. Und wenn am Abend Fußball im Fernsehen kommt _____ |, bin ich glücklich _____ .

b Hören Sie noch einmal und ergänzen Sie in a die Satzmelodie: → oder ↘.

D3 **22 Hören Sie und markieren Sie den Wortakzent.**

2 ◀) 8

Lesen Sie dann laut und achten Sie auf die Unterschiede.

Deutsch	Englisch	Meine Sprache oder andere Sprachen
Disko<u>thek</u>	<u>di</u>scotheque	
Kon<u>zert</u>	<u>con</u>cert	
Foto<u>grafie</u>	pho<u>tog</u>raphy	
Litera<u>tur</u>	<u>li</u>terature	
Poli<u>tik</u>	<u>po</u>litics	

E2 **23 Stadtfest Lamstein**

a Wo kann man das machen? Lesen Sie und ordnen Sie zu.
Achtung: Manchmal gibt es mehrere Lösungen.

1 Musik hören   2 tanzen   3 etwas lernen   4 Sport machen   5 etwas kaufen

③ ⑤ **Stadtfest Lamstein am 12. Juli – Programm**

Fußgängerzone

10–18 Uhr	Kunsthandwerkermarkt und Flohmarkt: Handwerker und Künstler aus ganz Europa zeigen und verkaufen Bilder, Geschirr und vieles mehr. Auf dem Flohmarkt finden Sie Kleidung, Spielzeug, CDs – alles zum kleinen Preis.
10–16 Uhr	Nähen Sie gern? Schneiderin Meral Toprak gibt Tipps.
13–14 Uhr	Holz & Hammer: Mini-Kurs „Holzarbeiten" mit Carsten Kröger
ab 14 Uhr	Basteln mit Papier (für Kinder ab 4 Jahren)
15–16 Uhr	Holz & Hammer: Mini-Kurs „Holzarbeiten" mit Carsten Kröger

○○ **Schwimmbad Heinemannstraße**

10–12 Uhr	Schnupper-Schwimmen für Erwachsene Sie können nicht schwimmen? Kein Problem!
13–16 Uhr	Lustige Wasserspiele für Groß und Klein

○ **Sportpark am Wald**

10–14 Uhr	Laufen ohne Ende: 10-km-Lauf (10.00 Uhr), 5-km-Lauf (11.30 Uhr), verschiedene Kinderläufe, Anmeldung unter: laufen@sportverein-lamstein.de
15–19 Uhr	großes Fußballturnier für alle Hobby-Fußballspieler und Fußball-Fans ab 4 Jahren

○○ **Rathausplatz**

ab 10 Uhr	Musik mit DJ Kevin vom Radiosender Energy24
10–18 Uhr	Showprogramm mit Bauchtanz, Musikvorführungen, Feuerkünstlern, …
18–20 Uhr	Kinder-Disco, im Anschluss Partymusik: Tanzen Sie mit!
ab 23 Uhr	Feuerwerk

Außerdem: Große Tombola – tolle Preise zu gewinnen, z. B. zwei Eintrittskarten für das nächste Konzert von Fantastica

b Wo und wann können Sie das machen? Lesen Sie noch einmal und notieren Sie den Ort und die Uhrzeit.

1 Tanzen ist Ihr Hobby.   <u>Rathausplatz, 20–23 Uhr</u>
2 Sie wollen schwimmen lernen.   _____
3 Sie möchten selbst einen Rock nähen. Sie wissen aber nicht, wie.

4 Sie suchen günstige Gläser und Tassen.   _____
5 Sie joggen wochentags jeden Abend. Schaffen Sie 10 Kilometer?

E2 **24 Eine Nachricht schreiben**

Prüfung Sie haben sich mit einer Freundin / einem Freund für das Stadtfest verabredet.
Schreiben Sie eine SMS zu folgenden Punkten:

– Entschuldigen Sie sich, dass Sie zu spät kommen.
– Schreiben Sie, warum Sie nicht pünktlich sind.
– Nennen Sie einen neuen Treffpunkt und eine neue Uhrzeit.

Test Lektion 8

1 Was ist richtig? Kreuzen Sie an.

	verbringen	machen	fahren	unternehmen
a eine Wanderung	○	⊠	○	⊠
b mit der Bahn	○	○	○	○
c eine Radtour	○	○	○	○
d Zeit mit der Familie	○	○	○	○
e eine Rundfahrt	○	○	○	○
f ein Wochenende am See	○	○	○	○
g einen Vorschlag	○	○	○	○

2 Schreiben Sie Sätze über Lars mit *trotzdem*.

Es ist Wochenende!

a _Trotzdem steht Lars früh auf._ (früh aufstehen)

b _____ (ins Büro fahren)

c _____ (acht Stunden arbeiten)

Es ist kalt!

d _____ (morgens joggen gehen)

e _____ (im See schwimmen)

3 Ergänzen Sie: *wäre – hätte – würde – könnte*.

a ◆ Sara _würde_ gern in einem Haus leben, nicht in einer Mietwohnung. Denn

sie _____ gern einen Garten. Jedes Wochenende ein Grillfest

machen – das _____ schön, sagt sie.

○ Na ja, sie _____ doch eine Wohnung mit Balkon mieten.

b ◆ Marco _____ so gern mal wieder ausgehen. Aber nie hat

seine Frau Zeit.

○ Er _____ ja auch mal die Wäsche waschen und sauber machen.

Dann _____ seine Frau mehr Zeit.

c ◆ Ich bin Verkäuferin. Eigentlich _____ ich lieber Künstlerin.

Ich _____ am liebsten den ganzen Tag malen, basteln und singen.

Aber dann _____ ich kein Geld.

○ Wie _____ es, wenn du Malkurse anbieten würdest?

◆ Gute Idee!

4 Ergänzen Sie das Gespräch.

◆ Wir k_nn_e_ m_l w_e_e_ (a) in eine Bar gehen.

○ Klar, w a r u m (b) nicht? Wie wäre es am Freitagabend?

◆ T___ m____ d (c), aber da habe ich Fußballtraining. Am Samstag?

○ E__ v__ st__ d___ (d). U_ w____ v_____ __ r (e)

sollen wir uns treffen?

◆ Ist 20.00 Uhr okay?

○ Ja, d__ g_h_ b__ m__ (f). Ich hole dich um acht ab.

1 ____ / 6 Punkte — WÖRTER

● 0–3
● 4
● 5–6

2 ____ / 4 Punkte — GRAMMATIK

3 ____ / 10 Punkte

● 0–7
● 8–11
● 12–14

4 ____ / 5 Punkte — KOMMUNIKATION

● 0–2
● 3
● 4–5

1 Computer und Internet: Sprechen Sie.

– Brauchen Sie für Ihre Arbeit einen Computer?
– Nutzen Sie das Internet?
– Wenn ja: Wofür?

Bestellungen machen   E-Mails schreiben   mit Kunden telefonieren
Rechnungen/Verträge/Listen/Angebote schreiben
Kundenanfragen beantworten   recherchieren   ...

Also, ich brauche das Internet. Ich skype oft mit Kunden im Ausland.

Ich schreibe nur Rechnungen an meinem Computer. ...

2 Sicherheit für Ihre Daten und im Internet

a Lesen Sie die Tipps und den Text und ordnen Sie zu.

1 Vorsicht: Nicht jede E-Mail und jeden Anhang öffnen!
2 Programme nur aus zuverlässigen Quellen herunterladen.
3 Sichere Passwörter schützen Ihren Computer.

So ist Ihr Computer sicher!

○ Sie sollten nur Programme von sicheren Seiten herunterladen. Wenn Sie das nicht machen, haben Sie ganz schnell einen Virus auf dem Computer.

○ Sichern Sie Ihren Computer mit einem Passwort. Achten Sie darauf, dass das Passwort nicht zu einfach ist. Am besten ist eine Kombination aus Buchstaben und Zahlen. Ändern Sie Ihr Passwort regelmäßig.

○ Wichtig für E-Mails: Öffnen Sie keine E-Mails, wenn Sie den Absender nicht kennen. Kriminelle wollen Ihre Daten (Adresse, Telefon, Bankverbindung) und Ihr Geld.

b Irina Korschunowa hat fünf E-Mails bekommen.
Welche E-Mails sollte sie nicht öffnen? Kreuzen Sie an.

	E-Mail Eingang	E-Mail Ausgang	Papierkorb
vom	**Absender**	**Betreff**	
☒ 7. April	calypso jorden	Sie haben gewonnen!!!	
○ 6. April	faber@buero.mayer.de	Re: Meeting am 15.4.	
○ 5. April	jean kraemer	Rreeplica Swwisss Watches	
○ 5. April	newsletter@handelskammer.de	Newsletter April	
○ 5. April	Ihrkonto@hypervereinsbank.de	Wichtig!!! Neue PIN für Ihr Girokonto	

c Welche E-Mails sind gefährlich? Was kann passieren? Sprechen Sie.

Ich kenne den Namen nicht. Dann öffne ich die E-Mail nicht.

Die Bank fragt in einer E-Mail nicht nach einer PIN-Nummer. Die ist geheim.

Wenn man nicht sicher ist: Lieber nicht öffnen.

A Das ist ja eine **tolle** Wohnung!

Wieder-holung

1 Wie heißt das Gegenteil? Verbinden Sie.

a billig   dünn   b lang   langweilig   c modern   leise
   jung   dunkel   interessant   leicht   gut   hässlich
   dick   teuer   neu   kurz   laut   alt
   hell   alt   schwierig   alt   schön   schlecht

Wieder-holung

2 Verrückter Flohmarkt: Sehen Sie das Bild an und ordnen Sie zu.

~~modern~~   dick   lang   alt   klein   kurz

◆ Wie gefällt/gefallen Ihnen ...

a die Kette?   ○ Die ist nicht schlecht.
                  Aber sie ist viel zu _____ .

b das Regal?   ○ Das ist zu _____ .
                  Da passt doch gar kein Buch rein.

c der Tisch?   ○ Nicht so gut, die Beine sind zu _____ .

d das Buch?   ○ Das ist mir zu _____ .
                  Das passt in keine Tasche.

e das Handy?   ○ Das ist doch gar nicht mehr _modern_ .

f diese Schuhe?   ○ Ach, die sind zu _____ .
                  Die sind ja schon kaputt.

A1

3 Ergänzen Sie: ● der – ● das – ● die – ● die.

a ● _die_ Kerze   Das ist eine bunte Kerze.
b _____ Kerzenständer   Das ist ein schöner Kerzenständer.
c _____ Handy   Das ist ein gutes Handy.
d _____ Bücher   Das sind interessante Bücher.
e _____ Saftgläser   Das sind keine schönen Saftgläser.

A1
Grammatik entdecken

4 Markieren Sie in 3 und ergänzen Sie wie im Beispiel.

● der Kerzenständer	Das ist ...	ein/kein	schön_er_	Kerzenständer.	_-er_
● das Handy		ein/kein	gut___	Handy.	
● die Kerze		eine/keine	bunt___	Kerze.	
● die Bücher	Das sind ...	/	interessant___	Bücher.	
● die Saftgläser		keine	schön___	Saftgläser.	⚠

A2

5 Ergänzen Sie.

a Das ist keine billig_e_ Kamera. Das ist eine teur____ Kamera.
b Das ist keine praktisch____ Brieftasche. Das ist eine viel zu groß____ Brieftasche.
c Das ist kein klein____ Feuerzeug. Das ist ein groß____ Feuerzeug.
d Das ist kein hübsch____ Bikini. Das ist ein hässlich____ Bikini.
e Das sind keine neu____ Schuhe. Das sind alt____ Schuhe.

◇ A2 **6 Verbinden Sie.**

◆ Guck mal, hier. Das ist/sind ja …

a ein tolles — 1 Bikini.
b ein hübscher — 2 Handy.
c eine preiswerte 3 Gläser.
d praktische 4 Geldbörse.

○ Also, ich weiß nicht. Das ist/sind ja …

e keine schöne 5 Koffer.
f kein praktischer 6 Lampe.
g keine guten 7 Buch.
h kein interessantes 8 Bildschirme.

❖ A2 **7 Im Kaufhaus: Vergleichen Sie mit dem Einkaufszettel und schreiben Sie.**

A B C D E

- Regal, niedrig
- Gläser, groß
- Mantel, schwarz
- Lampe, billig
- Bett, breit

◆ Schau mal. Da hinten ist …

a Regale. ○ *Ja, aber da sind nur hohe Regale. Dort ist/sind leider kein niedriges Regal.*

b Gläser. ○ _____

c Mäntel. ○ _____

d Lampen. ○ _____

e Betten. ○ _____

A2 **8 Ordnen Sie zu.**

du sicher   weiß nicht   ~~findest du~~   geht so

◆ Guck mal, hier. Das ist ja ein toller Wandteppich.
○ Hm, _findest du_ ?
◆ Und was sagst du zu der Plastiktischdecke?
   Die ist doch sehr praktisch.
○ Tja, ich _____.
◆ Oh! Schau mal da drüben – das Poster!
   Das passt super in meine Wohnung.
○ Bist _____ ?
◆ Und es kostet nur 45 Euro. Das ist ja preiswert.
○ Na ja, _____.

B Wohin gehst du? In einen **neuen** Laden?

B2 **9 Anzeigen**

a Markieren Sie noch sechs Wörter.

LABEKOKRATZERMIABESTECKDSESTOFFEDEWAHÖHEAT
EANTOZUSTANDHLOPARMETALLKISQOF HOLZPLATTE FE

b Ordnen Sie die Wörter aus a zu.

1
Suche
bunte ....
und eine elektrische
Nähmaschine.

2
Ich verkaufe meine
schönen Küchenregale aus
....
.... : 1,80 m
Breite: 1,10 m
Einwandfreier Zustand.
Keine ....

3
Verkaufe ein neues
.... **-Set**
mit 24 Teilen in zeitlosem
Design für nur 45 Euro.

4
Biete unseren alten Gartentisch. Der Tisch hat eine 5 cm
dicke _Holzplatte_ . ... : gebraucht.
Kostenlos an Selbstabholer.

B2 **10 Markieren Sie in 9b und ergänzen Sie.**

Grammatik
entdecken

● der Gartentisch	Biete	unseren	_alten_ Gartentisch.	_-en_
● das Besteck	Verkaufe	ein	.... Besteck-Set.	....
● die Holzplatte	Der Tisch hat	eine	.... Holzplatte.	....
● die Stoffe	Suche	/	.... Stoffe.	....
● die Küchenregale	Ich verkaufe	meine	.... Küchenregale.	....

B2 **11 Ergänzen Sie.**

◆ Guck mal, der Laden „Dekorprofi" hat gerade viele
preiswert_e_ Angebote. Da müssen wir am Samstag
unbedingt mal vorbeischauen.

○ Wir brauchen doch gar keine neu......... Sachen.
Ich finde, wir sind schon super eingerichtet. Außerdem
hast du erst letzte Woche eine neu......... Lampe
und einen neu......... Teppich mitgebracht.

◆ Ja, stimmt. Aber ich wünsche mir doch schon lange
einen schön......... Kerzenständer und ein
hübsch......... Poster.

○ Wir brauchen doch kein neu......... Poster!

◆ Ach bitte, ich mag unser alt......... Bild überhaupt
nicht mehr. Außerdem brauchen wir eine
neu......... Tischdecke. Und im „Dekorprofi" haben
sie eine super Qualität!

B2 **12** **Was ist richtig? Kreuzen Sie an.**

a Diesen Gartentisch aus Metall habe ich ○ nach ○ zu ⊠ von einem alten Freund gekauft.

b Geschirr kaufe ich am liebsten ○ nach ○ seit ○ in einem guten Geschäft.

c Ich suche einen Küchentisch ○ bei ○ mit ○ aus einer dicken Holzplatte.

d Das Salatbesteck aus Plastik passt nicht ○ mit ○ bei ○ zu unseren neuen Salatschüsseln.

B2 **13** **Markieren Sie die Endungen in 12 und ergänzen Sie.**

Grammatik
entdecken

● der Freund	von einem alt*en* Freund	–en
● das Geschäft	in einem gut_____ Geschäft	_____
● die Holzplatte	mit einer dick_____ Holzplatte	_____
● die Salatschüsseln	zu unseren neu_____ Salatschüsseln	_____

B2 **14** **Ergänzen Sie.**

a ◆ Was suchen Sie?

　○ Ich brauche einen Anzug mit ein*er* schön*en* Jacke.

b ◆ Kann ich Ihnen helfen?

　○ Ja, ich suche einen Küchenschrank mit ein_____ klein_____ Regal.

c ◆ Suchen Sie etwas?

　○ Ja, ein Telefon mit ein_____ automatisch_____ Anrufbeantworter und

　ein_____ groß_____ Telefonbuch für viele Nummern.

d ◆ Haben Sie eine Frage?

　○ Ja. Gibt es dieses Kleid auch mit rot_____ oder blau_____ Blumen?

e ◆ Gefällt Ihnen dieser Tisch?

　○ Nein. Ich brauche einen Tisch mit ein_____ breit_____ Schublade.

B2 **15** **Im Laden: Ergänzen Sie.**

a ◆ Sieh mal, da hinten gibt es praktisch*e*

　Plastikbecher und -teller mit bunt_____ Blumen.

　○ Super! Wir brauchen für unser Picknick dringend

　ein paar schön_____ Plastikbecher.

b ◆ Ich würde gern eine groß_____ Klingel für mein

　neu_____ Fahrrad kaufen.

　○ Hier ist eine in einer schön_____ Farbe.

c ◆ Wir brauchen noch einen neu_____ Teppich.

　○ Ja, aber hier habe ich noch keine hübsch_____

　Teppiche gesehen.

d ◆ Das ist aber ein toll_____ Poster.

　○ Ja, stimmt. Aber wir brauchen kein neu_____ Poster,

　und es passt auch nicht zu unserem hell_____ Sofa.

e ◆ Gibt es hier keine preiswert_____ Lampen?

　○ Doch. Dort hinten habe ich eine günstig_____ Lampe

　mit einem schön_____ Lampenschirm gesehen.

B

◇ B2 **16 Was ist richtig? Kreuzen Sie an.**

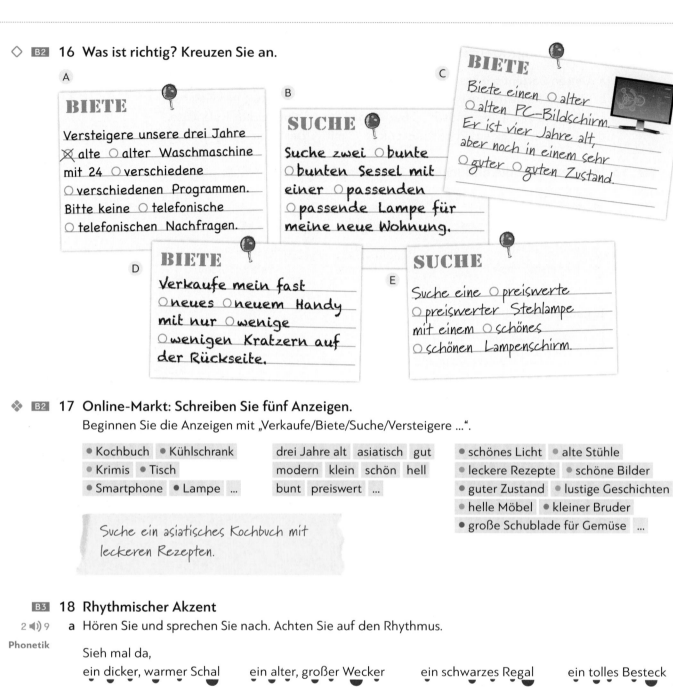

A

BIETE

Versteigere unsere drei Jahre
⊠ alte ○ alter Waschmaschine
mit 24 ○ verschiedene
○ verschiedenen Programmen.
Bitte keine ○ telefonische
○ telefonischen Nachfragen.

B

SUCHE

Suche zwei ○ bunte
○ bunten Sessel mit
einer ○ passenden
○ passende Lampe für
meine neue Wohnung.

C

BIETE

Biete einen ○ alter
○ alten PC-Bildschirm.
Er ist vier Jahre alt,
aber noch in einem sehr
○ guter ○ guten Zustand.

D

BIETE

Verkaufe mein fast
○ neues ○ neuem Handy
mit nur ○ wenige
○ wenigen Kratzern auf
der Rückseite.

E

SUCHE

Suche eine ○ preiswerte
○ preiswerter Stehlampe
mit einem ○ schönes
○ schönen Lampenschirm.

❖ B2 **17 Online-Markt: Schreiben Sie fünf Anzeigen.**

Beginnen Sie die Anzeigen mit „Verkaufe/Biete/Suche/Versteigere …".

● Kochbuch ● Kühlschrank
● Krimis ● Tisch
● Smartphone ● Lampe …

drei Jahre alt asiatisch gut
modern klein schön hell
bunt preiswert …

● schönes Licht ● alte Stühle
● leckere Rezepte ● schöne Bilder
● guter Zustand ● lustige Geschichten
● helle Möbel ● kleiner Bruder
● große Schublade für Gemüse …

Suche ein asiatisches Kochbuch mit
leckeren Rezepten.

B3 **18 Rhythmischer Akzent**

2 ◀)) 9   **a** Hören Sie und sprechen Sie nach. Achten Sie auf den Rhythmus.

Phonetik

Sieh mal da,
ein dicker, warmer Schal   ein alter, großer Wecker   ein schwarzes Regal   ein tolles Besteck
eine schöne Kette   eine schwarze Jacke   schöne, alte Bücher   billige Bildschirme
Ich brauche keinen dicken, warmen Schal,   keinen alten, großen Wecker.
Ich brauche einen großen Schrank,   einen langen Rock, einen eleganten Mantel.

b Sprechen Sie dann mit eigenen Beispielen im Rhythmus.

B3 **19 Markieren Sie den Rhythmus wie in 18.**

2 ◀)) 10   Hören Sie dann, vergleichen Sie und sprechen Sie nach.

Phonetik

von einem alten Freund – aus einem dünnen Stoff – nach einem schönen Urlaub –
in einem guten Geschäft – zu einem tollen Konzert – mit einer blauen Bluse –
mit einem bunten Bikini – mit langen Haaren – mit roten Rosen – aus frischen Tomaten

C Am schönsten finde ich den Teppich.

C1 **20 Ordnen Sie das Gegenteil zu und ergänzen Sie.**

am längsten   am langsamsten   am scheußlichsten
am jüngsten   am leichtesten   am niedrigsten
am leisesten   am schlechtesten   ~~am billigsten~~

	+	++	+++		+	++	+++
a	billig	billiger	am billigsten	↔	teuer	teurer	am teuersten
b			am schönsten	↔			
c				↔			am ältesten
d			am höchsten	↔			
e				↔			am besten
f			am schwersten	↔			
g			am kürzesten	↔			
h				↔			am lautesten
i			am schnellsten	↔			

C2 **21 Ordnen Sie zu und ergänzen Sie in der richtigen Form.**

schön   ~~praktisch~~   gern   spannend   teuer   gut

a ◆ Guck mal. Der Koffer ist toll.
   ○ Ja, aber den Rucksack finde ich _praktischer_ (++).
b ◆ Oh, sieh mal, der Hut da hinten.
   ○ Ja, der ist schön. Aber den hier finde ich noch _____ (++).
   ◆ Stimmt. Aber guck mal auf das Preisschild. Der ist auch _____ (+++).
c ◆ Schau mal, dort drüben sind Bücher im Angebot. Da möchte ich mal nach einem Liebesroman gucken.
   ○ Ich finde Krimis _____ (++) als Liebesromane.
      Aber _____ (+++) gefallen mir Thriller.
d ◆ Musst du auch noch in die Elektro-Abteilung?
   ○ Ja, meine Frau wünscht sich ein neues Handy. Aber noch _____ (++) wäre ihr ein Tablet.

C3 **22 Ergänzen Sie: als – wie.**

a Salat ist gesünder _als_ Pudding.
b Olga geht genauso gern ins Theater _____ ins Fußballstadion.
c Online-Nachrichten sind aktueller _____ Nachrichten in Zeitungen.
d Hip-Hop gefällt Manolo besser _____ Jazz.

C3 **23 Ergänzen Sie.**

a Pudding esse ich gern. Eis esse ich auch gern. Pudding esse ich _genauso gern wie Eis_.
b Das Wetter ist heute gut. Gestern war es nicht so gut. Das Wetter ist heute _besser als gestern_.
c Die Kamera kostet 299 Euro. Der Fernseher kostet auch 299 Euro.
   Die Kamera kostet _____.
d Das Metallregal ist 2,20 m hoch. Das Holzregal ist 1,50 m hoch.
   Das Metallregal ist _____.
e Vida lernt seit sechs Monaten Deutsch. Félix lernt seit drei Monaten Deutsch.
   Vida lernt _____ Félix.

C

24 Ergänzen Sie.

617,- €

280,- €

65,- €

Annas Sessel

Lindas Sessel

Ewas Sessel

a groß: Lindas Sessel ist _größer als_ Ewas Sessel, aber _am größten_ ist Annas Sessel.

b teuer: Annas Sessel ist _____. Lindas Sessel ist _____ Ewas Sessel.

c billig: Ewas Sessel ist _____ Lindas Sessel und Annas Sessel.

d modern: Ewas Sessel ist _____ Lindas Sessel.

Aber _____ ist Annas Sessel.

◇ C4 **25 Ordnen Sie zu.**

| am liebsten | lieber als | ~~jünger als~~ | am jüngsten | leichter als | am leichtesten | Am schnellsten | schneller als |

a Ich bin _jünger als_ mein Bruder. Aber meine Schwester ist

_____ .

b Englisch ist _____ Deutsch, aber

_____ ist meine Muttersprache.

c Ins Kino gehe ich _____ ins Theater.

Aber _____ besuche ich Freunde.

d Mit dem Fahrrad bin ich _____ zu Fuß.

_____ bin ich mit dem Motorrad.

❖ C4 **26 Schreiben Sie Vergleiche.**

a **weit ... entfernt:** Berlin → Genf: 1100 km,
Berlin → Alpen: 680 km, Berlin → Ostsee: 205 km

b **schön:** Nordsee + / Alpen ++ / zu Hause +++

c **hoch:** der Großglockner 3797 Meter /
das Matterhorn 4478 Meter / die Zugspitze 2963 Meter

d **lang/kurz:** Rhein 1320 Kilometer / Elbe 1165 Kilometer /
Donau 2850 Kilometer

e **groß:** Einwohner: Genf 0,2 Millionen / Berlin 3,5 Millionen /
Wien 1,8 Millionen

f **lang, billig/teuer:** Wien – Berlin:
Zug: 9:33 Stunden, 90 Euro /
Flugzeug: 1:30 Stunden, 189 Euro /
Auto: 9 Stunden, 160 Euro

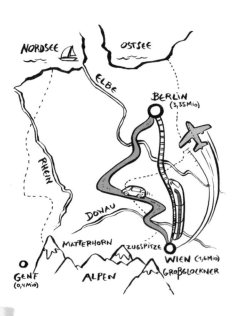

a Die Ostsee liegt weit von Berlin entfernt. Die Alpen
liegen noch weiter von Berlin entfernt. Am weitesten
von Berlin entfernt liegt Genf.

D2 **27** **Verbinden Sie.**

a • einen Kredit   b • eine Statistik   c • die Versicherung   d • ein Schaufenster   e • Termine

1 wechseln   2 aufnehmen   3 lesen   4 dekorieren   5 vorschlagen

D3 **28** **Ordnen Sie zu.**

~~Da spare ich nicht~~   am meisten gebe ich
Ich gebe nicht viel Geld   Ich kaufe am liebsten

◆ Sieh mal hier. Ich habe mir einen tollen neuen Mantel gekauft.

○ Oh ja, der ist schön. War das ein Angebot?

◆ Nein, aber Kleidung ist mir wichtig. _Da spare ich nicht_ .

○ _____ für Kleidung aus, denn unsere Miete ist

schon wieder gestiegen und für Wasser und Gas müssen wir auch immer mehr bezahlen.

▲ Unsere Wohnung ist nicht so teuer. Und Kleidung ist mir nicht so wichtig. _____

_____ Bio-Lebensmittel. Bei Nahrungsmitteln achte ich immer

auf gute Qualität.

◻ Ja, das ist mir auch wichtig. Aber _____ für

Reisen aus. Meine Urlaube sind mir am wichtigsten.

D3 **29** **Sie möchten im Internet bestellen.**

Prüfung

Lesen Sie die Aufgaben 1 bis 6 und die Informationen auf der Webseite.
Welchen Begriff klicken Sie an? Kreuzen Sie an: a, b oder c.

Computer
Elektrogeräte
Elektronik
Möbel und Wohnen
Musikinstrumente
Spielzeug
Telefone
weitere Produkte

KAUFEN   SUCHEN   VERKAUFEN

Rückgabe Garantie Kontakt

1 Sie brauchen eine neue Kaffeemaschine.
  a ○ Elektronik
  b ○ Elektrogeräte
  c ○ Möbel und Wohnen

2 Sie möchten Ihrem Sohn eine Gitarre schenken.
  a ○ Musikinstrumente
  b ○ Spielzeug
  c ○ Elektronik

3 Sie möchten einen Kühlschrank kaufen.
  a ○ Möbel und Wohnen
  b ○ Elektrogeräte
  c ○ Kontakt

4 Sie haben ein Radio bestellt. Es ist kaputt.
  a ○ Rückgabe
  b ○ Elektronik
  c ○ weitere Produkte

5 Sie möchten Kinderkleider kaufen.
  a ○ Kontakt
  b ○ Spielzeug
  c ○ weitere Produkte

6 Sie haben eine Frage zum Internet-Einkauf.
  a ○ Rückgabe
  b ○ Kontakt
  c ○ Garantie

E Meine Lieblingssachen

E1 **30 Ergänzen Sie in der richtigen Form und vergleichen Sie.**

	Deutsch	Englisch	Meine Sprache
A	ein Ehepaar ohne Kinder → *ein kinderloses* Ehepaar	a childless couple	
B	eine Nacht ohne Schlaf → Nacht	a sleepless night	
C	ein Architekt ohne Arbeit → Architekt	⚠ an unemployed architect	
D	ein Test ohne Fehler → Test	⚠ a test without mistakes	

E2 **31 Wichtige Gebrauchsgegenstände**

a Sehen Sie die Texte und die Bilder an und ordnen Sie zu.

◯  ①  ◯  ◯

Thema: Was ist euer liebster Alltagsgegenstand?

1 — Ali
Ich liebe Musik und kann nicht ohne meine Kopfhörer leben. Ich habe lange gespart und sie mir letztes Jahr gekauft. Sie haben eine super Qualität und eine tolle Farbe. Ich bin froh, dass ich so immer und überall Musik hören kann und niemanden störe.

2 — Noemi
Mein Lieblingsgegenstand ist dieser kleine Schlüssel. Er ist mir wichtig, denn er gehört zu meinem Auto und das macht mich flexibel.

3 — Saida
Diese Kamera habe ich von meinen Eltern bekommen. Mit ihr habe ich schon viele schöne und manche lustige Situationen fotografiert und mit meinen Freunden geteilt. Sie ist besonders wertvoll für mich, weil ich so viele schöne Erinnerungen damit verbinde.

4 — Milena
Diesen Kugelschreiber habe ich von einer lieben Freundin bekommen. Das ist schon einige Jahre her. Damals habe ich Geschichten geschrieben. Heute ist er mir wichtig, weil ich damit all meine Gedanken aufschreibe.

b Lesen Sie noch einmal, sehen Sie die Bilder an und ergänzen Sie die Tabelle.

Name	Welcher Gegenstand?	Wie sieht er aus?	Von wem bekommen?	Wann bekommen?	Warum wichtig?
Ali	Kopfhörer	orange			
Noemi		klein	/	/	
Saida		/	Eltern	/	
Milena					

E2 **32 Was ist Ihr liebster Alltagsgegenstand?**

Schreib-training

a Machen Sie Notizen.

1 Welcher Gegenstand? _mein Smartphone_
2 Wie sieht er aus? _____
3 Von wem bekommen? _selbst gekauft_
4 Wann bekommen? _____
5 Warum wichtig? _____

b Schreiben Sie einen Text.

> Mein Lieblingsgegenstand ist ...
> ... habe ich von ... bekommen. / habe ich in ... gekauft.
> ... hat mir ... geschenkt.
> ... ist mir besonders wichtig, weil ...
> ... gefällt mir so gut, denn ...
> Er/Es/Sie ..., deshalb mag ich ihn/es/sie so gern.

Mein Lieblingsgegenstand ist mein Smartphone. Im letzten Jahr habe ich es mir selbst gekauft. Wenn ich ...

LERNTIPP Beginnen Sie nicht jeden Satz mit dem Subjekt. Verwenden Sie unterschiedliche Satzanfänge. Beginnen Sie zum Beispiel mit: *Im letzten Jahr ...* oder *Wenn ich ...*

E2 **33 Hören Sie fünf kurze Gespräche und wählen Sie die richtige Lösung a, b oder c.**

2 ◀)) 11–15

Prüfung

Sie hören jeden Text einmal.

1 Wo sind die Schlüssel?

a ○   b ○   c ○

4 Was hat die Frau nicht bekommen?

a ○   b ○   c ○

2 Wofür interessiert sich der Mann?

a ○   b ○   c ○

5 Was schenken die Freunde Miguel zum Geburtstag?

a ○   b ○   c ○

LERNTIPP Überlegen Sie vor dem Hören: Welche Wörter passen zu den Bildern?

3 Wofür bekommt die Frau noch Karten?

a ○   b ○   c ○

Test Lektion 9

1 Markieren Sie noch sieben Wörter und ordnen Sie zu.

AB(BIKINI)ENKLINGELTABRIEFTASCHERILSTOFFALD
FEUERZEUGNOMETALLANHUTFUORRUCKSACKWETI

a Kleidung: _Bikini,_

b Gegenstände: _____

c Materialien: _____

- 0–3
- 4–5
- 6–7

2 Ergänzen Sie.

2 ...... /9 Punkte   GRAMMATIK

a Verkaufe meinen alt_en_ Schreibtisch mit einer dick_____ Holzplatte.

b Suche einen breit_____ Kleiderschrank mit hell_____ Türen.

c Biete vier schmal_____ Gartenstühle. Sie sind erst ein Jahr alt und in einem gut_____ Zustand.

d Ich brauche eine klein_____ Stehlampe mit einem schön_____ Lampenschirm.

e Wir versteigern unser hell_____ Sofa mit einem passend_____ Sessel.

3 Ergänzen Sie in der richtigen Form mit _genauso ... wie – ... als – am ..._

3 ...... /7 Punkte

a gesund: Anna macht dreimal pro Woche Sport. Ihre Schwester macht nur einmal pro Woche Sport. Ihr Bruder macht jeden Tag Sport. Anna lebt _gesünder als_ ihre Schwester. Ihr Bruder lebt _____.

b alt: Serina ist 20 Jahre alt. Ihre Schwester ist 17 und ihr Bruder ist 22 Jahre alt. Serina ist _____ ihre Schwester. Ihr Bruder ist _____.

c billig: Der Rucksack kostet 100 Euro. Der Koffer kostet 150 Euro und die Brieftasche kostet 50 Euro. Der Rucksack ist _____ der Koffer. _____ ist die Brieftasche.

d langweilig: Tian liest nicht gern Krimis. Er liest auch keine Liebesromane. Er findet Krimis _____ Liebesromane.

e hoch: Das Regal hat eine Höhe von 1,70 m und der Schrank hat auch eine Höhe von 1,70 m. Der Schrank ist _____ das Regal.

- 0–8
- 9–12
- 13–16

4 Ergänzen Sie.

4 ...... /6 Punkte   KOMMUNIKATION

◆ Wofür _geb_en Sie am meisten Geld a_u_s (a)?

○ Für meine Reisen. Das i___t mir sehr w_____ti___ (b). Da s_____ i____ (c) nicht.

▲ S_____ v____l (d) gebe ich für mein Auto aus. Aber _____ m_____en (e) gebe ich für die Miete aus.

□ Ich gebe auch viel Geld für die Miete aus. Aber ich gebe auch gern Geld für meine Hobbys aus. A____ l____ b____en (f) kaufe ich Bücher. In meiner Freizeit lese ich viel.

● Bücher und andere Gegenstände sind mir ü_____t n_____ (g) wichtig. Ich gebe mein Geld gern für gutes Essen aus.

- 0–3
- 4
- 5–6

2 ◀)) 16

**1 Herr García von der Sprachenschule „Instituto Alemán"
in Málaga ruft den Kundenservice im Deutsch-Verlag an.**

a Hören Sie und kreuzen Sie an.

Herr García bestellt ○ Grammatikbücher. ○ Lehrbücher. ○ Glossare.

b Lesen Sie das Bestellformular. Hören Sie dann noch einmal und ergänzen Sie.

Käufer
Sprachenschule „Instituto Alemán"
Kundennummer: ....

Lieferadresse
Calle Comedias 38
Málaga, Spanien

Auftragsnummer **98123**
Datum: 23.03.20........
Kundenservice/Berater:
Palmer

Artikel	Anzahl	Einzelpreis	Gesamtpreis
Deutsch mit Spaß 1			
Zwischensumme			
Rabatt von .... %			
Rechnungsbetrag			278,82 €

Zahlungsmodalität ○ Rechnung ○ Sofortüberweisung ○ Kreditkarte ○ Bankeinzug

---

2 Verbinden Sie.

a Anzahl
b Mengenrabatt
c Lieferzeit
d Einzel-/Gesamtpreis
e Kundennummer
f Lieferadresse
g Zahlungsmodalitäten

1 Sind Sie schon Kunde bei uns?
2 Stimmt die Adresse noch?
3 Was kostet das Lehrbuch?
4 Wie viele Exemplare möchten Sie denn bestellen?
5 Ab 20 Stück können Sie einen Rabatt von 10 % bekommen.
6 Wie bezahlen Sie? Auf Rechnung oder per Kreditkarte?
7 Die Bestellung geht morgen raus und müsste dann in etwa fünf
Tagen bei Ihnen sein.

3 Rollenspiel: Anruf beim Kundenservice im Deutsch-Verlag

Spielen Sie mit Ihrer Partnerin / Ihrem Partner ein Gespräch wie in 1.

Kundenservice
Sie füllen das Bestellformular
aus. Stellen Sie Fragen.

Käuferin/Käufer
Sie bestellen Grammatikbücher /
Wörterbücher / ... für die Sprachenschule und
beantworten die Fragen vom Kundenservice.

◇ Deutsch-Verlag. Kundenservice.
Was kann ich für Sie tun?
● Schönen guten Tag. Sprachenschule ...
Mein Name ist ...
Ich möchte gern ... bestellen.
◇ ...

A1 **1 Ergänzen Sie in der richtigen Form.**

Sieh mal, ...

a ● die _große_ Tasche. (groß)

b ● der _____ Schal. (schön)

c ● die _____ Spiele. (toll)

d ● der _____ Laptop. (schwarz)

e ● das _____ Fahrrad. (rot)

f ● die _____ Wanduhr. (bunt)

A1 **2 Was finden Sie besser? Schreiben Sie Gespräche.**

a ● der Wecker schwarz / besser: weiß

b ● das Handy grau / besser: schwarz

c ● die Sportschuhe grün / besser: blau

d ● die Handytasche bunt / besser: grau

a ◊ Der schwarze Wecker hier ist doch super, oder?

● Ich finde den weißen Wecker besser.

A1 **3 Ergänzen Sie in der richtigen Form.**

◆ Deine Schwester macht doch nächste Woche ihre große Party. Was ziehst du denn an?

◌ Ich weiß es noch nicht. Wie findest du ...

a die Hose mit _der roten Bluse_ ?
(● die rote Bluse)

b die Jacke mit _____ ?
(● das bunte T-Shirt)

c dazu den Schal mit _____ ?
(● die bunten Blumen)

d den Hut mit _____ ?
(● der blaue Schal)

A1

Grammatik
entdecken

4 Markieren Sie in 2 und 3 und ergänzen Sie.

Wer?/Was?	Wen?/Was?	Mit wem? / Womit?	
der _schwarze_	den _weißen_	mit dem _____	● Wecker/Schal
das _____	das _____	mit dem _____	● Handy/T-Shirt
die _____	die _____	mit der _roten_	● Handytasche/Bluse
die _____	die _____	mit den _____	● Sportschuhe/Blumen

A1 **5 Ergänzen Sie.**

a ◆ Den blau_en_ Pullover hat mir meine Schwester geschenkt. Der ist schön, oder?

◌ Ja. Und keine Sorge: Mit dem warm_____ Pulli frierst du bestimmt nicht mehr.

b ◆ Und von wem ist die schwarz_____ Tasche mit dem weiß_____ Schiff darauf?

◌ Die ist von meiner Freundin.

c ◆ Den Schal in dem ander_____ Geschäft finde ich viel schöner.

◌ Welchen meinst du? Den schwarz_____ Schal mit den klein_____ bunt_____ Blumen für 12 Euro?

◇ A1 **6 Was ist richtig? Kreuzen Sie an.**

a Ich nehme den ☒ blauen ○ blaue Rock.
b Mir gefällt das Kleid mit der ○ gelben ○ gelbe Jacke.
c Zieh doch den Rock zusammen mit den ○ braune ○ braunen Stiefeln an!
d Du musst unbedingt die Bluse zusammen mit dem ○ blauen ○ blaue Tuch anziehen.
e Das ○ schwarzes ○ schwarze Hemd gefällt mir sehr gut!
f Gefällt dir der ○ blauer ○ blaue Anzug?
g Ich glaube, ich nehme die ○ schwarze ○ schwarzen Jacke.

❖ A1 **7 Kleidung kaufen: Schreiben Sie vier Gespräche.**

> *Wie findest du ...?*
> *Wie gefällt dir ...?*
> *Probier doch mal ...*
> *Mir gefällt ... gut. / nicht so gut. / besser.*
> *Sieh mal, ... finde ich schön.*

◇ Wie findest du das schwarze T-Shirt mit den roten Blumen?
● Mir gefällt das rote T-Shirt dort besser.
◇ ...

A2 **8 Was ist das? Ergänzen Sie mit ● *der* – ● *das* – ● *die*.**

A   B   C   D   E

● die Eisenbahn _____ _____ _____ _____

A2 **9 Ordnen Sie zu.**

unwichtig ~~unangenehm~~ unmodern unordentlich unfreundlich

a Jeden Tag Regen! Das Wetter hier ist wirklich sehr *unangenehm* .
b ◆ Meine Tochter weiß nie, wo ihre Sachen sind! Sie ist so _____!
   ○ Mach dir keine Sorgen. Das ist normal in diesem Alter.
c In dieses Restaurant gehe ich nie mehr! Der Kellner war so _____ zu uns.
d Komm, die Küche räumen wir morgen auf. Das ist doch jetzt _____.
e Ich finde, wir sollten unser altes Sofa verkaufen. Es ist total _____.

A

10 Lesen Sie den Text und die Aufgaben 1–6.
Sind die Aussagen richtig oder falsch? Kreuzen Sie an.

Unsere Serie: Berühmte Persönlichkeiten rund um den Starnberger See
Heute: Lothar-Günther Buchheim

Autor, Sammler und Maler
Lothar-Günther Buchheim

Feldafing ist ein ruhiger Ort am Starnberger See im Süden von Deutschland. Hier hat der berühmte Schriftsteller Thomas Mann einige Jahre gelebt und große Teile vom „Zauberberg" geschrieben. Und es gibt noch einen berühmten Einwohner in Feldafing: den Autor, Sammler und Maler Lothar-Günther Buchheim (1918–2007), der mit seiner Frau Diethild (1922–2014) fast sein ganzes Leben in Feldafing verbracht hat.

Buchheim hat das millionenfach verkaufte, in 18 Sprachen übersetzte Buch „Das Boot" geschrieben. Wolfgang Petersen hat nach diesem Buch den berühmten Film „Das Boot" gedreht. Der Film hat sechs Oscar-Nominierungen bekommen. Aber Buchheim war nicht nur Autor und selbst Maler. Berühmt geworden ist er als Kunst-Sammler, besonders von deutschen Expressionisten wie Ernst Ludwig Kirchner, Erich Heckel und Otto Mueller. Er hat die Bilder zu einer Zeit gekauft, als diese noch nicht teuer waren.

„Eigentlich ist der Begriff ‚Sammler' falsch. Ich wollte einfach Bilder und Kunst um mich haben", sagte Buchheim einmal.

Für diese seine Kunst gibt es seit 2001 das „Museum der Phantasie" in Bernried am Starnberger See, nicht weit entfernt von Buchheims Wohnort Feldafing. Das moderne Museumsgebäude besuchen jedes Jahr viele Touristen. Mit der S-Bahn und dem Schiff kann man von München nach Bernried zum Museum fahren.

Das „Museum der Phantasie" in Feldafing

1 Thomas Mann hat sein Leben lang in Feldafing gewohnt. ○ richtig ○ falsch
2 Lothar-Günther Buchheim hat einen Bestseller geschrieben. ○ richtig ○ falsch
3 Buchheim war ein berühmter Künstler. ○ richtig ○ falsch
4 Das Museum der Phantasie ist in Feldafing. ○ richtig ○ falsch
5 Man kann Buchheims Expressionisten-Sammlung ○ richtig ○ falsch
im Museum der Phantasie sehen.
6 Das Museum ist bei Touristen sehr beliebt. ○ richtig ○ falsch

11 Schreiben Sie einen Text zu den Fragen.

Welche berühmte Persönlichkeit kommt aus Ihrer Heimatstadt / Ihrem Land?

Wann hat sie/er gelebt?

Was hat sie/er Besonderes gemacht?

Was gefällt Ihnen an dieser Person?

> Der bekannte Autor Milan
> Kundera kommt aus Brno.
> Das ist meine Heimatstadt.
> Er hat ...

B1 **12 Ordnen Sie zu.**

Die Fenster werden geputzt.   Amelie bringt zwei Pakete zur Post.

Das Auto wird in der Werkstatt repariert.   ~~Christine putzt ihre Fenster.~~

Herr Maier repariert sein Auto.   Die Pakete werden zu den Empfängern gebracht.

A

Christine putzt ihre Fenster.

B

C

D

E

F

B2 **13 Ordnen Sie zu.**

transportiert   sortiert   ~~gebracht~~   geschrieben

Zuerst wird ein Brief _____ .

Dann wird er zur Post *gebracht* . Dort werden alle Briefe

_____ . Schließlich werden sie mit

einem Lkw oder Flugzeug _____ .

B2 **14 Ergänzen Sie die Sätze aus 13.**

Grammatik entdecken

Dann		*wird*	*er zur Post*		*gebracht.*

B3 **15 Was ist richtig? Kreuzen Sie an und ergänzen Sie in der richtigen Form.**

a Warum ○ wird ☒ werden Bananen *geerntet* (ernten), wenn sie noch nicht reif und weich sind?

b Die grünen und noch harten Bananen ○ wird ○ werden noch nicht _____ (verkaufen).

c Das Paket ○ wird ○ werden noch _____ (wiegen).

d Diese Sendung ○ wird ○ werden erst morgen _____ (verschicken).

e Wann ○ wird ○ werden mein Paket _____ (liefern)?

f Wo ○ wird ○ werden die Schachteln _____ (lagern)?

B

16 Was ist das?

a Ergänzen Sie mit • *der* – • *das* – • *die*.

• das Paket

b Ergänzen Sie.

einen Brief v_____

ein Geschenk v_____

Äpfel w_____

das Obst t_____

B4 **17 Hören Sie und sprechen Sie nach.**

2 ◀)) 17

Phonetik

b – p	g – k	d – t
Bahn – Plan	Glas – Kleidung	Datum – Termin
Bar – Ehepaar	Garten – Karten	Dose – Tasse
backen – einpacken	gesund – krank	denken – trinken

B4 **18 Laute *b – p, g – k, d – t***

2 ◀)) 18

Phonetik

a Hören Sie *b* oder *p*, *g* oder *k*, *d* oder *t*? Kreuzen Sie an.

	b	p		g	k		d	t
Ich bleibe.	⊠	○	Es regnet.	○	○	Sie sind sehr freundlich.	○	○
Bleib doch hier!	○	○	Sag doch etwas!	○	○	Tut mir leid.	○	○
Schreibst du mir?	○	○	Ich sage nichts.	○	○	Leider nicht.	○	○
Ich schreibe bald!	○	○	Zeigen Sie es mir!	○	○	Tschüs, bis bald!	○	○

b Lesen Sie die Sätze laut.

C1 **19 Was ist richtig? Kreuzen Sie an.**

		einen	eine	ein	/	
a	Was für	○	⊗	○	○	Brieftasche brauchen wir? Eine große oder kleine?
b	Was für	○	○	○	○	Impfung brauche ich für die Reise nach Tansania?
c	Was für	○	○	○	○	Reisetaschen nehmen wir am besten?
d	Was für	○	○	○	○	Formulare muss ich für das Visum ausfüllen?
e	Was für	○	○	○	○	Briefumschlag soll ich nehmen?

C1 **20 Was für ...? Ergänzen Sie.**

a ◆ Was für _einen_ Schal sollen wir denn Yolanda schenken? Was meinst du?

　◎ Einen bunten. Sie trägt doch gern Farben, oder?

b ◆ Was für _____ Handy möchtest du denn kaufen?

　◎ Ein kleines. Ich stecke es doch gern in die Hosentasche.

c ◆ Was für _____ Tiere habt ihr denn in dem Film über Afrika gesehen?

　◎ Elefanten und exotische Vögel.

d ◆ Was für _____ Münze hast du denn da?

　◎ Ich glaube, das ist eine alte griechische Münze.

C1 **21 Ergänzen Sie.**

senden → • die Sendung

a	senden	• die Sendung	g	_____	• die Meinung
b	_____	• die Verpackung	h	impfen	_____
c	beraten	_____	i	_____	• die Lieferung
d	_____	• die Entscheidung	j	besprechen	_____
e	(sich) _____	• die Ernährung	k	veranstalten	_____
f	untersuchen	_____	l	(sich) entschuldigen	_____

C1 **22 Ergänzen Sie Wörter aus 21.**

a ◆ Du könntest dich wenigstens _entschuldigen_, wenn du fast eine Stunde zu spät kommst.

　◎ Ja, Entschuldigung. Das tut mir wirklich leid.

b ◆ Ich esse viel Obst und Gemüse, denn ich finde gesunde _____ sehr wichtig.

　◎ Ja, das stimmt, besonders Kinder sollten sich gesund _____.

c ◆ Wann ist denn der Termin für die Grippe_____ bei Dr. Storck?

　◎ Übermorgen um 10.30 Uhr.

d ◆ Gehen wir heute Mittag zusammen essen?

　◎ Tut mir leid, das geht nicht. Ich habe um 10 Uhr eine _____ mit meinem Kollegen und danach muss ich zum Konsulat.

e ◆ Wann können Sie die neue Waschmaschine _____?

　◎ Erst übernächste Woche, leider.

C

C2 **23 Sie hören drei Ansagen am Telefon. Zu jedem Text gibt es eine Aufgabe.**

2 ◀)) 19–21

Prüfung

Ergänzen Sie die Telefonnotizen. Sie hören jeden Text zweimal.

1 Mittagessen mit Mira
Mittwoch keine Zeit
Neuer Termin?
_____

2 Grippeimpfung Frau Barth
Terminabsage für Dienstag
Warum?
_____

3 Treffen mit Simon
heute Abend
Wo?
_____

C2 **24 Ordnen Sie zu.**

~~Hallo~~ Ich wollte Entschuldige Tschüs du bist nicht sauer ich kann tut mir schrecklich leid

Hallo Linda, hier Matthias, du, es _____
_____, aber _____ heute Abend nicht kommen, weil meine
Mutter heute aus dem Krankenhaus gekommen ist. Ich möchte sie natürlich
besuchen. _____ dich in der Arbeit anrufen,
aber du warst nicht im Büro. Ich hoffe, _____!
_____ bitte! Ich rufe dich morgen im Büro an.
Trotzdem einen schönen Abend. _____.

C2 **25 Schreiben Sie eine Nachricht.**

Schreib-
training

Sie waren gestern mit Claudia verabredet, konnten aber nicht kommen.

Entschuldigung – gestern Abend nicht gekommen – Fahrradunfall – verletzt – ins Krankenhaus –
heute wieder zu Hause – Treffen nächste Woche?

Liebe Claudia,
es tut mir sehr leid, dass …

C3 **26 Hören Sie und sprechen Sie nach. Achten Sie auf die markierten Buchstaben.**

2 ◀)) 22

Phonetik

in Griechenland – aus Griechenland | in Dortmund – aus Dortmund | ein Bild – das Bild |
vor sechs – nach sechs | von dir – mit dir | von Bremen – ab Bremen | ansehen – aussehen

C3 **27 Hören Sie und sprechen Sie nach.**

2 ◀)) 23

Phonetik

Er ist aus Bremen. – Sind Sie aus Dortmund? – Schreib doch mal! – Mein Freund bringt mir Blumen. –
Frag doch Beate! – Glaubst du das? – Hilfst du mir? – Wir fliegen ab Berlin. – Gefällt dir die Musik? –
Was sind denn das für Bücher? – Was willst du denn heute Abend machen?

C3 **28 Sprechen Sie das Sprichwort zuerst langsam, dann immer schneller.**

Phonetik

Lernst du was, dann kannst du was.
Kannst du was, dann bist du was.
Bist du was, dann hast du was.

D1 29 **Ergänzen Sie.**

A

Finden junge Leute h e u t z u ta g e wirklich
gute Freunde in den sozialen N _t_ _w___k_____?
Wir haben jugendliche N____z__r gefragt.
Hier sind ihre Antworten: …

B

**Was wissen Sie über das Kommunikationsverhalten
von jungen Leuten w__l__w____t?
T_s___n Sie Ihr W__s____n darüber
in unserem kleinen Q____z!**

D1 30 **Ordnen Sie zu.**

habe geglaubt   Ich habe gedacht   ~~überrascht mich~~   finde es interessant   ist doch erstaunlich

a ◆ Interessant! Jährlich werden weltweit 200 Milliarden E-Mails verschickt!

   ◌ Wirklich? Das _überrascht mich_. Ich _____,
   dass es viel weniger sind.

b ◆ Es _____, dass in Deutschland täglich immer noch
   circa acht Millionen Briefe verschickt werden.

   ◌ Wirklich? _____, dass es 70 Millionen sind.

c ◆ Ich _____, dass Kinder im Durchschnitt mit acht Jahren
   schon ihr erstes Mobiltelefon bekommen.

   ◌ In meinem Heimatland bekommen sie sicher schon mit sechs Jahren eins.

D2 31 **Was ist richtig? Hören Sie zwei Gespräche und kreuzen Sie an.**

2 ◀)) 24–25   a Nach dem Urlaub

1 ○ Frau Nussers Urlaub war nicht schön.
2 ○ Sie muss mehr als 100 E-Mails lesen und beantworten.
3 ○ Ihre Kollegin, Frau Neuer, ist krank.
4 ○ Frau Nusser liest alle E-Mails erst morgen.
5 ○ Frau Frey hat bald Urlaub.

b Vor dem Geburtstag

1 ○ Frau Bitter hat Geburtstag und hat ihre Kollegen eingeladen.
2 ○ Frau Davela möchte eine Geburtstagsfeier organisieren.
3 ○ Herr Jürgens hat eine Idee für ein Geschenk für Frau Bitter.
4 ○ Frau Davela kauft ein Geschenk und backt Kuchen.
5 ○ Herr Jürgens kümmert sich um die Getränke.

> **LERNTIPP** Oft kommen Wörter aus
> der Aufgabe im Hörtext vor. Das
> heißt aber nicht, dass diese Antwort
> auch richtig sein muss.

E Kommunikation und Beruf

E1 **32 Was passt nicht? Streichen Sie.**

a bei Störungen   helfen – informieren – ~~rufen~~ – beraten
b ein Gespräch   annehmen – beraten – weiterleiten – beenden
c Kunden   helfen – informieren – beraten – beenden
d Anrufe   annehmen – weiterleiten – informieren – beenden
e eine Radiosendung   machen – annehmen – hören – vorbereiten

E2 **33 Lesen Sie die E-Mail.**

a Was ist richtig? Kreuzen Sie an.

    ○ Lily möchte wissen: Was macht Sara jetzt beruflich?
    ○ Lily erzählt Sara von ihrem neuen Job.

> **E-Mail senden**
>
> An: s.linde@oal.com   Von: lily.grundmann@qmail.com
> Betreff: Job
>
> Hallo Sara,
> wie geht es Dir? Ich habe lange nichts mehr von Dir gehört. Du wolltest Dich doch um einen Job
> als Journalistin bewerben? Hat das geklappt? Was machst Du denn jetzt?
> Bei mir ist alles wie immer. Es gibt keine neuen Nachrichten. Bei meiner Arbeit ist auch alles
> okay. Schreib doch mal. Ich bin schon sehr neugierig und warte auf Deine Antwort.
> LG Lily

◇ b Ordnen Sie zu.

schnell und gründlich arbeitet   ist ein interessanter Beruf   selbstständig arbeiten
~~eine Radiosendung vorbereitet~~   Es ist wichtig

> **E-Mail senden**
>
> Hallo Lily,
> vielen Dank für Deine Mail. Entschuldige bitte, dass ich mich nicht gemeldet habe, aber ich
> habe so viel zu tun. Ich habe nämlich den Job als Reporterin für einen Radiosender bekommen!
> Meine Kollegen sind sehr nett und zeigen mir, wie man _eine Radiosendung vorbereitet_ .
> Ich darf auch manchmal schon ganz _____ . _____
> _____, dass man als Reporterin _____
> _____. An manchen Tagen komme ich abends erst spät nach Hause. Also: keine spontanen
> Kneipenbesuche mit Freunden mehr. ☹ Aber ich finde, es _____
> und ich bin glücklich über diese Stelle. Komm mich doch mal hier in Hamburg besuchen.
> Liebe Grüße
> Sara

❖ c Schreiben Sie eine E-Mail an eine Freundin / einen Freund.

     Schreiben Sie über Ihre Arbeit oder
     über Ihre berufliche Zukunft.

> Was finden Sie interessant an Ihrem Beruf?
> Wie muss/sollte man in Ihrem Beruf sein?
> Was muss/sollte man gut können?

1 Wie heißen die Wörter? Ergänzen Sie.

a Wie viele _Mobiltelefone_ (leMotebilfone) werden täglich
weltweit verkauft? – Keine Ahnung.

b Wem schickst du denn diese _____ (tekartsoP)? – Sei doch
nicht so _____ (gieneurig)!

c Können wir uns _____ (ergenübmor) früh treffen? – Da habe
ich keine Zeit. Ich gehe zum _____ (sunoKlat), weil ich mein
_____ (musVi) beantragen muss.

d Gib mir doch mal bitte eine _____ (reehcS).
Ich möchte diesen _____ (feirBschlagum) hier öffnen.

e Wann kommt denn die _____ (dungneS) mit den
„Sportlern des Jahres" im Fernsehen? – Übermorgen um 20.15 Uhr.

2 Ergänzen Sie in der richtigen Form.

a Die Geschenke _werden_ heute _gekauft_ . (kaufen)

b Das Konsulat _____ um 17 Uhr _____ . (schließen)

c Die Mails _____ heute noch _____ . (verschicken)

d Die Nutzer _____ vorher _____ . (fragen)

e Mein Sohn _____ morgen _____ . (impfen)

f Das Treffen _____ erst morgen _____ . (planen)

3 Ergänzen Sie mit *einen – eine – ein –* / und der richtigen Endung.

a ◆ Was für _ein_ Papier soll ich nehmen?
   ○ Nimm doch das blau_e_ mit den gelb_____ Punkten.

b ◆ Was für _____ Bluse soll ich zu dem grau_____ Rock tragen?
   ○ Am besten passt die weiß_____, finde ich.

c ◆ Was für _____ Geburtstagskuchen soll ich für Ina backen?
   ○ Back doch deinen lecker_____ Apfelkuchen, der schmeckt ihr bestimmt!

d ◆ Was für _____ Blumen soll ich für Oma kaufen?
   ○ Kauf rot_____ Rosen. Die mag sie so gern.

e ◆ Was für _____ Mantel möchtest du kaufen?
   ○ Einen braunen – Der passt gut zu meinen braun_____ Stiefeln.

4 Ordnen Sie die Nachricht auf der Mailbox.

○ es tut mir schrecklich leid,

○ weil meine Oma zu Besuch kommt.

○ Ich melde mich wieder. Bis später.

○ Ich kann nicht kommen,

⑥ Ich hoffe, du bist nicht sauer.

○ Hallo Kira,

○ dass wir uns heute doch nicht treffen können.

Fokus Beruf: Informationen zum Studium in Deutschland

1 Frau Petrescu ist bei der Studienberatung.

a Ordnen Sie zu.

~~Berechtigung~~ ~~Erasmus~~ Master Bachelor Anerkennung

1 Ein Austauschprogramm für Studentinnen und Studenten in Europa: _Erasmus_

2 Wenn man etwas tun darf, dann hat man dazu eine _____.

3 Studenten machen zuerst einen _____-
und dann vielleicht noch einen _____ abschluss.

4 Die Universität in Deutschland akzeptiert Abschlüsse aus anderen Ländern.
Das nennt man auch _____.

2 ◀)) 26 b Was ist richtig? Hören Sie den Anfang des Gesprächs und kreuzen Sie an.

Frau Petrescu möchte als ○ Bachelor- ○ Master- ○ Erasmus-Studentin   nach Deutschland gehen.

2 ◀)) 27 c Hören Sie weiter und verbinden Sie.

1 Wenn man noch keinen Uni-Abschluss hat,
2 Wenn man ein Masterstudium in Deutschland machen möchte,
3 Für die Anerkennung vom Abschluss
4 Über das große Angebot an Masterstudiengängen informiert man sich
5 Mit einer Prüfung vorab im Heimatland oder an der Uni in Deutschland

a am besten über Portale im Internet.
b wendet man sich direkt an die Uni in Deutschland.
c zeigt man seine Sprachkenntnisse.
d muss man seinen Abschluss anerkennen lassen.
e kann man im Erasmus-Programm nach Deutschland gehen.

2 Rollenspiel im Informationszentrum

a Wählen Sie ein Studienmodell und notieren Sie Fragen.

> Was ist die Voraussetzung für ein Bachelorstudium in Deutschland? Wo ...? ...

Studieren in Deutschland	Erasmus-Programm	Bachelorstudium	Masterstudium
Voraussetzung	Studienplatz im Heimatland	Hochschulzugangs-berechtigung (Abitur) in Deutschland anerkannt	Universitätsstudium in Deutschland anerkannt
Bewerbung	beim Erasmus-Büro an der Heimatuniversität	an Universität in Deutschland	an Universität in Deutschland
Dauer	1–2 Semester	6 Semester	2–4 Semester
Sprachkenntnisse	unterschiedlich	Niveau B2/C1	Niveau B2/C1

b Spielen Sie Gespräche bei der Studienberatung.
Die Fragen und die Informationen aus der Tabelle
helfen Ihnen. Tauschen Sie auch die Rollen.

> Sie interessieren sich für ein Bachelorstudium in Deutschland. Stellen Sie Fragen.

> Sie sind Studienberater/-in. Antworten Sie auf die Fragen.

> Guten Morgen. Bitte setzen Sie sich. Wie kann ich Ihnen helfen?

> Guten Tag, mein Name ist ... Ich interessiere mich für ein Bachelorstudium in Deutschland. ...

A1 **1 Woher kommst du? Ergänzen Sie: *von – aus*.**

Woher kommst du gerade?

a ● Bäcker: *vom Bäcker*	● Bäckerei Schulze: *aus der Bäckerei Schulze*
b ● Metzger: *Vom Metzger*	● Metzgerei: *aus der Metzgerei*
c ● Ärztin: *Von der Ärztin*	● Krankenhaus: *aus dem Krankenhaus*
d ● Kollegen: *Von*	● Büro: *aus dem Büro*

A2 **2 Wo und wohin?**

Wieder-
holung

A1, L11

a Ergänzen Sie: *bei – in*.

Wo bist du gerade?

1 ● Bäcker: *beim Bäcker*	● Bäckerei Schulze: *in der Bäckerei Schulze*
2 ● Metzger: *beim Metzger*	● Metzgerei: *in der ——*
3 ● Ärztin: *bei der Ärztin*	● Krankenhaus: *in dem*
4 ● Kollegen: *bei den Kollegen*	● Büro: *in dem*

b Ergänzen Sie: *zu – in*.

Wohin gehst du jetzt?

1 ● Bäcker: *zum Bäcker*	● Bäckerei Schulze: *in die/zur Bäckerei Schulze*
2 ● Metzger: *zum*	● Metzgerei: *in die/zur ——*
3 ● Ärztin: *zur*	● Krankenhaus: *im ——*
4 ● Kollegen: *zu*	● Büro: *im ——*

A3 **3 Ergänzen Sie.**

 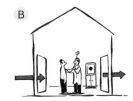  

A   B   C   D

a Die Katze von Herrn Lehmann springt *auf den* Tisch. Sie sitzt *auf dem* Tisch.
Sie springt *auf dem* Tisch.

b Herr Lehmann geht *zum* Arzt. Er ist *beim* Arzt.
Er kommt *vom* Arzt.

c Herr Lehmann geht *ins* Kino. Er ist *in dem* Kino.
Er kommt *aus dem* Kino.

d Herr Lehmann fährt *zur* Tankstelle. Er tankt *bei der* Tankstelle.
Er fährt *von der* Tankstelle weg.

A

4 Ordnen Sie zu.

B aus dem Supermarkt   C zum Supermarkt   A in den Supermarkt   D vom Supermarkt
E vom Fußballplatz   F auf den Fußballplatz
G in den Zoo   J vom Zoo   H zum Zoo   I aus dem Zoo

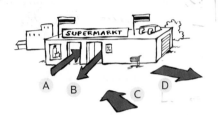
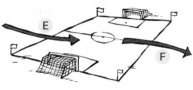

◇ A3   **5 Ordnen Sie zu.**

zur   zum   ~~von~~   aus   von   vom   auf   Im   im

a ○ Hast du an das Geld für den Urlaub
gedacht?
◆ Ja, ich komme gerade _von_ der Bank.

b ○ Hast du schon getankt?
◆ Klar, ich komme gerade _vom_
der Tankstelle.

c ○ Ich habe Kopfschmerzen.
◆ Du Arme. Ich gehe gleich _zur_
Apotheke und hole Tabletten.

d ○ Wo warst du denn so lange?
◆ _Im_ Supermarkt. Ich habe noch
Obst gekauft.

e ○ Deine Haare sind ja so kurz!
◆ Schön, nicht wahr? Ich komme gerade
vom Friseur.

f ○ Oje, schon so spät! Mein Zug!
◆ Kein Problem. Ich bringe dich _zum_
Bahnhof.

g ○ Jetzt warte ich schon 20 Minuten vor
dem Kino, aber Linus ist immer noch
nicht _aus_ dem Kino gekommen.
◆ Er ist ja auch gar nicht _im_ Kino,
er ist _auf_ dem Fußballplatz.

❖ A3   **6 Was soll Mirko tun? Schreiben Sie.**

Hallo Mirko! Ich musste noch mal los. Könntest
Du Dich bitte um ein paar Dinge kümmern?
- Post: Paket abgeben
- Werkstatt: mein Fahrrad abholen
- Optiker: Brille bringen
- mit Struppi: Hundefriseur (14.30 Uhr), danach Park
- Markt: Äpfel und Tomaten kaufen
Holst Du mich dann noch ab? Ich komme um 19.38 Uhr
am Bahnhof an.
Danke! Gruß und Kuss
Eva

Mirko soll zur Post
gehen und ein Paket
abgeben. Er soll Evas
Fahrrad ..abholen

Mirko soll auch zum Optiker gehen und bringen seine
~~brille~~ brille mit. Um 14.30 uhr, Mirko mit Struppi zum
hundfriseur. Danach gehen sie zum Park, dann
Mirko musst auf dem Market gehen und tomato un
apfel kaufen. Zulest, Mirko muss Eva vom banhof
abholen.

B1 **7 Wie ist Oliver gelaufen?**

Sehen Sie das Bild an und ordnen Sie.

⑥ Dann ist er um den Sportplatz herumgelaufen.

⑦ Danach ist er durch den Wald gelaufen.

⑧ Jetzt ist er gegenüber der Kirche.

① Erst ist er am See entlang bis zur Brücke gelaufen.

④ Hinter dem Wald ist er nach links gelaufen.

⑤ Er ist bis zu einem Sportplatz gelaufen.

③ Dann ist er über die Brücke gelaufen.

② Er ist die Kirchstraße entlanggelaufen,
am Bahnhof vorbei.

◇ B1 **8 Was ist richtig? Kreuzen Sie an.**

a Wohin fährst du denn? Du musst doch ○ durch ☒ über die Brücke fahren.

b Meinst du, man darf ☒ auf dem ○ gegenüber vom Supermarkt parken?

c ◆ Wo geht es denn hier zur Post?

○ Ganz einfach, gehen Sie ○ um die Poststraße herum. ☒ die Poststraße entlang.

d ◆ Darf man ☒ durch die ○ gegenüber der Altstadt fahren, wenn man ins Zentrum möchte?

○ Nein, Sie können nur ○ an der ☒ bis zur nächsten Ampel fahren.

e ◆ Ich glaube, wir sind schon ○ durch den Schillerplatz gefahren. ☒ am Schillerplatz vorbeigefahren.

○ Dann musst du jetzt ☒ um die ○ bis zur Innenstadt herumfahren, dann kommen wir
wieder zurück.

❖ B1 **9 Ordnen Sie zu und ergänzen Sie die Artikel in der richtigen Form.**

~~um ... herum~~ an ... vorbei bis zur durch entlang gegenüber über

a Dieser Parkplatz ist heute leider geschlossen. Fahren Sie bitte weiter _bis zur_
Wilhelmstraße und dann links. Nach 250 Metern ist ein Parkhaus. Sie finden es leicht,
denn _gegenüber_ d _em_ Parkhaus ist eine große Tankstelle.

b Leider können Sie nicht _über_ d _er_ Brücke fahren. Sie wird gerade repariert.
Fahren Sie bitte noch circa 2 km d _ie_ Straße _____. Sie geht _um den_
kleinen Wald dort hinten _herum_. Kurz nach dem Wald kommen Sie zu einer anderen Brücke.

c Ich wohne im Hinterhaus. Das heißt: Du musst _____ d_____ Hof gehen, _____
d_____ Mülltonnen _____ und dann stehst du vor meiner Haustür.

B2 **10 Verbinden Sie.**

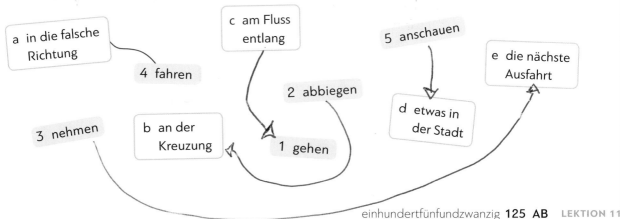

B

B2 **11 Falsche Richtung!**

a Paul hat Franz den Weg aufgeschrieben. Wie muss Franz gehen?
Lesen Sie den Text und zeichnen Sie den Weg in die Karte: ------>

Franz startet hier.   ------> Diesen Weg ist Franz gegangen.

- vor dem Bahnhof links i
- an der Kreuzung am Supermarkt rechts abbiegen ✓
- nach der Ampel ✓ wieder rechts
- durch den Stadtpark am Lambach-Ufer entlang ✓
- bis zur Parkstraße, dort ✓
- über den kleinen Fluss bis zur Kirche ✓
- links um die Kirche herum ✓
- hinter der Kirche ✓ links in den Kirchweg
- zweites Haus auf der linken Seite

b Franz ist falsch gegangen.
Schreiben Sie.

> Vor dem Bahnhof ist er rechts gegangen. ...

c Wie kommt er jetzt zu Paul?
Schreiben Sie.

> Franz muss wieder bis zur Ampel zurückgehen. Dann ...

B3 **12 Sie hören ein Gespräch. Wo sind die Kollegen?**

2 ◀)) 28
Prüfung

Wählen Sie für die Aufgaben 1 bis 6 ein passendes Bild aus A bis I. Wählen Sie jedes Bild nur einmal.
Achtung: Nicht alle Bilder passen.

Person	1 Tina	2 Adem	3 Mario	4 Carla	5 Oksana	6 Robert
Lösung	E	i	D	a	K G	h

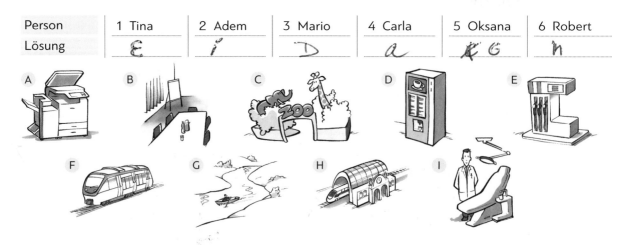

C **Deshalb** möchte ich ja in den Zoo.

C1
Grammatik entdecken

13 Luisa wohnt jetzt in der Großstadt.

a Verbinden Sie.

1 Luisa ist unzufrieden mit ihrem Auto.
2 Sie hat keine Garage.
3 In der Stadt gibt es viele Busse und Bahnen.
4 Ihr Navi funktioniert nicht mehr.
5 Sie möchte mehr Sport machen.

a Deshalb braucht sie gar kein Auto.
b Sie will deshalb nur noch Fahrrad fahren.
c Sie fährt deshalb oft in die falsche Richtung.
d Deshalb möchte sie es verkaufen.
e Sie muss deshalb das Auto draußen parken.

b Schreiben Sie die Sätze aus a. Markieren Sie *deshalb* und den Grund.

1 Luisa ist unzufrieden mit ihrem Auto. Deshalb möchte sie es verkaufen.
2 ...

C2

14 Schreiben Sie Sätze mit *deshalb*.

a Auf der Autobahn ist ein Unfall passiert. (es – einen Stau geben)
b Wir haben fast kein Benzin mehr. (wir – tanken müssen)
c Oje, die Autobatterie ist leer. (das Auto – stehen bleiben)
d Das Auto ist stehen geblieben. (wir – zu Fuß gehen müssen)

a Deshalb gibt es einen Stau.

C2

15 Ergänzen Sie *weil* oder *deshalb*. Vergleichen Sie dann.

	Deutsch	Englisch	Meine Sprache
A	Ich hatte einen Unfall, _deshalb_ **kann** ich nicht **kommen**.	I had an accident, therefore, I cannot come.	*Ich hatte einen Unfall, weil ich nicht kommen kann*
	Ich kann nicht kommen, _weil_ ich einen Unfall **hatte**.	I cannot come because I had an accident.	*Ich kann nicht kommen, deshalb hatte ich*
B	Mein Auto ist kaputt, _deshalb_ **muss** ich zu Fuß zur Arbeit **gehen**.	My car has broken down, therefore, I have to walk to work.	*Mein Auto ist kaputt, weil*
	Ich muss zu Fuß zur Arbeit gehen, _____ mein Auto kaputt **ist**.	I have to walk to work because my car has broken down.	*Notebook*

C2

16 Ordnen Sie die Sätze.

a Tiago liebt Inlineskating, ② fährt deshalb ③ bei jedem Wetter. ① er
b Er fährt sehr gut und sicher, ② er ① weil ④ trainiert. ③ so viel
c Aber heute ist Tiago gestürzt, ① weil ③ nicht richtig ② er ④ aufgepasst hat.
d Er ist sehr schnell gefahren, ② hat er ③ das Ende vom Bürgersteig ④ nicht gesehen. ① deshalb
e Er hat ein Pflaster gebraucht, ② er ④ geblutet hat. ① weil ③ am Arm
f Er hatte Glück, ① weil ③ genau vor einer Apotheke ② er ④ gestürzt ist.

C

◇ **C2** **17 Schreiben Sie Sätze.**

a Anton möchte fit werden, deshalb <u>möchte er mehr Sport machen.</u>
(er möchte mehr Sport machen)

b Als Kind ist er gern Rad gefahren, deshalb <u>möchte er wieder viel Rad fahren</u> (er möchte wieder viel Rad fahren)

c Sein Fahrrad ist aber kaputt, deshalb <u>muss er ein neues kaufen</u> (er muss ein neues kaufen)

d Der Mann im Fahrradgeschäft empfiehlt ihm ein Mountainbike, weil <u>das praktisch</u> (das ist praktisch)

e Auf seiner ersten Radtour stößt er mit einer anderen Radfahrerin zusammen, weil <u>er auf den Weg nicht guckt</u> (er guckt nicht auf den Weg)

f Sein Knie blutet, aber Anton kümmert sich nicht darum, weil <u>die Frau ihm so gut ihm gefällt</u> (die Frau gefällt ihm so gut)

g Er möchte die Frau gern kennenlernen, deshalb <u>lädt er sie in ein Café ein</u> (er lädt sie in ein Café ein)

❖ **C2** **18 *Weil* oder *deshalb*? Schreiben Sie die Geschichte.**

A  ich – den Radfahrer nicht sehen →
ich – eine Nachricht auf meinem Handy lesen

> Ich habe den Radfahrer nicht gesehen, weil ich eine Nachricht auf meinem Handy gelesen habe.

B  wir – zusammenstoßen →
ich – stürzen

> Wir sind zusammengestoßen. Deshalb bin ich gestürzt.

C ich – nicht aufstehen können →
mein Knie – sehr wehtun und
meine Hand – bluten

> Ich konnte ...

D der Radfahrer – nicht stehen bleiben und nicht helfen →
ich – mit dem Handy Hilfe holen wollen

> Der Radfahrer ...

E ich – meine Freunde nicht anrufen können →
der Akku – leer sein

> Aber oje, ich ...

F er – sehr nett sein →
er – gleich ein Pflaster auf meine Hand kleben

> Zum Glück ist ein Mann gekommen. Er ...

C2 **19** Schreiben Sie die markierten Wörter neu mit *-bar*.

a Dieses Rad ist ein altes Modell. Wir können es leider nicht mehr <u>liefern</u>.
Es ist leider nicht mehr *lieferbar* .

b Diese zwei Räder sind ganz unterschiedlich. Man kann sie nicht
<u>vergleichen</u>. Sie sind nicht *vergleichbar* .

c Mein Fahrrad ist kaputt. Man kann es nicht mehr <u>reparieren</u>. Es ist
nicht *reparierbar* .

d Diese Radtour können wir ohne Probleme <u>machen</u>. Sie ist gut *machbar* .

e Dieses Fahrrad ist nicht teuer. Ich kann es <u>bezahlen</u>. Es ist *bezahlbar* .

f Mit diesem Licht kann man Sie gut <u>sehen</u>. Sie sind gut ⚠sicht *bar* .

C3 **20** Verkehrsmeldungen

a Bilden Sie Wörter und ordnen Sie zu.

Aus | Bau | Fahr | fahrt | fall | ho | le | len | sich | Spur | S̶t̶a̶u̶ | stel | tig | über | Un | vor | bahn

> ### Aktuelle Verkehrsnachrichten
>
> Melden Sie uns gern aktuelle Verkehrsnachrichten per Telefon. So helfen Sie mit, dass
> unser Verkehrsservice noch besser und aktueller wird.
> Unsere kostenlose Hotline: 0800 – 1111199
>
> 1 A10 Südlicher Berliner Ring
> Zwischen der *Ausfahrt* Ludwigsfelde-Ost und der Ausfahrt Ludwigsfelde-
> West liegen Gegenstände auf der *Fahrbahn*. Fahren Sie bitte besonders
> *vorsichtig* und *überholen* Sie nicht.
>
> 2 A20 Rostock Richtung Stettin
> Zwischen Pasewalk-Süd und Prenzlau-Ost *Unfall* mit vier Autos.
> Die rechte *Spur* ist nicht befahrbar.
>
> 3 A24 Berliner Ring Richtung Pritzwalk
> Bei Neuruppin *Baustelle* , 2 km *Stau* .

2 ◀)) 29 b Hören Sie und vergleichen Sie.

C3 **21** Laute *ts* und *pf* sprechen und schreiben

2 ◀)) 30 a Hören Sie und sprechen Sie nach.
Phonetik

1 Kreuzung – Schatz – Benzin – plötzlich – nichts – Station – Zoo – Information –
Platz – funktionieren – rechtzeitig – stürzen – rechts

2 Apfel – empfehlen – Pfanne – Pflaster – Pflanze – Kopf – Topf

b Schreiben Sie Sätze mit den Wörtern aus a und lesen Sie sie laut.

> Biegen Sie an der Kreuzung rechts ab.
> Entschuldigung, könnten Sie mir ein Pflaster geben?
> Ich bin gestürzt.

> [LERNTIPP Üben Sie schwierige Laute
> zuerst isoliert, dann im Wort und
> dann im Satz. Beispiel: *t-s, t-s –*
> *ts, ts – Kreuzung – Biegen Sie an der*
> *Kreuzung ab.*

D Bei jedem Wetter unterwegs

D2 **22 Ergänzen Sie.**

a • _der Sturm_   stürmisch
b • der Regen   _regnerisch_
c • _Eis (das)_   eisig
d • _gewitter (das)_   gewittrig
e • die Wolke   _wolkig_
f • _der Nebel_   neblig
g • die Sonne   _sonnig_
h • der Wind   _windig_

D2 **23 Ordnen Sie zu.**

Aussichten   Bürger   Gefahr   gefährlich   Landungen   Hitze   ~~komplett~~
kräftiger   Region   verspricht   ~~Starts~~   voraussichtlich   verhindern

A

Sonnenschein ja – aber ohne _Gefahr_ ✓
für Ihre Gesundheit!
– Sorgen Sie dafür, dass Sie an heißen Tagen genug trinken!
– Vermeiden Sie Arbeiten unter freiem Himmel, in der Mittagszeit
   sind sie tabu.
– Kein Sport in der _Hitze_ ✓   – das ist nicht nur
   ungesund, das ist sogar _gefährli_ ✓ .

B

Gute _Aussichten_ ✓   für
Pfaffenstein! Schon lange beschweren
sich die ~~Region~~ _Bürger_ von
Pfaffenstein über den Lkw-Verkehr mitten
durch die Stadt. Eine neue Straße soll
verhindern, dass die Lkws durch das
Zentrum fahren müssen. Der Verkehr soll
dann _komplett_ über die neue Straße führen. Die Politik _verspricht_ :
In drei Jahren ist sie fertig.

_70%_
_9/13_

C

Am Flughafen Frankfurt
kommt es _voraussichtlich_
     in den nächsten zwei
Stunden zu Verspätungen bei
allen _Starts_ und
Landungen .
Grund dafür ist ✓
kräftiger Wind
in der _Region_
Rhein-Main.

D2 **24 Was ist richtig? Hören Sie und kreuzen Sie an.**

2 ◀)) 31–35

a Das Wetter wird morgen ○ regnerisch. ☒ sommerlich.
b Wegen Schnee und Eis ☒ hat es zum Teil schlimme Unfälle gegeben.
                         ○ fällt der Schulunterricht heute überall aus.
c Die Flugzeuge können ☒ im Moment nicht ○ in den nächsten Stunden wieder   starten und landen.
d Aylin und Kathi wollen ○ mit dem Wagen ☒ mit der S-Bahn zum Konzert fahren.
e Die Radiohörer sollen erzählen: ☒ Was haben sie bei Gewitter schon alles erlebt?
                              ○ Wo ist Chaos auf den Straßen?

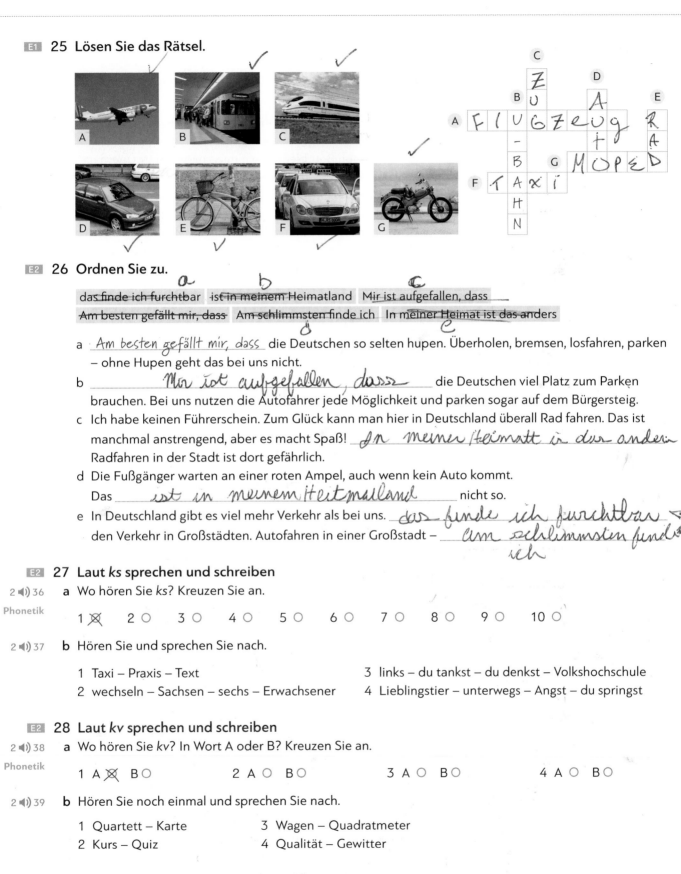

E1 **25 Lösen Sie das Rätsel.**

Crossword:
A: F I U G Z E U G
B: Z U – B A H N (vertical, through C,U,-,B,A,H,N)
Other letters: C, D: A U T O R A (vertical D), E: R A
G: M O P E D
F: T A X I

E2 **26 Ordnen Sie zu.**

das finde ich furchtbar   ist in meinem Heimatland   Mir ist aufgefallen, dass
Am besten gefällt mir, dass   Am schlimmsten finde ich   In meiner Heimat ist das anders

a *Am besten gefällt mir, dass* die Deutschen so selten hupen. Überholen, bremsen, losfahren, parken
– ohne Hupen geht das bei uns nicht.

b *Mir ist aufgefallen, dass* die Deutschen viel Platz zum Parken
brauchen. Bei uns nutzen die Autofahrer jede Möglichkeit und parken sogar auf dem Bürgersteig.

c Ich habe keinen Führerschein. Zum Glück kann man hier in Deutschland überall Rad fahren. Das ist
manchmal anstrengend, aber es macht Spaß! *In meiner Heimatt in der andern*
Radfahren in der Stadt ist dort gefährlich.

d Die Fußgänger warten an einer roten Ampel, auch wenn kein Auto kommt.
Das *ist in meinem Heitmatland* nicht so.

e In Deutschland gibt es viel mehr Verkehr als bei uns. *das finde ich furchtbar*
den Verkehr in Großstädten. Autofahren in einer Großstadt – *am schlimmsten finde
ich*

E2 **27 Laut *ks* sprechen und schreiben**

2 ◀)) 36   **a** Wo hören Sie *ks*? Kreuzen Sie an.
Phonetik

1 ☒   2 ○   3 ○   4 ○   5 ○   6 ○   7 ○   8 ○   9 ○   10 ○

2 ◀)) 37   **b** Hören Sie und sprechen Sie nach.

1 Taxi – Praxis – Text   3 links – du tankst – du denkst – Volkshochschule
2 wechseln – Sachsen – sechs – Erwachsener   4 Lieblingstier – unterwegs – Angst – du springst

E2 **28 Laut *kv* sprechen und schreiben**

2 ◀)) 38   **a** Wo hören Sie *kv*? In Wort A oder B? Kreuzen Sie an.
Phonetik

1 A ☒ B ○   2 A ○ B ○   3 A ○ B ○   4 A ○ B ○

2 ◀)) 39   **b** Hören Sie noch einmal und sprechen Sie nach.

1 Quartett – Karte   3 Wagen – Quadratmeter
2 Kurs – Quiz   4 Qualität – Gewitter

E

29 Lesen Sie die E-Mail. Wählen Sie für die Aufgaben 1 bis 5 die richtige Lösung a, b oder c.

Prüfung

E-Mail senden

Hi Sammy,

wie geht's Dir? Wie ist das Wetter? Hoffentlich habt ihr mehr Sonne als wir. In Luzern ist es zurzeit eisig, um die null Grad und jeden Morgen so neblig, dass man die Hand nicht vor Augen sieht! Am liebsten würde ich im warmen Bett bleiben. Ich muss natürlich trotzdem raus und zur Arbeit. Zum Glück fahren von meinem Wohnort regelmäßig Busse in die Stadt, denn ich habe kein Auto. Die öffentlichen Verkehrsmittel sind wirklich gut. Viel moderner als bei uns zu Hause – und pünktlich. Meistens! ☺ Nur sind sie leider ziemlich teuer. Ich habe eine Monatskarte, die ist ein bisschen günstiger. Meine Kollegen sagen: „Mach doch den Führerschein. Auf dem Land geht es ohne Auto nicht." Sehr witzig! Autofahren kostet doch auch Geld! Besonders in der Schweiz: Für die Benutzung der Autobahn muss man eine Jahresgebühr bezahlen. Und schon für kleine Fehler bekommt man einen Strafzettel. Wenn ich da an meine Heimat denke – dort ist das völlig anders. Auch die Strafen für zu schnelles Fahren sind in der Schweiz wahnsinnig hoch. Ein Freund musste einmal 100 Franken bezahlen – wegen 8 km/h! Das sind circa 100 Euro! Stell Dir das vor! Und dann das Benzin: Ständig reden meine Kollegen über die Benzinpreise. Manche haben eine App: Sie zeigt, wo das Benzin aktuell am günstigsten ist. Nein, ich bleibe gern Busfahrer und Fußgänger! ☺ Wie ist es mit dem Verkehr in Deiner Heimat? Erzähl doch mal.
Viele Grüße
Saulo

---

1 Der Nebel in Luzern ist
a ○ eisig.
b ☒ sehr dicht.
c ○ nicht so schlimm.

2 Saulo möchte am liebsten
a ○ jeden Tag in die Stadt fahren.
b ☒ nicht aufstehen.
c ○ mit dem Auto zur Arbeit fahren.

3 Saulo findet die Preise für Bus und Bahn
a ☒ nicht billig.
b ○ ziemlich günstig.
c ○ meistens okay.

4 Ein Freund musste 100 Franken
a ○ für die Autobahn zahlen.
b ○ zahlen, weil er einen Strafzettel bekommen hat.
c ☒ für zu hohes Tempo zahlen.

5 Für Saulos Kollegen ist
a ○ Benzin im Moment billig.
b ○ Benzin nicht bezahlbar.
c ☒ das Thema Benzin sehr wichtig.

30 Schreiben Sie eine Antwort an Saulo.

Schreib-
training

– Wie ist das Wetter zurzeit an Ihrem Wohnort?
– Wie kommen Sie zur Arbeit / zum Deutschkurs / zur Universität?
– Welche Unterschiede gibt es im Verkehr zwischen Deutschland und Ihrer Heimat?
– Was gefällt Ihnen (nicht)?

Lieber Saulo,
wie nett, dass Du mir wieder einmal schreibst. Die Winter in der Schweiz sind bestimmt sehr kalt. Hier ist es im Moment ...
Viele Grüße
...

Test Lektion 11

1 Bilden Sie Wörter und ordnen Sie zu.

1 ...... /6 Punkte

WÖRTER

● 0–3
● 4
● 5–6

~~Bau~~ bel Ge gen Hit Kreu ~~le~~ Ne Aus ~~stel~~ ter Wa wit ze zung fahrt

a Wetter: _____
b Straßenverkehr: *Baustelle,* _____

2 Ergänzen Sie.

2 ...... /3 Punkte

GRAMMATIK

A   B   C   D

Karl fährt heute mit seinem Auto zum Zoo. Zuerst fährt er *über die* Brücke (A).
Dann fährt er _____ Kreisverkehr _____ (B). Danach
fährt er _____ Zentrum (C). Zum Schluss fährt er noch
_____ Fluss _____ (D). Dann ist er schon am Zoo angekommen.

3 Schreiben Sie Sätze mit *deshalb*.

3 ...... /4 Punkte

a Drago ist beim Fußballtraining hingefallen. (Sein Fuß tut jetzt sehr weh.)
   Deshalb tut sein Fuß jetzt sehr weh.
b Am nächsten Morgen hat Drago immer noch Schmerzen. (Er geht zum Arzt.)
   _____
c Die Verletzung ist nicht so schlimm. (Der Arzt gibt Drago nur eine Salbe mit.)
   _____
d Nach drei Tagen sind die Schmerzen weg. (Drago kann wieder trainieren.)
   _____
e Drago spielt wieder jeden Tag Fußball. (Er ist wieder glücklich.)

● 0–3
● 4–5
● 6–7

4 Welche Antwort ist richtig? Kreuzen Sie an.

4 ...... /4 Punkte

KOMMUNIKATION

a ◆ Was denkst du über den Verkehr in Deutschland?
   ☒ Mir ist aufgefallen, dass viele Leute mit dem Rad zur Arbeit fahren.
   ○ Ich fahre lieber mit dem Rad.
b ◆ Gehen die Menschen in deiner Heimat viel zu Fuß?
   ○ In meiner Heimat ist das anders als in Deutschland.
   ○ Nein, das ist zu gefährlich.
c ◆ Welche Unterschiede gibt es zwischen Stadt und Land?
   ○ Am schlimmsten finde ich die Landstraßen.
   ○ In der Stadt gibt es natürlich viel mehr Verkehr.
d ◆ Welche Verkehrsmittel benutzt du gern?
   ○ Die meisten Leute fahren mit einem Moped.
   ○ Ich fahre gern mit öffentlichen Verkehrsmitteln.
e ◆ Was ist in Deutschland anders als in deinem Heimatland?
   ○ Bei uns ist das anders.
   ○ Die Autofahrer hupen weniger. Das finde ich interessant.

● 0–2
● 3
● 4

1 Luíz Gomes hat ein Auto reserviert.

2 ◀)) 40   **a**   Was ist richtig? Hören Sie den Anfang des Gesprächs und kreuzen Sie an.

1 Herr Gomes hat einen	○ Kleinwagen	○ Wagen in der Kompaktklasse	reserviert.
2 Die Autovermietung bietet ihm einen	○ Kleinwagen	○ Wagen in der Kompaktklasse	an.
3 Herr Gomes nimmt das Angebot	○ an.	○ nicht an.	

b   Hören Sie noch einmal und ergänzen Sie die Informationen.

HERZ AUTOVERMIETUNG Reservierungsbestätigung		LEISTUNGEN
Reservierungsnummer	3AX-22-07	
Besteller/Fahrer	Herr Luíz Gomes	• unbegrenzte Kilometer
Abholung	_22.07._ ab 12.00 Uhr	• Tank voll bei Abholung
	Flughafen _____,	• Vollkaskoversicherung
	Flughafenstr. 1–3	ohne Selbstbeteiligung
Rückgabe	_____ bis 12.00 Uhr Stadtbüro	• Gebühr für Einwegmiete: 0 EUR
	_____, Donaustr. 80	
Kategorie Wagen	_____	
Gesamtpreis		_____ EUR

2 ◀)) 41   **c**   Was ist richtig? Hören Sie weiter und kreuzen Sie an.

1 ○ Herr Gomes muss 800 Euro Kaution bezahlen.
2 ○ Im Auto ist kein Benzin.
3 ○ Herr Gomes muss tanken, wenn er das Auto zurückgibt.
4 ○ Beim Stadtbüro Linz gibt es keine Tankstelle.
5 ○ Die Mietwagen von Herz stehen direkt vor dem Flughafengebäude.

2 Lesen Sie, ergänzen Sie und spielen Sie zu zweit ein Gespräch.

◆ Guten Tag.
○ Guten Tag. Mein Name ist ... Ich habe ein Auto reserviert. Hier ist die Reservierungsbestätigung.
◆ Danke. Wir haben hier einen Kleinwagen / einen Wagen in der Kompaktklasse /
   Mittelklasse/... für Sie von (Datum) bis (Datum).
○ Ja, das ist richtig.
◆ Dann brauche ich bitte Ihren Führerschein und Ihre Kreditkarte für die Kaution.
○ Wie hoch ist die Kaution?
◆ ... Euro. Die bekommen Sie natürlich zurück, wenn Sie das Auto zurückgeben. So, hier ist der
   Autoschlüssel. Der Tank ist voll. Sie müssen das Auto bitte vor der Rückgabe tanken.
○ Und wo finde ich das Auto, bitte?
◆ Sie gehen ... und dann sehen Sie schon ... Dort stehen alle Mietwagen.
○ Gut. Ich danke Ihnen. Auf Wiedersehen.
◆ Danke auch und eine gute Zeit in Deutschland. Wiedersehen.

3 Haben Sie schon einmal ein Auto gemietet?
Im Urlaub oder auf einer Geschäftsreise? Erzählen Sie.

1 Ordnen Sie zu.

Wieder-
holung
A1, L11

bei ~~von~~ ~~aus~~ vom ~~aus der~~ ~~in~~ zu ~~aus dem~~ in nach zum ins beim nach in der im in die aus

Wo?	Wohin?	Woher?
Sie ist ...	Sie fährt ...	Sie kommt ...
a _in_ Italien.	_nach_ Italien.	_aus_ Italien.
b _in der_ Schweiz.	_in die_ Schweiz.	_aus der_ Schweiz.
c _in_ Zürich.	_nach_ Zürich.	_aus_ Zürich.
d _im_ Kino.	_ins_ Kino.	_aus dem_ Kino.
e _bei_ Claudia.	_zu_ Claudia.	_von_ Claudia.
f _beim_ Arzt.	_zum_ Arzt.	_vom_ Arzt.

2 Was ist richtig? Kreuzen Sie an.

Wieder-
holung
A1, L11

a ◆ Ich fahre jetzt mit dem Auto ○ nach dem ☒ zum Bahnhof. Soll ich dich mitnehmen?
   ○ Vielen Dank, aber ich muss zuerst noch ☒ zu ○ bei meiner Mutter.
   Sie wohnt ○ auf ☒ in der Maistraße. Da kann ich den Bus nehmen.

b ◆ Ich muss heute Nachmittag ○ nach dem ☒ zum Arzt.
   ○ Ach, ich habe gedacht, dass du gestern schon ☒ beim ○ im Arzt warst.
   ◆ Nein, er hatte gestern keinen Termin mehr frei.

c ◆ Fahrt ihr dieses Jahr im Urlaub wieder ☒ nach ○ in Italien?
   ○ Nein, wir waren doch letztes Jahr ☒ in ○ nach Rom.
   In diesem Sommer wollen wir ○ nach ☒ in die Türkei.

d ◆ Wir gehen heute Abend ○ zum ☒ ins Kino. Kommst du mit?
   ○ Ich kann leider nicht. Ich fahre ☒ zu ○ bei meiner Freundin. Sie ist krank.

A2

3 Urlaubsziele

a Ordnen Sie zu.

• ~~die Insel~~ • der See • die Wüste • der Osten • der Strand • die Küste • das Meer
• das Gebirge • der Norden • der Wald

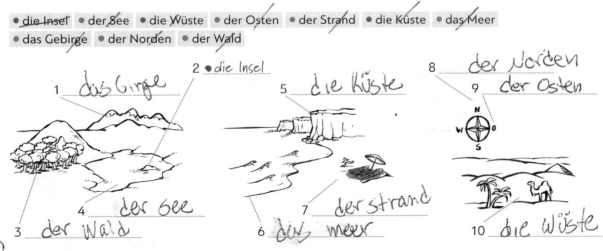

1 _das Girge_
2 • die Insel
3 _der Wald_
4 _der See_
5 _die Küste_
6 _das meer_
7 _der strand_
8 _der Norden_
9 _der Osten_
10 _die Wüste_

b *in – an – auf*: Wohin fahren Sie? Ordnen Sie zu und ergänzen Sie in der richtigen Form.

• das Gebirge • die Ostsee • ~~der Westen~~ • der Strand • die Insel • die Küste • der Schwarzwald
• der Rhein • das Land • der See • der Süden • das Meer • die Wüste • die Mosel • der Berg

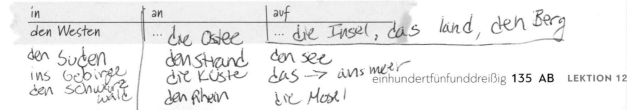

in	an	auf
den Westen	... _die Ostsee_	... _die Insel, das land, den Berg_
den Süden	_den strand_	_den see_
ins Gebirge	_die Küste_	_das → ins meer_
den schwarzwald	_den Rhein_	_die Mosel_

A2 **4 Was ist richtig? Kreuzen Sie an.**

◆ Wohin fahrt ihr denn dieses Jahr im Urlaub?

○ Wir haben uns noch nicht entschieden. Ich möchte gern ☒ans ○ aufs Meer fahren, am liebsten ○ in ☒nach Italien. Dort könnten wir jeden Tag ○ in den ☒an den Strand gehen oder ○ zu einer ☒in eine kleine Stadt fahren und etwas besichtigen. Meine Frau dagegen möchte lieber ○ auf das ☒ins Gebirge fahren, nach Österreich oder ○ zum ☒in den Schwarzwald. Sie wandert sehr gern und fährt nicht so gern ☒in den ○ nach dem Süden, weil es ihr im Sommer dort zu heiß ist. Und ihr? Was macht ihr?

◆ Wir fahren mit den Kindern wieder ☒an die ○ auf die Ostsee. Jedes Jahr fahren wir ○ in die ☒auf die Insel Hiddensee. Ich gehe gern am Morgen ○ in die ☒an die Küste und sehe mir die Natur und die Vögel an. Wir sind immer wieder begeistert von dieser ruhigen Insel!

A3 **5 Lösen Sie das Rätsel.**

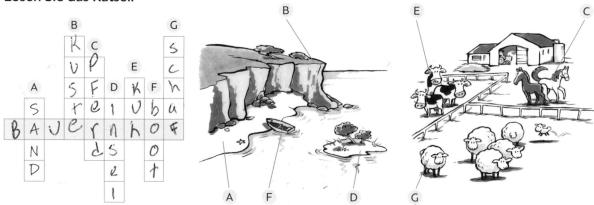

```
        B           G
        K           S
        U   C       C
        S   P   E   H
    A   S F D K F   B
    S   r e i v b u
B A U e r n h o F
    N   d s   O
    D   e     t
        l
```

Lösung: *Bauernhof*

A3 **6 Ergänzen Sie die Wörter aus 5 und vergleichen Sie.**

	Deutsch	Englisch	Meine Sprache
A	Sand	sand	sand
B	Küste	coast	coast
E	Kuh	cow	cow
F	boot	boat	boat
G	Schaf	sheep	sheep

A3 **7 Ergänzen Sie.**

Urlaub im Gebirge

Bei uns im Schwarzwald finden Sie eine schöne und günstige Unterkunft auf unserem Bauernhof. Wir haben Doppelzimmer und Ferienwohnungen. In der Nähe gibt es auch einen See. Dort können Sie im Sommer baden oder umsonst Boot fahren. Das Wasser ist zwar hier oben ein bisschen kühl. Aber das ist bei Hitze im Sommer sehr schön.
Reservieren Sie unter: bergerhof@f-online.de.

A4 **8 Was ist richtig? Kreuzen Sie an.**

		Wohin?	Wo?
a	Im August fahren wir	☒ ans Meer.	○ am Meer.
b	Ich war noch nie	○ in die Wüste.	☒ in der Wüste.
c	Am Samstag fahren wir	☒ ins Gebirge.	○ im Gebirge.
d	Waren Sie schon einmal	○ nach Luxemburg?	☒ in Luxemburg?
e	Am liebsten fahren wir	☒ in den Süden.	○ im Süden.
f	Wann gehen wir	☒ an den Strand?	○ am Strand?
g	Es war sehr windig	○ an die Atlantikküste.	☒ an der Atlantikküste.
h	Ich fahre immer gern	○ in die Alpen.	○ in den Alpen.
i	Warst du schon einmal	○ an den Titisee?	☒ am Titisee?

◇ A4 **9 Ordnen Sie zu.**

~~bei~~ in ~~bei~~ ~~ins~~ in die in der am in den im

E-Mail senden

Hallo Ina,

am Wochenende waren wir _am_ Müritzsee. Wir haben dort _bei_ meiner Schulfreundin

Ines gewohnt. Es war wunderbar! Den ganzen Samstag waren wir _in der_ Natur und haben

_im_ See gebadet. Wir wollten uns vor allem ausruhen und keine Sehenswürdigkeiten

besichtigen. Am Abend sind wir mit einem kleinen Boot über den See _in_ eine andere

Stadt zu einem Film-Festival gefahren. Später gab es noch ein großes Gewitter, aber zum Glück

sind wir noch trocken _zu_ Ines angekommen!

Seit gestern gehe ich wieder jeden Tag _ins_ Büro. Puh! Wollten wir nicht mal zusam-

men _in die_ Berge fahren? Ich muss zwar viel arbeiten, aber für eine Wanderung

mit Dir _in den_ Bergen habe ich immer Zeit. Nur: Sie sollte nicht so anstrengend sein. ☺

Viele Grüße, Christine

❖ A4 **10 Sehen Sie die Bilder an und ergänzen Sie.**

Hallo Sara,

wie geht es Dir? Julio und ich hatten im Juli zehn Tage Urlaub.
Wir sind _nach Frankreich_ (A) gefahren. Zuerst waren wir
in Paris (B). Dort sind wir mit einem Schiff _am_
Fluss (C) gefahren. Danach haben wir die vielen
Sehenswürdigkeiten besichtigt. Wir waren begeistert!
Nach vier Tagen sind wir weiter _ans Meer_ (D)
gefahren und haben _in einem Hotel_ (E) direkt
am Strand (F) gewohnt. Die Sandstrände dort
sind kilometerlang. Jeden Tag haben wir _im Meer_ (G)
gebadet. Das Wasser war zwar kühl, aber draußen waren
31 Grad – da ist man schnell wieder trocken. ☺
Herzliche Grüße, Marie

PARIS

B Gutes Wetter wäre auch nicht schlecht.

B2 **11 Ergänzen Sie.**

A

Übernachtung im
historisch**en** Zentrum
von Bamberg mit Blick
auf den berühmten Dom
Vermiete groß**es**
Zimmer mit drei Betten
für klein**e**
Familie oder Gruppe.
Von privat.

B

Lieben Sie Camping?
Dann sind Sie bei uns richtig!

Klein**er** Campingplatz
in ruhig**er** Lage im Loisachtal,
perfekt**er** Startpunkt für
schön**e** Bootstouren auf der
Loisach und zahlreich**e**
Wanderungen durch das Tal.

C

Von privat:
ruhig**e** Pension
im Schwarzwald

Unser Angebot:
· Urlaub ohne laut**en**
  Verkehr
· schön**e** Landschaft
· 4 groß**e** Doppelzim-
  mer und 3 Einzelzimmer
  mit schön**em**
  Blick auf die Berge
· gut**es** Essen

D

Schön**e** Ferienwohnungen
im Westerwald zu vermieten!

Wir bieten Ihnen modern**e** Wohnungen mit groß**en**
Zimmern. Jede Wohnung mit neu**em** Bad, schön**em**
Balkon und extra WC. Ruhig**e** Lage mit Blick auf Wiesen und
Berge und ohne laut**e** Autos. Auf Wunsch mit Halbpension.

B2 **12 Markieren Sie in 11 und ergänzen Sie.**

Grammatik
entdecken

	Wer?/Was?		Wen?/Was?		Wem?/Was?	
• der	Kleiner	Campingplatz	ohne lauten	Verkehr	mit dem	Blick
• das	gutes	Essen	großes	Zimmer	mit dem	Bad
• die	schöne	Landschaft	für kleine	Familie	in der	Lage
• die	schöne	Ferienwohnungen	ohne laute	Autos	mit den	Zimmern

◇ **B2** **13 Was ist richtig? Kreuzen Sie an.**

a Suche ⊠ schönes ○ schöne • Zimmer für zwei Personen.
b ○ Günstigen ⊠ Günstige • Ferienwohnung mit ○ schönen
  ⊠ schönem • Balkon und ⊠ heller ○ helle • Küche auf
  Bauernhof für ⊠ große ○ großen • Familie noch frei.
c Suche ○ ruhigen ⊠ ruhige • Unterkunft in ○ günstige ○ günstiger
  • Pension oder bei ○ netter ⊠ netten • Familie vom 17. 7. – 24. 7.
d ○ Kleinen ⊠ Kleines • Hotel mit ⊠ ruhigen ○ ruhige • Zimmern
  in Rom. Zimmer ab 79 € pro Nacht mit Halbpension.

❖ B2 **14 Schreiben Sie Anzeigen.**

Pension schön preiswert
gut in Zimmer Lage

Campingplatz klein an
groß ohne Verkehr
laut See

Design-Hotel neu mit
sehr gut Restaurant
schön Wellness-Bereich

*Im Stadtzentrum: Schöne
Pension in ... bietet ...*

B2 **15 Reisepläne**

2 ◀)) 42 **a** Wohin möchten die Personen fahren? Hören Sie das Gespräch und schreiben Sie.

Ben, 53 Jahre
an die Nordsee

Hannah, 47 Jahre
in die Bergen

Marie, 15 Jahre
Nach Italien

b Welche Aussage passt zu wem? Hören Sie noch einmal und ergänzen Sie:
B (Ben), H (Hannah) oder M (Marie).

1 Ⓑ Wir sollten uns bald um den Urlaub kümmern.
2 Ⓗ Im Norden regnet es auch im Sommer häufig.
3 Ⓜ Am Strand liegen finde ich nicht so interessant.
4 Ⓗ Wandern in den Bergen finde ich toll.
5 Ⓜ Ein oder zwei Tage wandern ist in Ordnung, aber nicht mehr.
6 Ⓜ Ich will die Ferien mit Freunden verbringen.
7 Ⓑ Eine Woche Urlaub zu zweit ist auch ganz schön.

Ich mache Urlaub mit meiner Mutter ~~Deutschland~~ in Deutschland. Wir machen auch Urlaub in South Dakota ~~schon~~ und Österreich

c Bis wann sind Sie als Jugendliche/-r mit Ihren
Eltern in Urlaub gefahren? Schreiben Sie.

*Ich bin mit 14 zum letzten
Mal mit meinen Eltern in
Urlaub gefahren. Mit 16
durfte ich zum ersten Mal ...*

C Etwas buchen

16 Ergänzen Sie: *am – um – im – bis – von/vom ... bis – für*.

Wieder-
holung

A1, L8

L12

a ◆ Ich möchte bitte ein Doppelzimmer reservieren.
   ○ Ja, gern, wann brauchen Sie das Zimmer?
   ◆ _Von_ Freitag _bis_ Montag früh, also _für_ drei Nächte.
b ◆ Wann ist denn der Supermarkt geöffnet? Weißt du das?
   ○ Ja, Montag _bis_ Freitag _von_ 8.00 Uhr _bis_ 20.00 Uhr
   und _am_ Samstag, glaube ich, schließen sie _um_ 18.00 Uhr.
c ◆ Wann machst du denn dieses Jahr Urlaub?
   ○ Leider erst _im_ Herbst, wahrscheinlich _im_ Oktober.
d ◆ Wann hat denn Inge Geburtstag?
   ○ _am_ 13. Februar.
e ◆ Ist das Hotel _im_ Winter geschlossen?
   ○ Ja, _vom_ 1. Dezember _bis_ 31. März.

17 Was ist richtig? Kreuzen Sie an.

Wieder-
holung

A1, L8

L12

		Vor	Seit	Nach	
a	Wann gehst du immer joggen?	☒	○	○	der Arbeit, da bin ich noch fit.
b	Wann hat denn Frau Suter angerufen?	☒	○	○	ungefähr einer Stunde.
c	Was machst du heute noch?	○	○	☒	dem Unterricht fahre ich erst einmal nach Hause.
d	Wie lange wartest du denn schon?	○	☒	○	zehn Minuten.
e	Wie lange leben Sie schon in Köln?	○	☒	○	zwei Jahren.
f	Wann haben Sie den Kurs begonnen?	☒	○	○	einem halben Jahr.

C1 18 Im Reisebüro: Was ist richtig? Kreuzen Sie an.

a ◆ Guten Tag, kann ich Ihnen helfen?
   ○ Ja, gern. Wir möchten ein Wochenende in Wien verbringen. Hätten Sie
   da ein gutes Angebot für uns? Fahrt hin und zurück und Hotel ☒ für ○ ab
   zwei Nächte.
   ◆ Ja, da habe ich etwas für Sie: ein sehr günstiges Angebot ○ ohne ☒ für 49 €
   pro Person im Bus hin und zurück. Und für den Aufenthalt in Wien kann ich
   Ihnen auch ein schönes Hotel empfehlen: für nur 99 € im Doppelzimmer
   ○ für ☒ ohne Frühstück. Das Angebot gilt schon ☒ von ○ über Donnerstag
   an, Sie zahlen dann also nur für zwei Nächte, bleiben aber drei.
   ○ Hm, das klingt nicht schlecht. Aber eine Busfahrt? Wie lange dauert die denn?
   ◆ Moment ... Also, die Fahrt dauert etwas ☒ über ○ ab drei Stunden.
   ○ Super! Dann möchten wir die Reise gleich buchen.

b ▲ Erzählt doch mal. Wie war denn euer Wochenende in Wien?
   ☐ Wien ist wirklich sehr schön. Aber zuerst hatte unser Bus ○ ab ☒ über eine Stunde Verspätung.
   Dann wollten wir eine Tour mit dem Schiff auf der Donau machen, aber ☒ von November an
   ○ über November fahren die Schiffe nicht mehr so oft, und am Sonntag hatten sie keine freien
   Plätze mehr. Na ja, dann sind wir ☒ über ○ ab zwei Stunden an der Donau spazieren gegangen.
   Das war auch sehr schön!

C2 **19 Im Reisebüro: Ordnen Sie zu.**

~~buchen~~ der Termin schon ausgebucht von Freitag, den 14.5., bis eine Direktverbindung
Für wie viele Personen noch andere Angebote von Juni an mit dem Zug für

◆ Ich möchte gern eine Wochenendreise nach Basel _buchen_ .
   Sie haben da ein Angebot im Prospekt. Für 139 € inklusive Fahrt und Unterkunft.
○ Sehr gern. _Für wie viele Personen_ ?
◆ Für zwei Personen.
○ Wann möchten Sie denn fahren?
◆ Nächstes Wochenende, _Von Freitag den 14.5_ Sonntag, den 16.5.
○ Hm, leider ist _der Termin schon ausgebucht_
   Aber _Von Juni an_ haben wir wieder freie Plätze.
◆ Schade. Wir haben leider nur an diesem Wochenende Zeit.
○ Kein Problem. Wir haben auch _noch andere Angebote_ .
   Zum Beispiel nach Basel _mit dem Zug für_ 59 € hin und zurück.
   Und eine günstige Pension finde ich bestimmt für Sie.
◆ Ist das _eine Direktverbindung_ ?
○ Ja.
◆ Das ist ein guter Vorschlag. Ich spreche mit meiner Frau und melde mich wieder. Danke!

C2 **20 Satzakzent und Satzmelodie**

Phonetik **a** Lesen Sie die Texte. Markieren Sie die Betonung _____, die Satzmelodie → oder ↘ und
   die Pausen: | = kurze Pause oder || = lange Pause.

1 Rheinreise

Ich sage: → Eins. ↘ |
Vorbei an Mainz. ↘ ||
Ich sage: → Zwei. ↘ |
An Kaub vorbei. ○
Ich sage drei: ○
Die Loreley. ○
Ich sage vier: ○
In Köln ein Bier. ○
Ich sage überhaupt nichts mehr. ○
Ich staune nur: ○
Da ist das Meer. ○

2 Die Ameisen*

In Hamburg leben zwei Ameisen, ○
Die wollen nach Australien reisen. ○
Bei Altona auf der Chaussee, ○
Da tun ihnen schon die Beine weh, ○
Und da verzichten sie weise ○
Dann auf den letzten Teil der Reise. ○

*Text leicht verändert.
Original siehe
Quellenverzeichnis.

2 ◀)) 43–44 **b** Hören Sie und vergleichen Sie.

D Nachrichten schreiben

21 Markieren Sie noch fünf Wörter.
Schreiben Sie zu jedem Wort einen Satz.

ERILT**ALTSTADT**TKMALUHTRE**EINPACKEN**ÖLOTPOZAK**NATÜRLICH**UHTERS
ASTADT**RUNDGANG**AUTAR**AUSSTELLUNG**POHLD**STADTZENTRUM**LIFERAS

Abends gehen wir gern in der Altstadt spazieren.

*Los geht's zur die
stadtzentrum von der Altstadt. Wenn wir da sind, wir
können die Ausstellung gehen. Kein Besorge, Ich
packe natürlich für dich auch
(Mach dir keine
Sorgen)*

22 Eine Einladung nach Wien

Schreib-
training
a Lesen Sie die E-Mail und korrigieren Sie die markierten Wörter.

E-Mail senden

Lieber Anna,
wie geht es Dir? Wir haben uns lange <u>noch</u> mehr gesehen.
Komm doch mal <u>in</u> Wien! Du bist herzlich eingeladen.
Wir könnten einen Stadtrundgang <u>gehen</u> und anschließend
könnten wir uns Schloss Schönbrunn <u>schauen</u>.
Und Du <u>kannst</u> unbedingt mit mir in mein Lieblingskaffeehaus
in der Altstadt gehen. Hast Du auch Lust auf ein Museum?
In Wien <u>es gibt</u> sehr viele bekannte <u>Museums</u> und Ausstellungen.
Und natürlich kannst Du hier in Wien die berühmte Sachertorte
probieren oder Apfelstrudel – der schmeckt nirgends so lecker
wie bei uns! Bitte komm! Ich freue mich sehr <u>über</u> Dich!
Viele <u>Grüßen</u>
Mila

Liebe
nicht
nach
machen
touren / anschauen
sollst / musst

gibt es, Museen

auf
Grüße

b Annas Antwort: Schreiben Sie eine E-Mail.

Dank für die Einladung: komme gern   noch nie in Wien
gern Schloss besichtigen   Kaffeehaus super Idee   Wann?

Liebe Mila,
vielen Dank …
…
Bis bald in Wien!
Viele Grüße
Anna

c Annas Antwort: Schreiben Sie eine E-Mail.

– Dank für Einladung
– keine Zeit
– neue Arbeit
– viel zu tun
– Einladung Mila an Kursort
– Vorschlag für gemeinsamen Ausflug

Hallo Mila,
vielen Dank …
…

Komm doch mal …
Möchtest du vielleicht …?
Ich möchte dir so gern … zeigen.
Bis bald!

D2 **23 Eine E-Mail**

a Lesen Sie die E-Mail. Was ist richtig?
Kreuzen Sie an.

Emeline und Denis ...
1 ○ sind zum Wandern an den Rhein gefahren.
2 ☒ haben eine Radtour am Rhein gemacht.

E-Mail senden

Hallo Leonie, hallo Ismail,

wie geht es Euch? Wir haben uns ja lange nicht mehr gesehen.

Denis und ich haben letzte Woche eine kurze Reise an den Rhein gemacht. Es ist so wunderschön dort! Wir haben unsere Fahrräder mitgenommen, denn es gibt einen wunderbaren Radweg am Fluss entlang. Er heißt „Rheinradweg". Aber man kann dort auch sehr schöne Wanderungen oder Spaziergänge machen. Meistens haben wir in einer Jugendherberge geschlafen, denn das ist sehr günstig. Man kann dort auch frühstücken. Es gibt Zimmer für zwölf, sechs, vier oder auch nur für zwei Personen. Wir haben immer ein Doppelzimmer gebucht.

Fast jeden Tag sind wir 40–50 km mit dem Rad gefahren. Manchmal haben wir auch einen „Ruhetag" gemacht und sind nur ein bisschen spazieren gegangen, am Fluss entlang oder durch die Weinberge. Wenn man sich so viel bewegt, dann ist man am Abend hungrig und müde. So haben wir am Abend meistens nur schnell noch etwas gegessen und sind immer ziemlich früh ins Bett gegangen und am Morgen spät aufgestanden.

Nächstes Jahr möchten wir zum Wandern in die Berge fahren. Wohin genau, das wissen wir noch nicht. Möchtet Ihr nicht mitkommen?

Viele Grüße

Emeline

---

b Lesen Sie noch einmal und ergänzen Sie.

1 Wo waren Emeline und Denis? — am Rhein
2 Wo kann man billig schlafen? — Jugendherberge
3 Was haben sie auch manchmal gemacht? — Ruhetag
4 Was haben sie abends meistens gemacht? — essen und schlafen
5 Was möchten sie nächstes Jahr machen? — Wandern in die Berge

D2 **24 Sie hören drei Informationen aus dem Radio. Zu jedem Text gibt es eine Aufgabe.**

2 ◀) 45–47

Prüfung

Kreuzen Sie an: a, b oder c. Sie hören jeden Text einmal.

1 Im Zoo ...
  a ○ ist an diesem Wochenende ein Elefantenbaby geboren.
  b ○ bekommen alle Eltern ein Geschenk.
  c ☒ haben alle Geburtstagskinder freien Eintritt.

2 Wie wird das Wetter in Süddeutschland?
  a ○ Am Abend gibt es Gewitter.
  b ☒ Es regnet nicht.
  c ○ Es sind 25 Grad.

3 Die Autofahrer sollen ...
  a ○ mit dem Bus 48 zum Stadion fahren.
  b ○ mit dem Auto bis zum Platz der Freiheit fahren.
  c ☒ mit öffentlichen Verkehrsmitteln zum Stadion fahren.

LERNTIPP Lesen Sie vor dem Hören die Aufgaben. Denken Sie beim Hören nicht zu lange über eine Antwort nach, sonst verpassen Sie den nächsten Text.

E2 **25 Wollen wir …?**

a Ordnen Sie zu.

einen Vorschlag …   1 machen   2 annehmen   3 ablehnen

1 Lass uns doch … *3* Ich bin dagegen. *2* Super. Das ist eine gute Idee.
1 Ich habe einen Vorschlag: … *2* Ja, gut, machen wir es so. *3* Also, ich weiß nicht, …
3 Ach nein, darauf habe ich keine Lust. *1* Wollen wir …? *3* Das ist aber keine gute Idee.
2 Ich bin dafür. *1* Wir könnten doch …

b Schreiben Sie kurze Gespräche mit passenden Sätzen aus a.

1	2	3
■ ins Kino heute Abend?	■ am Samstag zusammen wandern gehen?	■ am Wochenende in die Berge fahren?
○ ☹ … → Kneipe?	○ ☺	○ ☹ schon vor zwei Wochen dort → an den Bodensee?
■ ☺		■ ☹ … → Ammersee?
		○ ☺

① ■ *Wollen wir heute Abend ins Kino gehen?*
○ *Also, ich …*

E3 **26 Verbinden Sie.**

Wir könnten doch …

a an einen ——— Museum ——— fahren.
b im ——— Bus ——— gehen.
c ins ——— See ——— wandern.
d einen ——— Kino ——— fahren.
e ins ——— Ausflug ——— gehen.
f mit dem ——— Film ——— machen.
g an die ——— Schwarzwald ——— anschauen.
h einen ——— Ostsee ——— fahren.

E3 **27 Ein Ausflug: Ordnen Sie zu.**

~~Lass uns doch~~ eine sehr gute Idee Wollen wir könnten wir so machen wir es Ich habe da eine Idee

Hallo Olivia,
wie geht es Dir? *Wollen wir* nicht mal wieder zusammen einen Ausflug machen?
Ich habe da eine *Lass uns doch* am Samstag an den Seehamer
See fahren. Schwimmen, faulenzen … ☺ Abends *könnten wir* bei mir zu Hause
zusammen kochen und Du könntest natürlich auch bei mir übernachten.
Vielleicht bis Samstag? Svea

Hallo Svea, das ist *eine sehr gute Idee*! Ich komme gern am
Samstag mit an den See. Treffen wir uns um 10 Uhr am Bahnhof? Ich freue mich! ☺

Gut, *so machen wir es* !
Bis Samstag um 10! LG Svea

1 Ergänzen Sie.

a Am Wochenende fahren wir ins G e b i r g e. Wir müssen aber noch
  eine __n__er__un__t finden, denn wir wollen dort zweimal ü__e__n__c____n.

b Schau mal, wie findest du die P____s__o__ „Bergblick"? Die sieht auf
  dem Foto sehr schön aus.

c Wir müssen auch warme Kleidung e____p__k__n, denn dort ist es
  jetzt noch k__h__.

d Im Alpin-Museum gibt es ab 5. 4. eine neue A__s__t__l__u____. Die wollen wir
  uns n____ü__l__c ansehen.

WÖRTER

1 ____ / 7 Punkte

● 0–3
● 4–5
● 6–7

2 Ordnen Sie zu.

~~in der~~ im auf der an die nach im in den am

GRAMMATIK

2 ____ / 7 Punkte

> **E-Mail senden**
>
> Liebe Julika,
>
> viele Grüße von der Insel Mainau! Endlich sind wir mal wieder _____
> Süden von Deutschland gefahren. Ich bin so gern _____ Bodensee
> und vor allem _____ schönen Insel Mainau. Hier können wir
> _____ Park spazieren gehen, _in der_ Sonne liegen oder
> _____ See baden. Ach, wir fahren so gern _____ deutschen
> Seen! Am Sonntag müssen wir schon wieder _____ Leipzig zurück-
> fahren. Schade!
>
> Herzliche Grüße, Nora

3 Ergänzen Sie.

A
Suche schöne
Wohnung in
gut_____
Lage mit
groß_____
Balkon.

B
Ab Juni dringend
günstig_____
Wohnung mit
groß_____ Küche
am Stadtrand
gesucht.

C
Günstig_____
Angebot:
Ruhig_____
Hotel am See hat
im August noch
zwei schön_____
Ferienwohnungen
frei.

3 ____ / 7 Punkte

● 0–7
● 8–11
● 12–14

4 Verbinden Sie.

a Ich möchte eine Busfahrt von Ulm
  nach Salzburg und zurück buchen.
b Für wie viele Personen?
c Wann möchten Sie denn fahren?
d Wie lange dauert die Fahrt?
e Ist das eine Direktverbindung?
f Was kosten die Tickets?

1 Sie kosten 24 € pro Person.
2 Ungefähr vier Stunden.
3 Ja, gern.
4 Ja, Sie müssen nicht umsteigen.
5 Vom 4. 7. bis 7. 7.
6 Für zwei Personen.

KOMMUNIKATION

4 ____ / 5 Punkte

● 0–2
● 3
● 4–5

Fokus Beruf: Eine Buchungsbestätigung

2 ◀》 48 **1 Frau Dubois ist Teamassistentin.**

Sie möchte für die IT-Abteilung ihrer Firma eine Unterkunft buchen.
Hören Sie das Telefongespräch. Was ist richtig? Kreuzen Sie an.

a Frau Dubois sucht ein Hotel für ⊠ eine Fortbildung ○ einen Büroausflug mit der Abteilung.
b Die Firma Netpool braucht ○ einen ○ keinen Konferenzraum.
c Das Hotel hat noch ○ 11 ○ 16 Zimmer frei.
d Die Firma bekommt ○ keine ○ eine Ermäßigung auf den Zimmerpreis.

2 ◀》 48 **2 Frau Dubois hat eine Buchungsbestätigung vom Hotel erhalten. Leider gibt es vier Fehler.**

Lesen Sie die Buchungsbestätigung und hören Sie dann noch einmal. Korrigieren Sie die Fehler.

> **E-Mail senden**
>
> An: info@netpool.fr
>
> Betreff: Buchungsbestätigung (Nr.: 201.124)
>
> Buchungsnummer: 201.124
> **Hotel „Zur Mühle" – Ihr Tagungshotel am Fuße des Schwarzwalds**
> Adresse: Bergstr. 2, 79117 Freiburg
> Telefon: +49-761-778145
> Anreise: 3. Mai
> Abreise: ~~5. Mai~~ 6. Mai
> Name des Gastes: Firma Netpool Ltd., Straßburg (16 Personen)
> Zimmer: 11 Einzelzimmer für jeweils 89 €/Nacht, inklusive Frühstück
> 5 Doppelzimmer für jeweils 190 €/Nacht, inklusive Frühstück
> Zusatzleistungen: Reservierung Konferenzraum ○ klein ⊠ groß
> 3.–4. Mai
> 140 € pro Tag

3 Schreiben Sie für Frau Dubois die E-Mail an das Hotel.

> **E-Mail senden**
>
> An: info@zurmuehle.net
>
> Betreff: AW: Buchungsbestätigung (Nr.: 201.124)
>
> Sehr geehrte Damen und Herren,
> ich habe gerade die Buchungsbestätigung von Ihnen bekommen. Leider gibt es vier Fehler.
> Am Telefon haben wir diese Punkte anders besprochen:
> Die Abreise ist am 6. Mai.
>
>
> Bitte schicken Sie mir noch einmal eine korrigierte Buchungsbestätigung zu.
> Mit freundlichen Grüßen
> Marie Dubois

A Können Sie mir sagen, **was** ich da **tun muss**?

A2 **1 Verbinden Sie.**

a Wenn man Geld von einer Bank holt, → 1 wie viel Geld Sie auf Ihrem Konto haben.

b Mit einer Kreditkarte können Sie am Geldautomaten Geld abheben → 2 werden am Bankschalter beantwortet.

c Auf dem Kontoauszug steht, → 3 nennt man das auch „Geld abheben".

d Sie können die Kontoauszüge → 4 und im Restaurant bezahlen.

e Fragen rund ums Girokonto → 5 in der Bank, online oder mit der Post bekommen.

A2 **2 Ordnen Sie zu.**

| wie | was | wie lange | ~~wann~~ | wo |

a Können Sie mir sagen, *wann* der nächste Anfängerkurs beginnt?

b Wissen Sie, *wie lange* der Kurs dauert?

c Wissen Sie, *wo* der Kurs stattfindet?

d Können Sie mir sagen, *was* ich zum Kurs mitbringen muss?

e Wissen Sie, *wie* die Lehrerin heißt?

A2 **3 Ergänzen Sie die Sätze aus 2.**

Grammatik entdecken

	wann	der nächste Anfängerkurs	beginnt?
Wissen Sie,	*wie lange*	*der Kurs dauert*	*dauert*
	wo	*der Kurs*	*stattfindet*
	was	*ich zum Kurs*	*mitbringen muss*
	wie	*die Lehrerin*	*heißt*

A2 **4 Schreiben Sie die Sätze neu.**

a Was kostet ein Doppelzimmer?
Können Sie mir sagen, *was ein Doppelzimmer kostet* ?

b Wie lange kann man morgens frühstücken?
Wissen Sie, *wie lange morgen man frühstücken kann* ?

c Wann hat das Restaurant geöffnet?
Können Sie mir sagen, *wann das Restaurant geöffnet hat* ?

d Welche Kreditkarten werden an der Theaterkasse akzeptiert?
Wissen Sie, *welche Kreditkarten an der Theaterkasse — werden* ?

e Wo kann ich mit der EC-Karte Geld abheben?
Wissen Sie, *ich mit der EC-Karte abheben kann* ?

f Wie kommen wir zum Fitnessbereich?
Können Sie mir sagen, *wie wir zum Fitnessbereich kommen* ?

g Wie kann ich das WLAN nutzen?
Wissen Sie, *wie ich das WLAN nutzen kann* ?

h Bis wann können wir am Abreisetag im Zimmer bleiben?
Können Sie mir sagen, *bis wann wir am Abreisetag immer Zimmer bleiben* ?

◇ ▪A2 **5 Was ist richtig? Kreuzen Sie an.**

a ☒ Weißt du, wie spät es ist?
　○ Weißt du, wie spät ist es?
b ○ Können Sie mir sagen, wo bleibt der Zug?
　☒ Können Sie mir sagen, wo der Zug bleibt?
c ○ Kannst du mir sagen, warum ärgerst du dich?
　☒ Kannst du mir sagen, warum du dich ärgerst?
d ☒ Weißt du, wie lange wir noch warten müssen?
　○ Weißt du, wie lange müssen wir noch warten?
e ☒ Können Sie mir sagen, warum der Zug schon wieder zu spät kommt?
　○ Können Sie mir sagen, warum kommt der Zug schon wieder zu spät?

❖ ▪A2 **6 Was müssen Sie hier schreiben? Ergänzen Sie.**

Anmeldung – Ihre Daten

Profil anlegen

Kundin/Kunde:　Frau ☐　Herr ☐

A — Vorname ｜ Name

B — Straße, Hausnummer

Postleitzahl ｜ Ort

C — Geburtsdatum ｜ Geburtsort — D

ggf. Geburtsname ｜ Staatsangehörigkeit — E

F — Telefonnummer

Hier müssen Sie schreiben, ...
a　_Deine Name_
b　_adresse_
c　_Birth date_
d　_Gender_

e　_woher Sie kommen._
f　_Phone numbe_

▪A3 **7 Hören Sie und markieren Sie die Satzmelodie: →, ↗ oder ↘.**

2 ◀)) 49
Phonetik

Weißt du schon, →wann du kommst? _____ | Kommst du heute _____ oder erst morgen? _____
Sag mir bitte, _____ wann wir uns treffen. _____ | Treffen wir uns um sechs _____ oder lieber erst später? _____
Kannst du mir sagen, _____ wie man das schreibt? _____ | Schreibt man das mit „h" _____ oder ohne „h"? _____
Ich frage mich, _____ warum du so sauer bist. _____ | Hast du ein Problem _____ oder bist du nur müde? _____

▪A3 **8 _Wissen Sie, ...?_ Schreiben Sie und fragen Sie Ihre Partnerin / Ihren Partner.**

Phonetik　Achten Sie auf die Satzmelodie.

Wissen Sie, ...　　　　　Wann findet die Prüfung statt?
Kannst du mir sagen, ...　Wie lange dauert der Deutschkurs noch?
Können Sie mir sagen, ...　Wo hast du dein Wörterbuch gekauft?
　　　　　　　　　　　Welche Aufgaben sollen wir zu Hause machen?
　　　　　　　　　　　Wo kann ich mich für den nächsten Kurs anmelden?
　　　　　　　　　　　Was kostet der nächste Kurs?

Wissen Sie,
wann die Prüfung
stattfindet?

B1 **9 Verbinden Sie.**

a Könnten Sie mal nachsehen, ob die Versicherung
das Geld von meinem Konto abgebucht hat?

b Darf ich fragen, ob Sie Ihren Personalausweis
dabeihaben?

c Darf ich fragen, ob Sie mir Ihre Kontonummer
geben können?

d Darf ich fragen, ob Sie sich für Aktien interessieren?

e Können Sie mir sagen, ob Ihre Telefongesellschaft
„Phonecom" heißt?

1 Ja, den habe ich
dabei. Hier ist er.

2 Nein, so heißt
sie nicht.

3 Nein, dafür
interessiere
ich mich nicht.

4 Ja, natürlich.

5 Ja klar, das ist die 12345.

B1 **10 Ergänzen Sie und markieren Sie wie im Beispiel. Vergleichen Sie dann.**

	Deutsch	Englisch	Meine Sprache
A	*Sind* Sie zufrieden mit dem Kundenservice?	◆ Are you happy with customer service?	
	Könnten Sie mir sagen, ob Sie mit dem Kundenservice *zufrieden sind* ?	◆ Could you tell me, whether you are happy with customer service?	
B	*Sind* sie verheiratet?	○ Are they married?	
	Weißt du, ob *Sie verheiratet sind* ?	○ Do you know, whether they are married?	

B1 **11 Visumsantrag: Was muss man hier ankreuzen? Ergänzen Sie.**

A — Ich bin ☐ ledig.   ☐ verheiratet.
☐ geschieden.   ☐ verwitwet.

B — Ich war ☐ schon einmal   ☐ noch nie
in der Bundesrepublik Deutschland.

C — Ich reise aus ☐ touristischen   ☐ beruflichen
Gründen.

D — Ich möchte   ☐ studieren.   ☐ einen Sprachkurs
machen.

E — Ich besuche ☐ Familienangehörige.   ☐ Freunde.

Hier muss man ankreuzen, ...

a *ob man verheiratet oder geschieden ist.*

b *ob man in deutschland war oder nicht*

c *ob man touristischen oder Beruf reise*

d *ob mann*

e *ob man familie oder freunde besucht*

B4 **12 Im Restaurant: *Ich würde gern wissen, ...***
Schreiben Sie.

a Haben Sie am Samstagabend noch einen freien Tisch für sechs Personen?

b Wie lange haben Sie am Samstagabend geöffnet?

c Akzeptieren Sie auch Kreditkarten?

d Kann ich den Salat auch ohne Tomaten bekommen?

e Welchen Wein können Sie uns empfehlen?

Ich würde gern wissen, ob Sie am Samstagabend noch einen freien Tisch für sechs Personen haben.

B

◇ B4 **13 Im Reisebüro: Ordnen Sie zu.**

~~ob~~ ob ob ob wann was wie lange

a Können Sie mir sagen, _ob_ das Angebot noch gültig ist?

b Ich würde gern wissen, _was_ ein Flug nach Budapest kostet.

c Können Sie mir sagen, _ob_ das eine Direktverbindung ist?

d Ich würde gern wissen, _wann_ der Zug in Madrid ankommt.

e Können Sie mal nachsehen, _wie lange_ die Zugfahrt nach Warschau dauert?

f Wissen Sie, _ob_ man am Flughafen einen Wagen mieten kann?

g Können Sie mal nachsehen, _ob_ das Hotel schon ausgebucht ist?

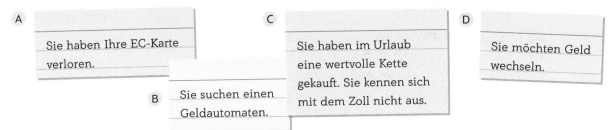

❖ B4 **14 Schreiben Sie kurze Gespräche.**

A
Sie haben Ihre EC-Karte verloren.

B
Sie suchen einen Geldautomaten.

C
Sie haben im Urlaub eine wertvolle Kette gekauft. Sie kennen sich mit dem Zoll nicht aus.

D
Sie möchten Geld wechseln.

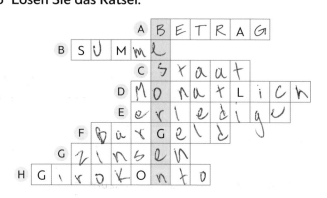

(A) • Was kann ich für Sie tun?
○ Ich habe meine EC-Karte verloren und wollte fragen, ob ich eine neue bekommen kann.

> Können Sie mir sagen, ...?
> Können Sie mal nachsehen, ...?
> Darf ich fragen, ...?
> Ich wollte fragen, ...
> Ich würde gern wissen, ...

B4 **15 Lösen Sie das Rätsel.**

A	B	E	T	R	A	G	
B	S	U	M	M	E		
C		S	T	A	A	T	
D		M	O	N	A	T	L I C H
E		E	R	L	E	D	I G E
F		B	Ü	R	G	E	L D
G	Z	I	N	S	E	N	
H	G	I	R	O	K	O	N T O

a Welchen ... kann man mit der EC-Karte pro Tag maximal abheben?

b Mein Vater bekommt die Versicherung nicht in Raten, sondern in einer ... ausgezahlt.

c Wenn man aus dem Ausland Waren mitbringt, muss man Zoll an den ... zahlen.

d Wir bezahlen die Raten für unseren Kredit jeden Monat, also ...

e Ich ... meine Bankgeschäfte online.

f Ich bezahle fast immer mit der EC-Karte und habe deshalb wenig ... dabei.

g Im Moment bekommt man leider keine hohen ..., wenn man Geld spart.

h Wenn man angestellt ist und seinen Verdienst nicht bar bekommt, braucht man ein ...

Lösung: Was du heute kannst _besorgen_, das verschiebe nicht auf morgen.

C1 16 Was macht José selbst? Was lässt er machen? Sehen Sie die Bilder an und kreuzen Sie an.

a José ☒ wechselt die Reifen. ○ lässt die Reifen wechseln.
b José ○ öffnet die Tür. ☒ lässt die Tür öffnen.
c José ○ untersucht den Arzt. ☒ lässt sich beim Arzt untersuchen.
d José ☒ näht seine Hose. ○ lässt seine Hose nähen.

C1 17 Ergänzen Sie *lassen* in der richtigen Form.

a Anita lässt im Herbst die Reifen wechseln.
b *lässt* ihr euch auch manchmal eine Pizza liefern?
c Wir *lassen* unsere Wohnung donnerstags putzen.
d Ich kenne mich nicht gut mit Fahrrädern aus. Ich *lässt* mein Fahrrad immer reparieren.
e *lässt* du dich auch vom Bahnhof abholen?
f Das ist aber viel Arbeit. *Lässt* dir doch helfen!
g Hier fehlt noch die Unterschrift vom Chef. *Lassen* Sie ihn das bitte noch unterschreiben.

C1 18 Ergänzen Sie die Sätze mit *lassen* aus 17.

Grammatik entdecken

a Anita	lässt	im Herbst die Reifen	wechseln.
b	Lasst	ihr euch auch ...	liefern
c Wir	lassen	unsere Wohnung donnerstags	putzen
d Ich	lässt	mein Fahrad immer	reparieren
e	Lässt	du dich auch vom Bahnhof	abholen
f	Lässt	dir doch helfen	helfen
g	Lassen	Sie ihn das bitte noch	unterschreiben

C2 19 Ergänzen Sie mit *lassen* in der richtigen Form.

a erstellen
◆ Das Angebot für die Autoreparatur ist viel zu teuer. Wir müssen ein neues *erstellen lassen*.
○ Na gut, wir *lassen* noch ein Angebot *erstellen*.

b erklären
◆ Wenn du eine Aufgabe nicht verstehst, dann solltest du sie dir *erklären lassen*.
○ Gut, ich *lässt* sie mir *erklären*.

c überprüfen
◆ Die Rechnung für die Getränkelieferung stimmt nicht. Du musst sie *überprüfen lassen*.
○ Ist gut, ich *lässt* sie *überprüfen*.

d reparieren
◆ Dein Fahrrad ist jetzt schon zwei Wochen kaputt. Du solltest es *reparieren lassen*.
○ Gut, ich *lässt* es *reparieren*.

C

C2 **20** Ergänzen Sie.

Philip Langer – Ihr *Personal Trainer* in Klagenfurt

Sie möchten effektiv trainieren und Ihre Ziele schnell er r e i ch e n?
Dann sind Sie bei mir im *Personal Training* genau richtig. Als Sportler,
T r a i ner und Therapeut berate ich Sie individuell und
ü b e r p r ü fe Ihre Trainingsf o r t sch r i t te.

Schwerpunkte

- K r a f ttraining
- Ausdauertraining

Leistungen

- Gesundheitsk o n t ro l l e
- Er s t ell en von Trainingsplänen
- Re g elm a l s ge Überprüfung
  von Trainingsplänen

C3 **21 Besuch mich doch mal!**

Schreib-training

Lesen Sie die E-Mail von Markus und den Terminkalender von Sandra. Antworten Sie Markus.
Schreiben Sie, was Sandra im Juni machen (lassen) muss und schlagen Sie einen neuen Termin vor.

> **E-Mail senden**
>
> Liebe Sandra,
> wie geht es Dir?
> Ich habe einen neuen Job und wohne seit zwei Wochen
> in Rostock. Ich finde es sehr schön hier. Besuch mich doch
> im Juni, dann kannst Du Rostock kennenlernen.
> Viele Grüße
> Markus

Lieber Markus,
vielen Dank für
Deine Einladung.
Leider kann ich im
Juni nicht kommen.
Ich lasse ...

Juni	8.–11. Handwerker: Wohnung renovieren 13.–17. Sprachkurs an der VHS 19. Friseur: Haare schneiden ☺ Schneiderin: Kleid ändern 29. Hochzeit von meiner kleinen Schwester ☺
Juli	3.–18. Urlaub

C3 **22 Tauschbörse: Sechs Personen brauchen Hilfe und suchen Angebote im Internet.**

Prüfung

Lesen Sie die Aufgaben 1–6 und die Anzeigen A–F. Welche Anzeige passt zu welcher Person? Für eine Aufgabe gibt es keine Lösung: Schreiben Sie hier X.

1 E Natascha hat sich einen günstigen Stoff für ein neues Sommerkleid gekauft. Nun braucht sie Hilfe, denn sie kann nur stricken.

2 F Matteo hat nur wenig Zeit und möchte seiner Nichte einen selbst gemachten warmen Wollpullover schenken.

3 C Mareike und Simon renovieren ein altes Haus und haben Probleme mit der Elektrik.

4 A Die Bremsen von Nikos Fahrrad sind kaputtgegangen. Er kennt sich damit nicht aus.

5 X Ilse wohnt in München und möchte sich am Montag zum Arzt fahren lassen.

6 D Maxime hat einen alten Küchenschrank geschenkt bekommen und möchte ihn reparieren lassen.

A **Felix – 22765 Hamburg**
Ihr Auto ist kaputt oder braucht Pflege? Ich bin Student und habe früher eine Ausbildung als Kfz-Mechatroniker gemacht. Ich helfe gern bei kleineren Reparaturen, kontrolliere Öl und Luft und wasche auch Ihr Auto. Wenn Sie mich brauchen, melden Sie sich einfach. Auch Fahrradreparaturen sind kein Problem.

B **Norbert – 22081 Hamburg**
Hallo, Sie haben kein Auto und möchten sich zum Flughafen bringen lassen? Sie möchten große Sachen wie Möbel von A nach B transportieren? Dann sind Sie bei mir richtig. Ich biete Transporte und Fahrdienste mit meinem privaten Wagen in Hamburg und Umgebung an!

C **Maximilian – 21073 Hamburg**
Ich biete Ihnen handwerkliche Hilfe im Bereich von Elektro- und Wasserinstallationen. Ich bin gelernter Elektriker und kann Ihnen hier bei allen Problemen in allen Bereichen helfen. Sie haben eine Frage? Dann können Sie mir einfach eine E-Mail schicken.

D **Anka – 20251 Hamburg**
Mir macht handwerkliches Arbeiten Spaß und ich bin geübt in folgenden Bereichen:
– Renovieren und Malen
– Möbelbau und -reparatur (Nur mit Elektrik kenne ich mich leider überhaupt nicht aus.)
– Nicht zu schwere Umzugsarbeiten (Als Frau kann ich beim Klavier leider nicht helfen. ☹)

E **Chloé – 22111 Hamburg**
Du wolltest schon lange nähen lernen und eine Tasche, einen Rock oder eine Hose selbst machen? Dann melde dich doch bei mir. Als gelernte Schneiderin kann ich vom einfachen Knopf-Annähen bis zum Nähen von Anzügen einen Rundum-Service anbieten und dir beim Lernen helfen.

F **Karin – 21129 Hamburg**
Stricken für Kinder und auch für Erwachsene – über Jacken, Pullover, Mützen, Schals, Handschuhe, Socken bis hin zu Handytaschen und Decken. Ich stricke alles. Meldet euch einfach mit euren Wünschen. Material muss mitgebracht werden.

LERNTIPP Lesen Sie zuerst die Aufgaben und sehen Sie dann die Anzeigen kurz an: Welche Anzeige könnte passen? Lesen Sie die Anzeige dann genau und prüfen Sie: Passt die Anzeige wirklich?

D Leben ohne Geld

D1 **23 Welches Foto passt? Lesen Sie und ordnen Sie zu.**

Mit wenig Geld um die Welt –
Tipps (nicht nur) für „arme" Reisende

Trampen: Reisen ganz ohne Buchungsstress. Einfach an die Straße stellen und den Daumen raushalten. Weg kommt man immer, auch wenn es manchmal etwas länger dauert.

Kostenloser Snack: Obst von Bäumen auf öffentlichen Flächen darf jeder ernten. Und wenn man selbst erntet, schmeckt es ja auch gleich viel besser. Auf der Internetseite mundraub.org sind inzwischen zahlreiche Bäume markiert.

Foodsharing: Nicht schlecht werden lassen und entsorgen, sondern teilen. Wenn Menschen Lebensmittel übrig haben, können sie sie über die Plattform *foodsharing* mit anderen teilen. Aktuelle Angebote findet man auf der Internetseite.

Wild campen: Du möchtest dein Zelt einfach mitten auf der nächsten Wiese aufstellen? Achtung, das ist in vielen europäischen Ländern verboten. Doch Fragen kostet nichts. Und viele Landwirte haben nichts dagegen.

Couchsurfing: Beim Couchsurfing schläft man umsonst bei Fremden. So lernt man nicht nur die Gastgeber, sondern auch ihr Leben und ihre Kultur sehr gut kennen.

Wwoofen – Arbeit gegen Schlafplatz: Für ein paar Stunden Arbeit auf einem Bauernhof bekommt man einen Schlafplatz, Essen und Familienanschluss. So kann man Kosten vermeiden und Land und Leute kennenlernen.

D2 **24 Hörerumfrage: Günstig Reisen**

2 ◀) 50–52   **a Welche Reisetipps haben die Studenten? Hören Sie und ergänzen Sie.**

1 Nora: _günstig anreisen, trampen_
2 Timo: _couch surfing_
3 Ana: _arbeits gegen schlafplatz_

b Hören Sie noch einmal. Was ist richtig? Kreuzen Sie an.
Achtung: Manchmal gibt es mehrere Lösungen.

1 Beim Trampen sollte man ☒ lächeln. ☒ Zeit haben. ○ nachts reisen.
Nach Noras Erfahrungen erlebt man beim Trampen ○ oft ☒ nur selten ○ nie kritische Situationen.

2 Timo findet Couchsurfing toll, weil er ☒ keine Übernachtungskosten hat.
☒ viele Menschen kennenlernt. ○ gern allein ist.
Beim Couchsurfing sollte man ○ sich gut vorbereiten. ☒ spontanes Reisen mögen.
○ kontaktfreudig sein.

3 Ana hat in Neuseeland ○ Vollzeit gearbeitet. ○ allein gewohnt. ☒ umsonst Essen bekommen.
Bei Problemen kann man ○ nichts machen. ☒ früher aufhören. ☒ sich einen neuen Hof suchen.

E4 **25 Verbinden Sie.**

a Ich habe einen Strafzettel bekommen,
aber ich hatte einen Parkschein.

b Entschuldigung, können Sie mir zeigen,

c Ich möchte gern nach einer Gehaltserhöhung
fragen, aber mein Chef nimmt sich keine Zeit
für ein Gespräch.

d Oje, ich habe meine Brieftasche verloren und
kann die Rechnung nicht bezahlen.

e Entschuldigung, können Sie mir helfen?

1 wo die nächste Bank ist?
2 Würden Sie mir das bitte erklären?
3 Ich suche einen Geldautomaten.
4 Kann ich das Geld auch überweisen?
5 Ich weiß nicht, was ich jetzt tun soll.

E4 **26 Ein Praktikum in Köln**

Prüfung

Sie machen in drei Monaten ein Praktikum in Köln. Lesen Sie die Aufgaben 1–5 und
die Informationen auf der Kölner Internetseite. Welcher Link passt? Kreuzen Sie an.

1 Sie suchen ein WG-Zimmer.
○ Domstadt ○ Tourismus ○ anderer Link

2 Sie möchten wissen, wo Sie Ihren Wohnsitz anmelden müssen.
○ Domstadt ○ Rathaus ○ anderer Link

3 Sie spielen Handball und möchten wissen, wo Sie in Köln trainieren können.
○ Freizeit ○ Gastro ○ anderer Link

4 Sie brauchen noch ein paar günstige Möbel.
○ Domstadt ○ Shopping ○ anderer Link

5 Sie möchten Ausflüge in die Umgebung von Köln machen.
○ Veranstaltungen ○ Freizeit ○ anderer Link

▮▮KÖLN – Das offizielle Stadtportal

Domstadt	Stadtteile, Umzug nach Köln, Verkehr, Wohnen, Job & Beruf, Bildung & Wissenschaft
Nachrichten	24-h-Ticker: Köln, Deutschland, Wetter, Sport
Sport	1. FC Köln, Freizeitsport, Köln Marathon, Sportvereine
Veranstaltungen	Konzerte, Partys, Straßenfeste, Kino, Ausstellungen, Theater & Kleinkunst
Tourismus	Karneval, Hotels, Sehenswürdigkeiten, Kölner Dom, Museen, Stadttouren
Gastronomie	Restaurants, Kneipen, Cafés, Brauhäuser & Kölsch, Kölsche Spezialitäten
Shopping	Shopping-Events, Innenstadt, Passagen, Flohmärkte, Kleinanzeigen
Freizeit	Sehenswertes in der Region, Kinder, Badeseen, Parks
Rathaus	Bürgerservice, Kundenzentren, Anmeldung in Köln, Kfz-Ummeldung, Personalausweis, Reisepass

LERNTIPP Lesen Sie zuerst die Aufgaben und
markieren Sie wichtige Wörter. Suchen Sie dann
im Text: Welcher Link passt? Im Text stehen oft
andere Wörter als in der Aufgabe.

1 Wie heißen die Wörter? Ordnen Sie zu.

| gartBe | lloZ | weiübersen | benheab | ~~roGinokto~~ | taatS | aumatGeldto |

a Ich beginne im August mit einem Praktikum in Deutschland und
  brauche deshalb ein _Girokonto_ .

b Ich habe kein Konto und kann Ihnen das Geld nicht _____.
  Kann ich den _____ auch in bar bezahlen?

c Wo ist denn hier der nächste _____? Ich möchte Geld
  von meinem Konto _____.

d Wie viel _____ musstet ihr an den _____ zahlen?

2 Schreiben Sie die Sätze neu.

a Was kostet eine Kreditkarte?
  Darf ich fragen, _was eine Kreditkarte kostet_ ?

b Wo kann ich Geld abheben?
  Können Sie mir sagen, _____?

c Kann ich beim Zoll auch mit Kreditkarte bezahlen?
  Weißt du, _____
  _____?

d Wie funktioniert Online-Banking?
  Können Sie mir erklären, _____
  _____?

e Haben Sie Ihre Geheimzahl schon bekommen?
  Darf ich fragen, _____
  _____?

3 Ergänzen Sie *lassen* in der richtigen Form.

a Unsere Nachbarn _lassen_ nächste Woche ihre Wohnung renovieren.

b Morgen gehe ich zum Friseur und _____ mir die Haare schneiden.

c Deine Verletzung sieht nicht gut aus. _____ sie doch von einem Arzt
  untersuchen.

d Die Hose ist zu weit. Ich muss sie ändern _____.

e Erik repariert sein Fahrrad nicht allein. Er _____ sich von einem
  Freund helfen.

4 Verbinden Sie.

a Können Sie mir helfen?
b Ich verstehe diese Abbuchung nicht.
c Ich habe meine EC-Karte verloren.
d Ich habe noch nie online Geld
  überwiesen.
e Oje. Das Formular ist aber
  kompliziert.

1 Wissen Sie, wie man es ausfüllt?
2 Können Sie mir sagen, was ich jetzt
  machen muss?
3 Können Sie mir zeigen, wie das
  funktioniert?
4 Würden Sie sie mir bitte erklären?
5 Ich möchte eine Kreditkarte
  beantragen.

1 Álvaro bereitet sein Masterstudium in Deutschland vor und informiert sich im Internet.

a Was ist richtig? Lesen Sie den Infotext und kreuzen Sie an.

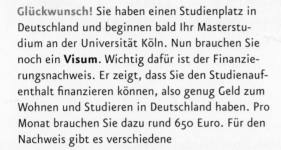

Glückwunsch! Sie haben einen Studienplatz in Deutschland und beginnen bald Ihr Masterstudium an der Universität Köln. Nun brauchen Sie noch ein **Visum**. Wichtig dafür ist der Finanzierungsnachweis. Er zeigt, dass Sie den Studienaufenthalt finanzieren können, also genug Geld zum Wohnen und Studieren in Deutschland haben. Pro Monat brauchen Sie dazu rund 650 Euro. Für den Nachweis gibt es verschiedene

Möglichkeiten, zum Beispiel:
- Sie haben ein Stipendium, d.h. Sie bekommen Geld vom Staat, einer Universität oder einer Organisation.
- Ihre Eltern können für Sie zahlen. (Nur möglich für Studierende aus EU-Ländern.)
- Sie eröffnen ein Konto bei einer deutschen Bank und zahlen Geld für mehr als ein Jahr ein („Sperrkonto").

1 Der Finanzierungsnachweis zeigt:
- ○ So viel Geld braucht man für das Studium in Deutschland.
- ○ Ich habe genug Geld für mein Studium in Deutschland.

2 Wofür ist der Finanzierungsnachweis eine Voraussetzung?
- ○ für den Studienplatz in Deutschland
- ○ für das Visum

3 Wie viel Geld muss man circa für ein Jahr auf ein Sperrkonto einzahlen?
- ○ 650 €
- ○ über 6500 €

4 Álvaro kommt aus Venezuela. Er muss selbst für sein Studium bezahlen. Welche Möglichkeit für den Finanzierungsnachweis hat er?
- ○ seine Eltern
- ○ ein Sperrkonto

b Was muss Álvaro machen? Lesen Sie den Text weiter und ordnen Sie.

Ein Sperrkonto heißt so, weil das Geld auf dem Konto gesperrt ist: Erst nach der Einreise nach Deutschland können Sie Geld von diesem Konto abheben. Gehen Sie auf die Internetseite von einer deutschen Bank und füllen Sie dort das Formular für die Kontoeröffnung aus. Gehen Sie dann mit den Formularen und einer Kopie von Ihrem Pass zum deutschen Konsulat oder zur deutschen Botschaft. Dort bekommen Sie die Bestätigung: Ihre Unterlagen sind echt. Dann schicken Sie alles per Post an die Bank in Deutschland. Nach etwa einer Woche ist das Konto eröffnet und Sie können Geld für ein Jahr Studium einzahlen. Wenn Sie in Deutschland sind, eröffnen Sie ein Girokonto und überweisen Geld vom Sperr- auf das Girokonto.

- ○ Geld auf das Sperrkonto überweisen
- ○ Formulare und Pass beglaubigen lassen
- ○ Geld auf das Girokonto überweisen
- ○ In Deutschland ein Girokonto eröffnen
- ① Formulare im Internet besorgen und ausfüllen
- ○ Die Unterlagen nach Deutschland schicken

2 ◀)) 53 **2 Warum braucht Álvaro ein Girokonto?**
Hören Sie und notieren Sie noch vier Gründe.

EC-Karte bekommen,

3 Wofür gibt man als Studentin/Student in Deutschland wie viel Geld aus (Wohnen, Essen ...)?
Was meinen Sie? Notieren Sie und vergleichen Sie im Kurs. Recherchieren Sie auch im Internet.

Wohnen:

A Ein richtig schöner Tag **war** das!

A1 **1 Bilden Sie Wörter und ordnen Sie zu.**

Mo ~~stark~~ den ben sel tor ~~en~~ ge ben ver letzt liebt sorgt stor zu ver

a Mit 25 habe ich mein erstes Auto gekauft. Es hatte einen _starken_ mit 155 PS.

b Mit 16 Jahren haben sich meine Freundin und ich in _liebt_ Jungen
ver. Das war sehr schwierig für unsere Freundschaft!

c Mein Opa ist tot. Er ist letztes Jahr mit 91 Jahren _____. Bis
hat er sich noch selbst _____ und keine Hilfe gebraucht.

A2 **2 Was ist richtig? Kreuzen Sie an.**

a ◆ Wie ☒war ○ hatte deine Kindheit auf dem Land?
○ Konntest ☒Musstest du früher deinen Eltern bei der Arbeit auf
dem Bauernhof helfen?

○ Ja, ich ☒hatte ○ war leider kaum Freizeit. Meine Freunde
☒durften ○ sollten nachmittags immer Fußball spielen
und ich ○ konnte ☒musste zu Hause auf dem Hof arbeiten.
Das war für meine Eltern ganz normal.

◆ Aber ☒konntest ○ solltest du denn nie nachmittags deine
Freunde treffen?

○ Doch, natürlich! Manchmal schon, besonders wenn das Wetter
schlecht ○ hatte. ☒war.

b ◆ ○ Musstet ☒Durftet ihr Kinder am Sonntag lange schlafen?

○ Nein, leider nicht. Unsere Eltern ☒wollten, ○ sollten, dass wir um
acht Uhr aufstehen und mit ihnen in die Kirche gehen.

c ◆ ○ Warst ☒Hattest du gute Noten in der Schule?

○ Ja, aber ich habe kein Abitur gemacht. Ich ☒wollte ☒musste eine Ausbildung
als Tierpfleger machen. Das ○ hatte ☒war immer mein Traum.

A2 **3 Im Sprachkurs**

a Markieren Sie noch sieben Wörter.

KIRAREIN⟨SCHLAFEN⟩REM⟨KENNENLERNEN⟩ITNERE⟨GEFALLEN⟩UTAS⟨AUSGEHEN⟩
UTPOLERNENDIME⟨TREFFEN⟩AWPAL⟨MACHEN⟩IVALIT⟨KONTROLLIEREN⟩ASURAT

b Ergänzen Sie die Wörter aus a mit *sein* oder *haben* in der richtigen Form.

1 Im Sprachkurs _habe_ ich viele nette Leute _kennengelernt_. Wir _haben_ uns oft auch
noch am Nachmittag _geschlafen_ oder _sein_ am Samstagabend
zusammen _ausgehen_, ins Kino oder in ein Lokal. _ausgegagen_

2 Unsere Lehrerin _hat_ jeden Tag die Hausaufgaben _gemacht_.

3 Mit ihr _haben_ wir viele lustige Übungen und Spiele _____.

4 Trotzdem _____ ich einmal im Unterricht _____.
Das war mir sehr peinlich!

5 Insgesamt _____ mir der Kurs sehr gut _____ und ich _____
gut Deutsch _____.

◇ A2 **4 Ordnen Sie zu.**

gestorben ~~bin~~ erledigt ~~war~~ (hatten) aufgepasst gelebt haben hat ~~aufgewachsen~~ (gekümmert)

ist ~~war~~ hat (gespielt) ~~hat~~

Ich _bin_ in einem kleinen Dorf an einem See _aufgewachsen_. Dort _haben_ wir mit meinen

Großeltern zusammen in einem Haus _gelebt_. Leider _hat_ mein Großvater

mit 62 Jahren _gestorben_. Danach _war_ meine Oma sehr traurig. Seitdem

hat sie sich noch mehr um uns Kinder _gekümmert_. Sie _hat_ auf

meine zwei kleinen Geschwister _aufgepasst_ und mit uns Großen viel _____. Meine

Mutter _war_ auch sehr froh, dass sie viele Aufgaben im Haushalt _ist_

~~erledigt~~ _gespielt_. Insgesamt _hatten_ wir eine schöne Kindheit!

❖ A2 **5 Pauls Kindheit: Schreiben Sie.**

A

B

C

D

E

... und jetzt Sie!
Was haben Sie gemacht?

Ⓐ In seiner Kindheit hat Paul oft mit seinen Freunden Fußball gespielt.

Ⓑ ...

A2 **6 Was haben Sie als Jugendliche/r oder als junge/r
Erwachsene/r gern gemacht? Was mussten/konnten Sie tun?**
Wählen Sie ein Bild und sprechen Sie mit Ihrer Partnerin / Ihrem Partner.

Ich bin jedes Wochenende
mit meinen Freunden tanzen
gegangen ...

A

B

C ?

B Dir ist es egal, dass ...

B1 **7 Verbinden Sie.**

a Ich kann dich nicht um 19 Uhr treffen,   1 ruf mich bitte an.

b Wenn du Zeit hast,   2 wenn du müde bist.

c Weißt du nicht,   3 dass wir uns bald wiedersehen.

d Es ist schön,   4 weil ich noch bis 19.30 Uhr arbeiten muss.

e Schlaf doch ein bisschen,   5 weil meine Eltern zu Besuch kommen.

f Ich muss meine Wohnung putzen,   6 dass Mittwoch mein einziger freier Tag ist?

B2 **8 Schreiben Sie Sätze mit weil – wenn – dass.**

a Es ärgert mich, _dass meine Frau und ich oft Streit über die Kindererziehung haben_ .
(Meine Frau und ich haben oft Streit über die Kindererziehung.)

b Ich gehe jetzt nach Hause, _weil ich für die Prüfung lernen muss_ .
(Ich muss für die Prüfung lernen.)

c Ich finde es super, _dass du die A2-Prüfung geschafft hast_ .
(Du hast die A2-Prüfung geschafft.)

d Ich melde mich vorher, _wenn ich zu dir kommen_ .
(Ich komme zu dir.)

e Er macht viel Sport, _weil er fit sein möchte_ .
(Er möchte fit sein.)

f Ich weiß, ~~dass~~ _du das kannst_ .
(Du kannst das.)

B4 **9 Heiraten**

a Wie ist die Meinung der Personen zum Thema „Heiraten"? Lesen Sie die Texte und kreuzen Sie an.

1 Diego   ○☺   ☒☺   ○☹   3 Jakub   ☒☺   ○☺   ○☹

2 Lisa   ○☺   ○☺   ☒☹   4 Nora   ☒☺   ○☺   ○☹

HEIRATEN – JA ODER NEIN?

Diego, 28 Jahre, aus Spanien

1 Isabel und ich sind schon seit zwei Jahren ein Paar und wir sind glücklich. Wir verstehen uns sehr gut. Natürlich gibt es manchmal Streit, aber das ist doch ganz normal. Jetzt möchte sie, dass wir zusammen in eine Wohnung ziehen und heiraten. Ich möchte auch gern mit ihr zusammenwohnen, aber deshalb muss man doch nicht heiraten. Na ja, wenn wir mal Kinder haben, dann ändere ich meine Meinung vielleicht noch. Mal sehen.

Lisa, 26 Jahre, aus der Schweiz

2 Heiraten? Das ist für mich nicht wichtig. Ich lebe mit meinem Freund Marco zusammen und wir sind glücklich. Ein Vertrag oder ein weißes Kleid am Hochzeitstag mit großer Party – das ist doch nicht so wichtig. Ganz im Gegenteil: Ich brauche das nicht. Marco und ich wollen natürlich auch irgendwann Kinder, aber deshalb müssen wir doch nicht heiraten. Wir lieben uns, nur das ist wichtig.

3 Ich habe meine Frau Natalia vor vier Jahren ganz zufällig kennengelernt. Das war bei einem Besuch bei meinem Schwager. Ich habe sie gleich bemerkt, weil sie so sympathisch und hübsch ist. Wir haben uns beide an diesem Tag verliebt. Ein Jahr später haben wir geheiratet. Nun sind wir schon drei Jahre verheiratet und haben zwei Kinder. Es war für mich immer selbstverständlich, dass ich heiraten will. Hier in Österreich leben viele junge Paare zusammen und haben sogar Kinder, aber sie sind nicht verheiratet. Das überrascht mich.

Jakub, 31 Jahre, aus Polen

4 Wenn ich einen Mann so liebe, dass ich mit ihm mein Leben verbringen will, dann möchte ich auch heiraten. Jetzt bin ich sogar schon zum zweiten Mal verheiratet, denn mit meinem ersten Mann hat es nicht gut funktioniert. Wir haben dauernd gestritten, über die Kindererziehung, über Geld, die Arbeit im Haushalt. So wollte ich einfach nicht mehr leben. Nach der Trennung bin ich mit unseren zwei Kindern in eine kleine Wohnung umgezogen. In der Wohnung nebenan hat ein sehr netter Mann in meinem Alter gewohnt. Er hat am Anfang sogar manchmal für uns gekocht, weil ich in den ersten zwei Wochen noch keinen Herd hatte. Ja, und ganz langsam haben wir uns dann verliebt. Vor einem Jahr haben wir geheiratet und seitdem noch nie gestritten! Ich hoffe, dass das auch in der Zukunft so bleibt!

Nora, 45 Jahre, aus Österreich

b Wer sagt was? Lesen Sie noch einmal und ergänzen Sie: Diego (D), Lisa (L), Jakub (J) oder Nora (N).

1 J Für mich war immer klar, dass ich heiraten möchte.
2 D Wir haben nicht immer die gleiche Meinung, aber das finde ich nicht schlimm.
3 N Ich habe meinen Nachbarn geheiratet.
4 L Ein großes Fest ist nicht so wichtig.
5 J Wir haben uns bei Verwandten kennengelernt.
6 D Meine Freundin möchte jetzt heiraten, aber ich nicht.
7 N Wir haben oft und über viele Themen gestritten.
8 L Wegen Kindern muss man doch nicht heiraten.

c Und Sie? Was denken Sie über das Thema „Heiraten"? Schreiben Sie einen Text wie in a.

Schreibtraining

LERNTIPP Sammeln Sie zuerst Ideen und machen Sie Notizen. Schreiben Sie dann Sätze mithilfe von Ihren Notizen.

heiraten: ja
– für Kinder wichtig!
– schönes Fest
– …

Ich möchte auf jeden Fall später einmal heiraten. Ich denke, das ist wichtig, besonders, wenn man Kinder haben möchte. …

Ich glaube, dass Hochzeit ~~echt~~ recht wichtig ist und man sollte verheiraten, wenn sie ~~sie~~ wollen.

C Wir **könnten** rausgehen!

C2 10 Ordnen Sie zu.

~~Sie sollten unbedingt~~ Vielleicht hast du Lust auf Wie wäre es mit
Ich habe da einen Vorschlag: Ihr könntet abends Fahr doch

a _Sie sollten unbedingt_ das neue Museum ansehen!
b _____ einem Ausflug in die Berge?
c _____ einen Kaffee nach der Arbeit?
d _____ mit mir ins Kino gehen.
e _____ Fahren wir doch am Samstag zusammen an den See!
f _____ mal wieder zu deiner Tante. Sie freut sich bestimmt!

C2 11 Positiv oder negativ reagieren

a Ergänzen Sie ☺ oder ☹.

1 Das mache ich gern.   ☺   5 Super! Gute Idee.   _____
2 Ach, ich würde eigentlich lieber ...   _____ 6 Ich finde das nicht so gut. _____
3 Das ist doch langweilig!   _____ 7 Einverstanden.   _____
4 Das ist ein toller Vorschlag!   _____ 8 Okay, das machen wir.   _____

b Schreiben Sie kurze Gespräche mit den Sätzen aus 10 und 11a.

1	2
■ zum Mittagessen kommen?	▲ morgen ruhiger Filmabend?
○ ☺ Wann?	□ ☺ Wo?
■ 12 Uhr, danach Spaziergang?	▲ bei mir, 18 Uhr
○ ☹ Fussball spielen?	□ ☺ Zeit ab 18.30 Uhr

① ■ Hallo Igor, ich
habe da einen
Vorschlag: ...
○ ...

C2 12 Ordnen Sie zu.

Ich würde eigentlich lieber Einverstanden ~~Wir könnten doch~~ Wie wäre es mit also, ich weiß nicht
ich habe da einen Vorschlag da kann ich leider nicht Das mache ich gern

max089:   Hi Paula, _____: _Wir könnten doch_ am
          Wochenende mal wieder wandern gehen. Hast Du Zeit? Oder hast Du eine andere Idee?

111paula: Wandern? Das ist doch langweilig! ☹ _____
          mit Dir nach Salzburg fahren. Das wollten wir doch schon lange mal zusammen machen.

max089:   In eine Stadt fahren?! Hm, _____ ☹.
          _____ einem Ausflug zum Waldsee? Ein bisschen in der
          Sonne liegen, schwimmen ... Am Samstag?

111paula: Schade, _____. Aber wir können am Sonntag an
          den See fahren.

max089:   _____! So machen wir es.

111paula: Holst Du mich ab?

max089:   Na klar! _____. Am Sonntag um 11 Uhr bin ich da!

D3 **13 Lesen Sie den Text im Kursbuch auf Seite 172 noch einmal.**

Was ist richtig? Kreuzen Sie an.

a ☒ Fast die Hälfte aller Deutschen nennt ihre Partnerin / ihren Partner *Schatz* oder *Liebling*.
b ○ Viele sagen *Maus* oder *Mausi* zu ihrer Partnerin / ihrem Partner.
c ○ Kosenamen aus dem Bereich Märchen sind bei Frauen besonders populär.
d ○ Runde Frauen nennen ihre Männer gern *Dickerchen*.
e ○ Viele Frauen und Männer möchten, dass man sie eher nicht mit Kosenamen anspricht.

D4 **14 Suchen Sie im Wörterbuch und ergänzen Sie.**

a die Ruhe	b die Arbeit	c erziehen	d der Dank
_____ig	_arbeits_los	_____ung	_____en
un_____ig	_____er	_____er	_____bar
_____los	_____in	_____in	

D4 **15 Ergänzen Sie in der richtigen Form.**

a Schrecklich! Er redet wirklich ohne <u>Pause</u>. Er redet _pausenlos_ .

b ◆ Das Rätsel ist total schwer.
   ○ Nein, überhaupt nicht. Ich konnte es sofort <u>lösen</u>. Es ist wirklich gut _____.

c ◆ Ich habe im Wetterbericht gehört, dass morgen den ganzen Tag die <u>Sonne</u> scheint.
   ○ Ja, ich glaube auch, dass es _____ wird.

d ◆ Möchtest du noch ein <u>Stück</u> Kuchen?
   ○ Vielleicht nur ein kleines _____, ich bin eigentlich schon satt.

e ◆ In welche Schule soll ich Frederik denn schicken? Ich kann mich wirklich nicht <u>entscheiden</u>.
   ○ Das verstehe ich, das ist ja auch wirklich keine leichte _____.

f ◆ <u>Raucht</u> Carl eigentlich noch?
   ○ Ja, er war schon immer ein starker _____, und das ist ziemlich unangenehm, finde ich.

g Der Hund darf nicht mit ins Restaurant. Das ist leider <u>nicht möglich</u>! Das ist _____.

h Schau mal, die süßen <u>kleinen Katzen</u> dort! Ich hätte gern so ein _____.

D4 **16 Ergänzen Sie mit ● *der* – ● *das* – ● *die* und bilden Sie Wörter.**

a [Bild] + [Bild]   ● die Kinder   + ● der Garten

= ● der Kindergarten

b [Bild] + [Bild]   _____ + _____

= _____

c [Bild] + [Bild]   _____ + _____

= _____

d [Bild] + [Bild]   _____ + _____

= _____

E Ich **würde** gern ... **machen**.

E1 **17 Vorschlag (V), Wunsch (W) oder Ratschlag (R)? Ergänzen Sie.**

a ⓥ Wir könnten mal wieder wandern gehen!

b ◯ Ich hätte so gern ein Haustier!

c ◯ Sie sollten sich mehr bewegen!

d ◯ Ich wünsche mir ein Auto.

e ◯ Wir würden jetzt auch gern in Urlaub fahren!

f ◯ Ihr könntet doch mit uns fahren!

g ◯ Sie sollten auf Ihre Ernährung achten!

h ◯ Ich möchte einen tollen Job haben.

E1 **18 Schreiben Sie Wünsche mit *gern*.**

a Mara *hätte gern weniger Streit mit ihrem Mann.* (weniger Streit mit ihrem Mann haben)

b Bernardo _____ (seine Familie besuchen)

c Beatriz _____ (jetzt bei ihrer Mutter sein)

d Nigel _____ (um die Welt reisen)

e Pierre _____ (ein guter Koch sein)

f Cathryn _____ (eine andere Arbeit haben)

g Oleg _____ (ein bequemes Bett haben)

◇ **E1** **19 Ordnen Sie zu.**

~~würde~~ wäre hätte würde hätte würde

Mein Traum? Ich _würde_ gern in einem Haus mit Garten leben.
Dort _____ ich gern viele Blumen und _____
im Sommer jeden Tag im Garten arbeiten. Auch _____
ich gern einen Hund, ich _____ mit ihm lange Spaziergänge
machen. Ach, ich _____ jetzt so gern in diesem Garten!

❖ **E1** **20 Schreiben Sie Saids Wünsche.**

Said, 31

Ⓐ Said würde gern ans Meer fahren.
Ⓑ Er ...

E2 **21 Sie hören ein Interview. Wählen Sie für die Aufgaben a–d *Ja* oder *Nein*.**

2 ◀)) 54   Sie hören den Text zweimal.

Prüfung

a Julia reist nach dem Abitur mit ihrem Freund durch Australien.   ◯ Ja   ◯ Nein

b Sie freut sich auf Urlaub am Strand.   ◯ Ja   ◯ Nein

c Sie möchte in ihrem Beruf Kontakt mit Menschen haben.   ◯ Ja   ◯ Nein

d Sie möchte vielleicht auch noch Medizin studieren.   ◯ Ja   ◯ Nein

1 Ergänzen Sie.

a Ich _danke_ (kenad) Ihnen für die Einladung.

b Nächstes Jahr möchten wir im Urlaub mal wieder ins Ausland _____ (nesrei)

c In welchem Jahr ist Goethe _____ (nebstorge)? Wissen Sie das?

d Dein Bruder ist aber ein starker _____ (uaRcher).

e Ich möchte gern mit Lisa _____ (menbenzulesam)

f Sofia hat einen neuen Freund. Sie ist total _____ (liebtrev).

2 Ergänzen Sie in der richtigen Form.

a Im Sprachkurs _habe_ ich Ana _kennengelernt_. (kennenlernen)

b Gestern _____ wir im Kino. (sein)

c Wann _____ ihr letzte Woche _____? (ankommen)

d Ich _____ leider nicht früher kommen. (können)

e Wo _____ Sie _____? (studieren)

f Für die Prüfung _____ wir sehr viel lernen. (müssen)

3 Was ist richtig? Kreuzen Sie an.

		dass	weil	wenn	
a	Ben hat mir gesagt,	☒	○	○	du einen neuen Job hast.
b	Kannst du mir bitte helfen,	○	○	○	du Zeit hast? Das wäre nett.
c	Ich war zu spät bei der Arbeit,	○	○	○	mein Wecker kaputt war.
d	Komm doch mal vorbei,	○	○	○	du in unserer Stadt bist.
e	Ich finde,	○	○	○	Clara sehr nett ist.

4 Wünsche, Vorschläge, Ratschläge: Ergänzen Sie.

a Mama, ich h_ätte_ so gern einen kleinen Hund!

b Wir k_____ euch doch mit dem Auto abholen.

c Du s_____ dir endlich einen Job suchen.

d Ich w_____ jetzt gern etwas essen.

e Er w_____ so gern bei ihr.

5 Ordnen Sie zu.

| Wir sollten uns | mache ich gern | ~~Wie wäre es mit~~ | das machen wir |
| besuch doch | ich würde lieber |

a ◆ _Wie wäre es mit_ einem schönen Essen im Restaurant heute Abend?

○ Ach, _____ zu Hause bleiben und hier kochen.

b ◆ _____ unbedingt mal Inas neue Wohnung anschauen.

○ Okay, _____. Wann können wir sie besuchen? Hast du sie schon gefragt?

c ◆ Gina, _____ mal wieder Onkel Max. Er ist doch krank.

○ Klar, das _____.

1 Reklamationen

a Was ist das? Lesen Sie und ordnen Sie zu.

~~Online-Buchungsformular~~ Anzeige Rechnung Lieferschein Reservierungsbestätigung Warenkorb

1

Druckerpapier: 10 Pack à 500 Seiten: 33,90 €
Kugelschreiber 2 Pack à 50 Stück: 52,60 €
Briefumschläge 3 Pack à 100 Stück: 8,90 €

Warenwert: 95,40 €
zzgl. MwSt. 19%: 18,13 €
Gesamtbetrag: 113,53 €

>> zur Kasse

Druckerpapier: 10 Pack à 500 Seiten
Kugelschreiber: 1 Pack à 50 Stück
Briefumschläge: 3 Pack à 100 Stück

2

Online-Buchungsformular
Autovermietung
CAR RENTAL

Wagenklasse: 1
Vom: 12.9... – 19.9...
Abholort: Flughafen Köln/Bonn

E-Mail Posteingang

Autovermietung

Wagenklasse 1
Vom 12.9... – 13.9...
Abholort: Flughafen Köln/Bonn

3

Heinzelmann
Umzugshelfer
5 Mann – 1 LKW – 75 Euro pro Stunde
Tel. 0221/754598

Heinzelmann Umzugshelfer   Re.Nr.: 15/81/25
Umzug Firma Pallerath OHG
5 Mann – 1 LKW – 9 Stunden
675,00 Euro   *Danke für Ihren Auftrag*
Wir bitten um Überweisung auf das Konto ...

b Was ist das Problem bei 1 und 2? Lesen Sie noch einmal und schreiben Sie.

1 Büromaterialien bestellt;
  Lieferung falsch: ...

2 Auto online gebucht;
  ...

c Was ist das Problem bei 3? Hören Sie und schreiben Sie.   2 ◀) 55

3 Rechnung bekommen: ...

2 Eine telefonische Reklamation

a Wer sagt was? Lesen Sie und ergänzen Sie: Firma (F), Kunde (K).

Ⓚ Ich habe heute Ihre Lieferung/Reservierungsbestätigung/Rechnung/... bekommen.
◯ Das war sicher unser Fehler./Fehler können passieren, aber das bekommen wir hin.
◯ Wir schicken Ihnen natürlich gleich eine neue Rechnung./Reservierungsbestätigung./...
◯ Das Problem ist: Die Rechnung ist zu hoch. Sie wollten uns einen Rabatt geben.
◯ Ich habe bei Ihnen ... gebucht/bestellt/gekauft. Leider ist aber ein Fehler in der Reservierungsbestätigung./Rechnung./Die Lieferung ist leider nicht richtig.
◯ Sie haben recht, so etwas darf nicht passieren.
◯ Oh, das tut mir leid./Entschuldigen Sie bitte.

b Spielen Sie Gespräche für die Situationen 1 und 2 in 1a. Die Redemittel in 2a helfen Ihnen dabei.

Anhang

Lernwortschatz

1 Ankommen

1 ziehen (hat gezogen) .... Tim ist in eine andere Stadt gezogen.

glücklich .... Tim ist glücklich.

an·sehen, du siehst
an, er sieht an
(hat angesehen) .... Tim sieht (sich)
Fotos von Lara an.

2 klappen (hat
geklappt) .... Es hat geklappt: Tim hat im Hotel ein
Zimmer für Mitarbeiter bekommen.

• das Gefühl, -e .... Tim hat das Gefühl: „Ich bin allein."

4 • der Anfang, ⸚e .... Aller Anfang ist schwer.

vermissen (hat vermisst) .... Ich vermisse meine Familie sehr.

A

A1 weil .... Ich bin traurig, weil ich hier keinen
Menschen kenne.

draußen .... Warum wohnst du so weit draußen?

A3 • der Arbeitgeber, - / .... Mein Arbeitgeber zieht um.
• die Arbeitgeberin,
-nen

um·ziehen
(ist umgezogen) .... Mein Arbeitgeber zieht um.

B

B1 sagen (hat gesagt) .... Was habe ich dir gesagt?

B2 • der Umzug, ⸚e .... Ich war gestern Abend nach dem
Umzug sehr müde.

• die Sachen (Pl.) .... Ich habe nur noch ein paar Sachen
ausgepackt.

ein·schlafen,
du schläfst ein,
er schläft ein
(ist eingeschlafen) .... Meine Nachbarn haben laut Musik
gehört, aber ich bin sofort
eingeschlafen.

• der Wecker, - .... Zuerst habe ich heute Morgen den
Wecker nicht gehört.

schließlich .... Aber ich bin schließlich sogar noch
pünktlich im Hotel angekommen.

sogar .... Aber ich bin schließlich sogar noch
pünktlich im Hotel angekommen.

• der Arbeitstag, -e .... Ich habe am ersten Arbeitstag den
Wecker nicht gehört.

C

C1 klingen (hat geklungen) .... Das klingt aber nicht gut.

passieren (ist passiert) .... Was ist passiert?

erleben (hat erlebt) .... So was hast du noch nicht erlebt!

C2 • die Panne, -n .... Pannen im Alltag

• der Alltag (Sg.) .... Erik hat viel Stress im Alltag.

verpassen .... Ich habe die S-Bahn verpasst.
    (hat verpasst)

bemerken .... Schatz, ich habe den Schlüssel
    (hat bemerkt)   vergessen und es jetzt erst bemerkt.

(sich) vor·stellen .... Stell dir vor, Paul hat seine Geldbörse
    (hat vorgestellt)   verloren.

• die Geldbörse, -n .... Paul hat seine Geldbörse verloren.

verlieren (hat verloren) .... Ich habe zehn Euro verloren.

stoßen, du stößt, er stößt .... Ich bin vor dem Büro mit meinem
    (hat/ist gestoßen)   Chef zusammengestoßen ...

peinlich .... Wie peinlich!

erfahren, du erfährst, er .... Ich habe gerade erfahren: Heute
    erfährt (hat erfahren)   muss ich lange arbeiten.

• das Pech (Sg.) .... So ein Pech!

• die Papiere (Pl.) .... Mit Papieren und Kreditkarte?

D

D1 • der/• die Verwandte, -n .... Familie und Verwandte

• der Onkel, - .... Stefan ist Annas Onkel.

• die Tante, -n .... Daniela ist Annas Tante.

• der Cousin, -s / .... Maria ist Annas Cousine.
    • die Cousine, -n

• der Neffe, -n .... Luca ist Annas Neffe.

• die Nichte, -n .... Esther ist Annas Nichte.

D2 sympathisch .... Anna sieht sehr sympathisch aus.

D3 • das Mitglied, -er .... Welches Familienmitglied ist
                                           besonders wichtig für Sie?

E

E1 • die Wohngemein- .... Ich wohne in einer
    schaft, -en (WG)   Wohngemeinschaft.

wahrscheinlich .... Das ist wahrscheinlich der Single.

verschieden .... Luisa, Teresa und Patricia kommen
                                           aus verschiedenen Ländern.

Lernwortschatz

E2 • das Viertel, -   In unserem Viertel werden jeden Monat neue Häuser fertig.

• der Mieter, - /
   • die Mieterin, -nen   Vor einer Woche sind die Mieter eingezogen.

ein·ziehen
(ist eingezogen)   Vor einer Woche sind die Mieter eingezogen.

• das Mal, -e   Ich wohne zum ersten Mal allein.

komisch   Das ist noch ein bisschen komisch für mich.

jemand   Dort ist immer jemand da.

• die Software, -s   Mein Mann ist Programmierer in einem Software-Unternehmen.

endlich   Endlich hat unser Sohn sein eigenes Zimmer.

teilen (hat geteilt)   Wir teilen uns die Zeit: Eine Woche ist Ella bei mir, dann eine Woche bei ihrem Vater.

bisher   Bisher haben wir in einem Hochhaus im 10. Stock gewohnt.

aus·ziehen
(ist ausgezogen)   Alle sind ausgezogen und wir brauchen nicht mehr so viel Platz.

jeder (jedes, jede)   Jede von uns hat ihr eigenes Zimmer.

sonst   Ich möchte aber auch sonst nicht allein wohnen.

nun   Nun komme ich nach Hause und es ist fast immer jemand da.

schwanger   Frau Wasilewski ist schwanger.

getrennt leben
(hat getrennt gelebt)   Ella sieht ihren Vater nur selten, weil ihre Eltern getrennt leben.

E3 • der Schwiegervater, ⸚ /
   • die Schwieger-
     mutter, ⸚   Wir leben mit den Schwiegereltern in einem Haus.

• die Rente, -n   Mein Vater ist seit zwei Jahren in Rente.

pensioniert (sein)   Unser Nachbar arbeitet nicht mehr. Er ist schon pensioniert.

Elkes Familie

• die Schwiegermutter, ⸚
• der Schwiegervater, ⸚

Elke

• der Schwager, ⸚
• die Schwägerin, -nen

• der Ehemann, ⸚er

• der Neffe, -n
• die Nichte, -n

• die Tochter, ⸚
• der Sohn, ⸚e

Pauls Familie

• die Großmutter, ⸚
• der Großvater, ⸚

• der Vater, ⸚
• die Mutter, ⸚

• der Onkel, -
• die Tante, -n

Paul

• die Schwester, -n
• der Bruder, ⸚

• die Cousine, -n
• der Cousin, -s

Familie und Verwandte

TIPP
Sie verstehen *ziehen* nicht und suchen im Wörterbuch. Suchen Sie *einziehen*.

Wann zieht ihr in die neue Wohnung ein?

2 Zu Hause

FOTO-HÖRGESCHICHTE

1	• die Energie (Sg.)		Glühbirnen brauchen viel Energie.
3	wechseln (hat gewechselt)		Warum kann Frau Sicinski die Glühbirne nicht selbst wechseln?
	• die Decke, -n		Weil sie an der Decke hängt.
	hängen (hat gehängt / hat gehangen)		Weil sie an der Decke hängt.
	oben		Weil sie an der Decke hängt – zu weit oben für Frau Sicinski.

Lernwortschatz

• der Dank (Sg.)		Was gibt Frau Sicinski Tim zum Dank und warum?
5 • die Menge, -n		Was haben Sie in großer Menge?
• die Kassette, -n		Ich sammle alte Kassetten.
• der Kugelschreiber, -		Ich habe ganz viele Kugelschreiber zu Hause.

A

A1 stecken (hat gesteckt)		Der Schlüssel steckt im Schloss.
• das Schloss, ⸚er		Der Schlüssel steckt im Schloss.
• das Bild, -er		Das Bild steckt im Papierkorb.
• die Wand, ⸚e		Das Bild hängt an der Wand.

B

B1 legen (hat gelegt)		Kann ich meine Sachen auf den Tisch legen?
B3 • die Ruhe (Sg.)		Gut arbeiten und lernen – das klappt am besten mit Ruhe, Licht und Ordnung.
• das Schild, -er		Hängen Sie ein Schild an die Tür: „Bitte nicht stören!"
stören (hat gestört)		Hängen Sie ein Schild an die Tür: „Bitte nicht stören!"
wieder		Legen Sie Papier und Stifte wieder in die Schubladen.
B4 bauen (hat gebaut)		Arbeiten Sie in Gruppen und bauen Sie ein Bild.

C

C1 dahin		Stellen Sie die Leiter dahin.
da		Da steht sie genau richtig.
• die Pflanze, -n		Wohin soll ich die Pflanze stellen?
dorthin		Wohin soll ich die Pflanze stellen? – Dorthin, bitte.
C2 • die Vorsicht (Sg.)		Vorsicht, Tim! Fallen Sie nicht runter!
herunter, runter		Fallen Sie nicht runter!
fallen, du fällst, er fällt (ist gefallen)		Fallen Sie nicht runter!
rein		Die Glühbirne kommt da rein – in den Müll.
• der Müll (Sg.)		Die Glühbirne kommt da rein – in den Müll.

	raus		Bringst du den Müll raus?
C3	rein·kommen (ist reingekommen)		Kommen Sie doch rein, Frau Meier.

D

D1	• der Briefkasten, ∹		Frau Weiß leert den Briefkasten und gießt die Pflanzen.
	gießen (hat gegossen)		Frau Weiß leert den Briefkasten und gießt die Pflanzen.
	• die Katze, -n		Frau Maurer passt auf die Katze auf.
	werfen, du wirfst, er wirft (hat geworfen)		Frau Weiß wirft den Schlüssel in den Briefkasten.
	• das Päckchen, -		Max bringt ein Päckchen zur Post.
	an·nehmen, du nimmst an, er nimmt an (hat angenommen)		Max nimmt ein Päckchen an.
D2	• das Paket, -e		Leider kann ich nicht auf den Paketboten warten.
	• die Schicht, -en		Leider kann ich nicht auf den Paketboten warten, weil ich Frühschicht habe.
	wirklich		Danke, das ist wirklich nett.
D3	füttern (hat gefüttert)		Ihr Nachbar soll Ihre Katze füttern.
	klingeln, ich klingle, du klingelst (hat geklingelt)		Sie klingeln am Abend und bringen den Wohnungsschlüssel vorbei.
	erwarten (hat erwartet)		Sie erwarten morgen einen Handwerker.
	• der Handwerker, - / • die Handwerkerin, -nen		Sie erwarten morgen einen Handwerker.
	lassen, du lässt, er lässt (hat gelassen)		Ihr Mitbewohner soll den Handwerker in die Wohnung lassen.

E

E1	• das Plastik (Sg.)		Was war in Plastik verpackt?
	verpacken (hat verpackt)		Was war in Plastik verpackt?
E2	vermeiden (hat vermieden)		Wie können wir Müll vermeiden?
	• der Moderator, -en / • die Moderatorin, -nen		Zu diesem Thema ist Moderatorin Claudia Kurz im Gespräch mit Lehrerin Sarah Körner.

Lernwortschatz

• die Aktion, -en		Ihre Schule hat verschiedene Aktionen dazu gemacht.
der/• die Deutsche, -n		Die Deutschen trennen den Müll sehr genau.
trennen (hat getrennt)		Die Deutschen trennen den Müll sehr genau.
bio(logisch)		Die Familie kauft nur noch Bio-gemüse.
• das Experiment, -e		Sie will mit dem Experiment aufhören.
auf·hören (hat auf-gehört)		Sie will mit dem Experiment aufhören.
E3 negativ		Mark reagiert negativ. Er findet das Experiment nicht gut.
positiv		Britta reagiert sehr positiv. Sie findet das Experiment gut.
nötig		Oft ist Plastik nicht nötig.
• die Leitung, -en		In Deutschland kann man das Wasser aus der Leitung trinken.
recht haben (hat recht gehabt)		Familie Körner hat recht.
• das Land (Sg.)		Ich wohne auf dem Land.
realistisch		Ich finde das Experiment unrealis-tisch für den Alltag.
• die Lösung, -en		Das Experiment von Familie Körner ist keine Lösung.
verzichten (hat verzichtet)		Ich möchte auf meinen Lieblings-joghurt nicht verzichten.
• die Umwelt (Sg.)		Ich kaufe ihn gern in einer umwelt-freundlichen Verpackung.
sicher		Sicher ist ein Leben ohne Plastik nicht möglich.
E4 • die (Müll-)Tonne, -n		Vor einem Mehrfamilienhaus stehen drei Mülltonnen.
• die Notiz, -en		Notizen zur Seminararbeit „Shakespeare als Geschäftsmann"
• das Waschmittel, -		eine Großpackung Waschmittel
leer		In der Tonne ist eine Großpackung Waschmittel (natürlich leer).
• der Zettel, -		In Tonne B ist ein Kassenzettel vom Bioladen.

- das Spielzeug (Sg.) .... Holzspielzeug ist in Tonne B.
- das Kostüm, -e .... In Tonne C ist ein Kostüm (Rock, Bluse, Blazer).

- der Bewohner, - / .... Unser Bewohner ist eine Frau.
  - die Bewohnerin, -nen

Müll vermeiden

Müll trennen   • der Papiermüll (Sg.)   • der Biomüll (Sg.)

• der Abfall, ⸚e   • das Plastik (Sg.)   • die Mülltonne, -n

TiPP
Schreiben Sie schwierige Wörter auf und sprechen Sie sie laut.

verzichten

3 Essen und Trinken

FOTO-HÖRGESCHICHTE

3 • die Nachspeise, -n .... Als Nachspeise gibt es Joghurt mit Honig und Nüssen.

• der Honig (Sg.) .... Als Nachspeise gibt es Joghurt mit Honig und Nüssen.

A

A1   selten .... Ich esse selten Fleisch.

A2 • die Mahlzeit, -en .... Ich bin viel unterwegs und habe oft keine Zeit für eine richtige Mahlzeit.

• die Tasse, -n .... Acht Tassen pro Tag sind es bestimmt.

bestimmt .... Acht Tassen pro Tag sind es bestimmt.

• die Kantine, -n .... Zum Mittagessen gehe ich in die Kantine.

fast .... Ich nehme fast immer das vegetarische Gericht.

Lernwortschatz

vegetarisch	....	Mayla isst nur vegetarisch.
• die Gewohnheit, -en	....	Ich lebe seit 30 Jahren in Deutschland und habe viele Gewohnheiten übernommen.
übernehmen, du übernimmst, er übernimmt (hat übernommen)	....	Ich lebe seit 30 Jahren in Deutschland und habe viele Gewohnheiten übernommen.
• die Marmelade, -n	....	Zum Frühstück esse ich fast immer ein Marmeladenbrot.
deutsch	....	Deutsche Fleischgerichte esse ich auch manchmal, aber kein Schweinefleisch.
• das Schwein, -e	....	Deutsche Fleischgerichte esse ich auch manchmal, aber kein Schweinefleisch.
A3 • der Alkohol (Sg.)	....	Ich trinke nie Alkohol.
zweimal	....	Ich esse vielleicht zweimal pro Monat Fleisch.

B

B1 • der Löffel, -	....	Du, Dimi, wo sind denn die Löffel?
• das Messer, -	....	Oh, mein Messer ist runtergefallen.
• der Teller, -	....	Gibst du mir deinen Teller, Tim?
B2 • die Gabel, -n	....	Ich brauche eine Gabel.
B3 • das Quartett, -e	....	Wir spielen Quartett.
• der Topf, ⸚e	....	Ich brauche einen Topf. Hast du einen?
• die Kanne, -n	....	Ich brauche eine Kanne. Hast du eine?
• die Schüssel, -n	....	Ich brauche eine Schüssel. Hast du eine?
• die Pfanne, -n	....	Ich brauche eine Pfanne. Hast du eine?
• die Spülmaschine, -n	....	Ich brauche eine Spülmaschine.

C

C1 riechen (hat gerochen)	....	Hm, das riecht so lecker!
• der Appetit (Sg.)	....	Also dann: Guten Appetit.
C2 (sich) aus·ziehen (hat ausgezogen)	....	Soll ich die Schuhe ausziehen?
• der Boden, ⸚	....	Der Boden ist ziemlich kalt.
C4 voll	....	Darf man schmatzen und mit vollem Mund sprechen?

	höflich	30 Minuten Verspätung – das ist nicht sehr höflich.
	• die Diät, -en	Sie machen eine Diät oder dürfen etwas nicht essen.
	satt	Sie sind satt, aber Sie dürfen nicht „Nein" sagen.
	überraschen (hat überrascht)	Das überrascht mich.
	seltsam	Das finde ich seltsam.
	genauso	Bei uns ist das genauso.
	anders	Bei uns ist das anders.
C5	scharf	Ich koche sehr gern scharf.
	süß	Ich koche gern süß.
	salzig	Ich koche nicht gern salzig.
	fett	Ich koche nicht gern fett.

D

D1	leiten (hat geleitet)	Joachim Vogt leitet die Kantine einer großen Bank in München.
	frisch	Der Koch findet gesundes und frisches Essen sehr wichtig.
	rund	In unserer Firma haben wir rund 500 Mitarbeiter.
	unterschiedlich	Zum Frühstück gibt es bei uns unterschiedliche Arten von Müsli.
	• die Art, -en	In meinem Heimatland essen wir viele unterschiedliche Arten von Gemüse.
	• die Frucht, ⸚e	Zum Frühstück gibt es Joghurt mit Früchten.
	• die Vorspeise, -n	Mittags haben wir drei Büfetts: für Vorspeisen, Nachspeisen und Salat.
	Haupt-	Dazu gibt es drei Hauptgerichte: eins mit Fleisch, eins mit Fisch und ein vegetarisches.
	• das Prozent, -e	Oft nehmen fast 50 Prozent das Gemüsegericht.
	• der Markt, ⸚e	Wo kaufen Sie Ihre Lebensmittel? – Auf dem Markt.
	außerdem	Außerdem kaufe ich viele regionale Produkte aus der Umgebung.

Lernwortschatz

regional .... Außerdem kaufe ich viele regionale Produkte.

• das Produkt, -e .... Außerdem kaufe ich viele regionale Produkte.

• die Umgebung, -en .... Außerdem kaufe ich viele regionale Produkte aus der Umgebung.

• die Fabrik, -en  .... Andere Kantinen bekommen das Essen aus Fabriken.

gegen .... Gegen 9 Uhr bin ich in der Kantine.

planen (hat geplant) .... Am Nachmittag mache ich die Büroarbeit und plane die Gerichte für die nächsten Tage.

E

E1 zufrieden .... Der Gast ist mit dem Essen nicht zufrieden.

• das Schnitzel, - .... Ich nehme das Schnitzel mit Pommes und Salat.

• das Stück, -e .... Ein Eiskaffee, ein Stück Kuchen und ein Tee mit Zitrone.

• die Zitrone, -n .... Ein Eiskaffee, ein Stück Kuchen und ein Tee mit Zitrone.

E2 sauber .... Das Messer ist nicht sauber.

• das Rind, -er .... Ich nehme einen Rinderbraten.

besetzt .... Der Platz ist besetzt.

E3 • das Trinkgeld, -er .... Geben Sie Trinkgeld.

• der Löffel, -   • das Messer, -   • der Teller, -   • die Gabel, -n   • der Topf, ⸚e

• die Kanne, -n   • die Schüssel, -n   • die Pfanne, -n   • die Tasse, -n   • das Glas, ⸚er

Geschirr und Besteck

TiPP

Suchen Sie Wörter zu einem Thema.

- die Schüssel
- das Frühstück
- das Müsli ...

4 Arbeitswelt

FOTO-HÖRGESCHICHTE

1 • die Reservierung, -en
Bei der Ankunft zeigt man die Reservierungsbestätigung an der Rezeption.

• die Bestätigung, -en
Bei der Ankunft zeigt man die Reservierungsbestätigung an der Rezeption.

online
Zuerst reserviert man per Telefon, E-Mail oder online ein Zimmer.

2 schwierig
Herr Krassnick ist ein schwieriger Gast und braucht ein Hotelzimmer.

3 • die Besprechung, -en
Karla hat eine Besprechung. Sandra und Tim sollen sie nur im Notfall anrufen.

• der Notfall, ⸚e
Sandra und Tim sollen sie nur im Notfall anrufen.

• der Test, -s
Tim merkt: Das ist ein Test.

nämlich
Herr Krassnick ist kein Gast. Er hat nämlich kein Gepäck dabei.

freundlich
Tim war freundlich und klug.

klug
Tim war freundlich und klug.

A

A1 wenn
Wenn Sie reserviert haben, dann haben Sie sicher eine Reservierungsbestätigung bekommen.

A2 an·geben, du gibst an, er gibt an (hat angegeben)
Wenn Sie eine Quittung schreiben, geben Sie immer die Mehrwertsteuer an.

• die Mehrwertsteuer (Sg.)
Wenn Sie eine Quittung schreiben, geben Sie immer die Mehrwertsteuer an.

Lernwortschatz

• die Quittung, -en		Wenn Sie eine Quittung schreiben, geben Sie immer die Mehrwertsteuer an.
• das Material, -ien		Wenn Sie Büromaterial brauchen, können Sie am Empfang fragen.
kompliziert		Wenn ein deutscher Text zu kompliziert ist, kann Herr Müller mit der Übersetzung helfen.
• der Empfang (Sg.)		Wenn Sie Büromaterial brauchen, können Sie am Empfang fragen.
aus·schalten (hat ausgeschaltet)		Wenn Sie abends nach Hause gehen, schalten Sie bitte den Computer aus.
• der Kopierer, -		Wenn Sie morgens kommen, schalten Sie bitte zuerst den Kopierer an.
• der Sekretär, -e / • die Sekretärin, -nen		Wenn Sie krank sind, rufen Sie bitte die Sekretärin an.
spülen (hat gespült)		Wenn Sie Tee oder Kaffee getrunken haben, spülen Sie Ihre Tasse bitte selbst.

A3
• der Teilnehmer, - / • die Teilnehmerin, -nen		Was müssen neue Kursteilnehmer wissen?

B

B2
• die Wahl (Sg.)		Hier gibt es Tipps zur Berufswahl!
• die Entscheidung, -en		Die Entscheidung für den richtigen Beruf ist besonders wichtig.
verbringen (hat verbracht)		Sie werden viel Zeit in Ihrem Beruf verbringen.
• das Interesse (Sg.)		Notieren Sie Ihre Interessen und Abneigungen.
nutzen (hat genutzt)		Nutzen Sie Plattformen, Foren und Portale im Internet.
• die Plattform, -en		Nutzen Sie Plattformen, Foren und Portale im Internet.
• das Forum, Foren		Nutzen Sie Plattformen, Foren und Portale im Internet.
• die Meinung, -en		Fragen Sie auch Freunde und Bekannte nach ihrer Meinung.

C

C2	aus·richten (hat ausgerichtet)	Kann ich ihm etwas ausrichten?
	• der Export, -e	Exportabteilung, Weigand, guten Tag.
	verbinden mit (hat verbunden mit)	Können Sie mich bitte mit Herrn Sauter verbinden?
	versuchen (hat versucht)	Ich versuche es später noch einmal.
	niemand	Nein, da ist im Moment niemand da.
	• der Feierabend, -e	Die haben schon Feierabend.
C3	• der Import, -e	Sie möchten Herrn ... aus der Export-Import-Abteilung sprechen.

D

D1	• der Betrieb, -e	Viele Betriebe suchen Mitarbeiter mit einer guten Ausbildung.
	beschäftigen (hat beschäftigt)	Sie möchten die Mitarbeiter lange im Betrieb beschäftigen.
	behalten, du behältst, er behält (hat behalten)	Wie kann eine Firma qualifizierte Mitarbeiter behalten?
	erkennen (hat erkannt)	Viele Chefs erkennen, dass sie etwas tun müssen.
	allmählich	Sie beginnen allmählich mit Maßnahmen.
	• die Maßnahme, -n	Sie beginnen allmählich mit Maßnahmen.
	flexibel	Sehr wichtig sind flexible Arbeitszeiten.
	nennen (hat genannt)	Können Sie Beispiele nennen?
	beliebt	Sehr beliebt ist das sogenannte Arbeitszeitkonto.
	• das Konto, Konten	Sehr beliebt ist das sogenannte Arbeitszeitkonto.
	• der Arbeitnehmer, - / • die Arbeit- nehmerin, -nen	Auch Teleheimarbeit oder Home-office finden Arbeitnehmer sehr interessant.
	möglich	Das Internet macht so ein Arbeits-zeitmodell möglich.
	• die Teilzeit (Sg.)	Sie möchten Teilzeit arbeiten, z. B. nur 70 Prozent.

Lernwortschatz

verdienen (hat ver-
dient) .... Sie verdienen natürlich auch nicht so
viel.

● die Weiterbildung, -en .... Junge Menschen finden Angebote
für Weiterbildungen sehr wichtig.

akzeptieren (hat
akzeptiert) .... Dafür akzeptieren sie auch
geringeren Lohn.

gering .... Dafür akzeptieren sie auch
geringeren Lohn.

● der Lohn, ⸚e .... Dafür akzeptieren sie auch
geringeren Lohn.

● die Betreuung (Sg.) .... Kinderbetreuung ist qualifizierten
Mitarbeitern oft sehr wichtig.

D2 zu wenig .... Nur wenige Menschen möchten
Teilzeit arbeiten, weil sie dann zu
wenig verdienen.

E

E1 durchschnittlich .... Wie viele Stunden pro Woche arbeiten die deutschen Arbeitnehmer
durchschnittlich?

● die Ahnung, -en .... Feiertage in Deutschland?
Keine Ahnung.

● der Nationalfeiertag, -e .... Da gibt es doch zum Beispiel den
Nationalfeiertag.

E2 ● die Überstunde, -n .... Viele Menschen arbeiten mehr und
machen Überstunden.

bieten (hat geboten) .... Der Arbeitgeber bietet Arbeit.

● die Regel, -n .... Deutsche Arbeitnehmer arbeiten in
der Regel 38,5 Stunden pro Woche.

● die Industrie (Sg.) .... In der Industrie muss man nur
35 Stunden pro Woche arbeiten.

● der Vertrag, ⸚e .... Im Arbeitsvertrag steht: Man muss
37,5 Stunden pro Woche arbeiten.

● der Durchschnitt, -e .... 41,5 Stunden pro Woche sind
europäischer Durchschnitt.

dagegen .... Die Österreicher und Schweizer
dagegen liegen mit 43 Stunden
darüber.

● der/● die Angestellte,
-n .... Rund 30 Urlaubstage pro Jahr haben
viele deutsche Angestellte.

| | insgesamt | .... | Wenn man die Urlaubs- und Feiertage zusammenzählt, haben deutsche Arbeitnehmer insgesamt acht Wochen frei. |

| E3 | gelten, es gilt (hat gegolten) | .... | Das gilt auch für mein Heimatland. |

| E4 | mindestens | .... | Wie viel Urlaub im Jahr braucht man mindestens? |

Arbeitswelt

- die Besprechung, -en

- das Material, -ien

- der Betrieb, -e

- der Export, -e

- der Lohn, ⸚e

- der Feierabend, -e

- der Import, -e

- der Arbeitnehmer, - /
  - die Arbeitnehmerin, -nen

- die Überstunde, -n

TiPP

Schreiben Sie Sätze mit neuen und alten Wörtern. Schreiben Sie zum Beispiel über Ihre Arbeit.

Ich arbeite bei ...
Ich mache eine Weiterbildung zum Thema ...

5 Sport und Fitness

FOTO-HÖRGESCHICHTE

1	(sich) bewegen (hat bewegt)	....	Ich bewege mich zurzeit nicht genug.
	genug	....	Ich bewege mich zurzeit nicht genug.
	(sich) interessieren für (hat interessiert)	....	Ich interessiere mich sehr für den Tanzsport.
	• der Tanz, ⸚e	....	Ich interessiere mich sehr für den Tanzsport.
	• der Basketball (Sg.)	....	Wann findet denn das Basketball-training statt?
	statt·finden (hat statt-gefunden)	....	Wann findet denn das Basketball-training statt?

Lernwortschatz

2	(sich) fühlen (hat gefühlt)		Tim fühlt sich nicht so gut.
	• das Video, -s		Sandra schickt Tim ein Trainingsvideo.
	hin·fallen, du fällst hin, er fällt hin (ist hingefallen)		Doch das ist gar nicht so einfach, er fällt dabei hin.
	• die Lust (Sg.)		Auf Tanzen hat Tim keine Lust.
	• der Verein, -e		Er möchte lieber Basketball spielen und ruft bei einem Sportverein an.
	• der Versuch, -e		Tim erzählt Sandra von dem Training und seinen Tanzversuchen.
3	• der Meister, -		Übung macht den Meister!
	• die Sportart, -en		Welche Sportart können Sie besonders gut?

A

A2	• die Entspannung (Sg.)		Entspannung: Machen Sie Pausen und entspannen Sie sich.
	• die Ernährung (Sg.)		Ernährung: Trinken Sie viel Wasser oder Tee und essen Sie viel Obst und Gemüse.
	• die Bewegung, -en		Bewegung: Bewegen Sie sich regelmäßig!
	fit		So werden Sie wieder fit.
	(sich) verabreden mit (hat verabredet)		Verabreden Sie sich mit Freunden.
	(sich) aus·ruhen (hat ausgeruht)		Ruhen Sie sich regelmäßig aus.
	(sich) duschen (hat geduscht)		Wenn Sie schlecht einschlafen, dann duschen Sie vor dem Schlafen warm.
	(sich) ernähren (hat ernährt)		Sie sollten sich gesund ernähren.
A3	(sich) ärgern (über) (hat geärgert)		Vielleicht ärgerst du dich zu viel.
A4	(sich) rasieren (hat rasiert)		Rasierst du dich? – Ja, das ist richtig.
	(sich) schminken (hat geschminkt)		Was mache ich? – Schminkst du dich?
	(sich) um·ziehen (hat umgezogen)		Er zieht sich um.
	(sich) kämmen (hat gekämmt)		Sie kämmt sich.

(sich) waschen, du
wäschst, er wäscht
(hat gewaschen) .... Er wäscht sich.

(sich) beeilen
(hat beeilt) .... Wir müssen uns beeilen.

(sich) konzentrieren (auf)
(hat konzentriert) .... Ich kann mich heute nicht
konzentrieren.

(sich) beschweren (über)
(hat beschwert) .... Dein Klassenlehrer hat sich
über dich beschwert.

B ....

B1 überhaupt .... Nein, überhaupt nicht.

 • die Geschichte (Sg.) .... Interessierst du dich für die deutsche
Geschichte?

 • die Nachrichten (Pl.) .... Interessierst du dich für die
Sportnachrichten?

 • die Weltmeisterschaft,
 -en .... Interessierst du dich für die
Fußballweltmeisterschaft?

 • die Wettervorhersage,
 -n .... Interessierst du dich für die
Wettervorhersage?

B2 • die Mannschaft, -en .... Morgen treffe ich mich mit ein paar
Mannschaftskollegen.

 • der Besuch, -e .... Ich freue mich schon sehr auf deinen
Besuch!

B3 (sich) kümmern um
(hat gekümmert) .... Arbeitgeber müssen sich um den
Gesundheitsschutz im Betrieb
kümmern.

 träumen von
(hat geträumt) .... Ich träume oft von einem Urlaub in
der Karibik.

 • die Angst, ⸚e .... Ich habe Angst vor Hunden.

C ....

C1 ehrlich .... Ehrlich gesagt: nein.

C2 • das Gold (Sg.) .... Olympische Goldmedaille für Steffi
Graf?

 (sich) erinnern an
(hat erinnert) .... Daran kann ich mich gar nicht mehr
erinnern.

C3 denken an
(hat gedacht) .... Ich denke gern an die Ferien.

 • die Ferien (Pl.) .... Ich denke gern an die Ferien.

D ....

D1 • die Gymnastik (Sg.) .... Die Anrufer interessieren sich für
Rückengymnastik.

Lernwortschatz

• das Tischtennis (Sg.)		Die Anrufer interessieren sich für Tischtennis.
• der Volleyball (Sg.)		Ich interessiere mich für Volleyball.
• die Fitness (Sg.)		Ich möchte mich zum Fitnesstraining anmelden.
D2 • der Beitrag, ⸚e		Der Beitrag beträgt 2,50 Euro pro Monat.
betragen, er beträgt (hat betragen)		Der Beitrag beträgt 2,50 Euro pro Monat.
geschehen (ist geschehen)		Gern geschehen!
D3 • die Broschüre, -n		Lesen Sie die Broschüre und spielen Sie Telefongespräche.
• der Ehepartner, -/ • die Ehepartnerin, -nen		Für Ehepartner kostet das 3 Euro pro Monat.
• die Halle, -n		Ort: Turnhalle Michael-Schule
zusätzlich		Tennis: Fortgeschrittene Do 19.00– 20.00 Uhr (+ zusätzliche Gebühr)
• der Apparat, -e		Harburger Sparkasse, Weinert am Apparat.
• der/• die Angehörige, -n		Für Familienangehörige kostet das 3 Euro pro Monat.
• der Azubi, -s		Für Azubis kostet das 1,50 Euro pro Monat.

E

E1 aktiv		Aktiv bleiben
(sich) halten, du hältst, er hält (hat gehalten)		Wie halten Sie sich gesund und fit?
häufig		Abends habe ich häufig Rücken- schmerzen.
• die Ursache, -n		Zu wenig Bewegung ist eine häufige Ursache für Krankheiten.
• die Krankheit, -en		Zu wenig Bewegung ist eine häufige Ursache für Krankheiten.
• der Bildschirm, -e		Die meisten Menschen sitzen zu viel: am Schreibtisch, vor dem Bild- schirm, vor dem Fernseher.
• der Körper, -		Etwas mehr Bewegung im Alltag tut dem Körper und der Gesundheit gut.

- die Treppe, -n

_____ Nehmen Sie außerdem öfter mal die Treppe und nicht den Aufzug.

- die Luft (Sg.) _____ Gehen Sie in der Mittagspause kurz an der frischen Luft spazieren.

- die Untersuchung, -en _____ Untersuchungen haben gezeigt: ...

schaffen
  (hat geschafft) _____ Wer schnell geht, schafft 1000 Schritte in ungefähr 10 Minuten.

preiswert _____ Sport muss nicht teuer sein. Es geht auch preiswert.

- der Trend, -s _____ Ein Trend ist das sogenannte Nordic-Walking.

- der Spielplatz, ⸚e  _____ In vielen deutschen Städten gibt es Tischtennisplatten auf Spielplätzen und in Parks.

- die Krankenkasse, -n _____ Viele Krankenkassen bieten für ihre Mitglieder kostenlose Kurse an.

- die Strecke, -n _____ Die Deutschen benutzen das Fahrrad vor allem auf kurzen Strecken.

E2 klar _____ Das ist doch klar.

selbstverständlich _____ Das ist doch selbstverständlich.

übertreiben
  (hat übertrieben) _____ Das finde ich etwas übertrieben.

Sportarten

Fußball spielen	Ski fahren	Basketball spielen	Gymnastik machen
Tischtennis spielen	Volleyball spielen	Fitnesstraining machen	Joggen
Eishockey spielen	Schwimmen	Fahrrad fahren	Tanzen

 TiPP
Lernen Sie Verben mit Bewegung.

Ich kämme mich.

Lernwortschatz

6 Ausbildung und Karriere

FOTO-HÖRGESCHICHTE

1	• die Karriere, -n	Ausbildung und Karriere
	• das (Schul-)Fach, ⸚er	Nur das Fach Kunst hat mich wirklich interessiert.
	• die Note, -n	Ich will morgen in der Prüfung eine gute Note bekommen.
	• das Gymnasium, Gymnasien	Das Abitur ist die Abschlussprüfung an einem Gymnasium.
	• das Referat, -e	Ein Referat halten: Man spricht vor der Klasse / dem Kurs über ein Thema.
	• das Abitur (Sg.)	Das Abitur ist die Abschlussprüfung an einem Gymnasium.
	• die Klasse, -n	Man spricht vor der Klasse / dem Kurs über ein Thema.
	• der Abschluss, ⸚e	Das Abitur ist die Abschlussprüfung an einem Gymnasium.
	• die Prüfung, -en	Das Abitur ist die Abschlussprüfung an einem Gymnasium.
	faul	Ich denke, dass du vielleicht ein bisschen faul bist.
	fleißig	Wenn ihr Abitur machen wollt, dann müsst ihr fleißig sein.
	intelligent	Sie ist sehr intelligent.
	dumm	Dumm ist das Gegenteil von klug.
	schrecklich	Meine Schulzeit war einfach nur schrecklich!
2	(sich) streiten (hat gestritten)	Warum streiten Eva und Niki?
3	(sich) verbessern (hat verbessert)	Niki macht ein Referat, weil er seine Erdkundenote verbessern möchte.
4	• das Verhalten (Sg.)	Wie finden Sie das Verhalten von Eva, Niki und Tim?
	streng	Er ist nett, aber auch ein bisschen streng.

A

A2	• der Wunsch, ⸚e	Das war sein großer Wunsch.
	• der Plan, ⸚e	Ich wollte Ärztin werden. Das war mein Plan.

	• der Friseur, -e / • die Friseurin, -nen	Frau Sicinski wollte Friseurin werden.
A3	• der/• die Jugendliche, -n	Was wollten Sie als Jugendliche/Jugendlicher werden?
	• der Schauspieler, - / • die Schauspielerin, -nen	Klara wollte als Kind Schauspielerin werden.
	B	
B1	dass	Es ist wichtig, dass man einen guten Schulabschluss hat.
	vorhin	Es tut mir leid, dass ich das vorhin gesagt habe.
B2	mittler-	Er hat mittlere Noten.
	• die Aktivität, -en	Freizeitaktivitäten und Hobbys sind sehr wichtig.
B3	• der Junge, -n	Sollen Mädchen und Jungen in verschiedene Klassen gehen?
	C	
C1	• das System, -e	Das deutsche Schulsystem. Welche Schulen kennen Sie?
	• die (Fach-)Hoch-schule, -n	Nach dem Abitur kann man die (Fach-)Hochschule besuchen.
	• die Gesamtschule, -n	Nach der Grundschule kann man auf die Gesamtschule gehen.
	• die Realschule, -n	Nach der Grundschule kann man auf die Realschule gehen.
	• die Hauptschule, -n / • die Mittelschule, -n	Nach der Hauptschule/Mittelschule kann man zur Berufsschule gehen.
	• die Berufsschule, -n	Nach der Hauptschule kann man zur Berufsschule gehen.
	freiwillig	Kindergarten: 3–6 Jahre (freiwillig)
	• die Krippe, -n	Kinder müssen nicht in die Krippe gehen. Der Besuch ist freiwillig.
	• die Grundschule, -n	Alle Kinder müssen in die Grund-schule gehen.
C2	• der Mechatroniker, - / • die Mechatronike-rin, -nen	Er wollte kein Abitur machen und ist jetzt Mechatroniker.
	• die Physik (Sg.)	Ihre Lieblingsfächer waren Mathe und Physik.
C3	• die Biologie (Sg.)	Mein Lieblingsfach war Biologie.

Lernwortschatz

• die Chemie (Sg.)	Dieses Schuljahr habe ich gute Noten in Chemie und Mathe.
• die Geografie (Sg.)	Geografie habe ich gehasst.
• die Kunst (Sg.)	Nur das Fach Kunst hat mich wirklich interessiert.
• die Geschichte (Sg.)	Geschichte habe ich geliebt.
• die Sozialkunde (Sg.)	Schön war auch immer Sozialkunde.
echt	Echt? Ich habe Mathe gehasst.
hassen (hat gehasst)	Mathematik habe ich gehasst.

D

D1	• die Gesellschaft (Sg.)	Welcher Kurs passt zum Thema Gesellschaft?
	• die Leistung, -en	Sie trainieren Ihre mentale Leistungsfähigkeit.
	• der Beginn (Sg.)	Beginn: 3. März
	all-	Lieder aus aller Welt
	• die Stimme, -n	Wir machen auch viele Übungen zur Stimmbildung.
	notwendig	Chor-Erfahrung ist nicht notwendig.
	• der Auftritt, -e	Auftritte sind möglich.
	speichern (hat gespeichert)	Wie speichere ich Dateien so, dass ich sie wiederfinde?
	löschen (hat gelöscht)	Wie lösche ich Ordner?
	• die Festplatte, -n	Wie räume ich auf meiner Festplatte auf?
	• die Voraussetzung, -en	Voraussetzung: Windows-Kenntnisse
	• die Politik (Sg.)	Sie bekommen einen Einblick in die Politik, die Wirtschaft und die Kultur.
	• die Wirtschaft (Sg.)	Sie bekommen einen Einblick in die Politik, die Wirtschaft und die Kultur.
	• die Kultur, -en	Sie bekommen einen Einblick in die Politik, die Wirtschaft und die Kultur.
	• der Vortrag, ⸚e	Vortrag Bewerbungstraining
	(sich) bewerben (hat beworben)	Wie bewirbt man sich richtig?
	präsentieren (hat präsentiert)	Wie präsentiert man sich beim Vorstellungsgespräch?

• der Experte, -n / • die Expertin, -nen		Unsere Expertin zeigt Ihnen die besten Tipps und Tricks.
• der Erfolg, -e		Konflikttraining für mehr beruflichen Erfolg.
• der Streit (Sg.)		Streit mit den Kollegen? Ärger mit dem Chef?
• der Ärger (Sg.)		Streit mit den Kollegen, Ärger mit dem Chef?
lösen (hat gelöst)		Wie Sie Konflikte vermeiden und lösen können, das erfahren Sie in diesem Seminar.
teil·nehmen, ich nehme teil, du nimmst teil (hat teilgenommen)		Sie haben am Kurs Rhetorik teilgenommen.
• die Kündigung, -en		Kündigungen, Lohnverhandlungen – solche Gespräche fürchten Arbeitgeber wie Arbeitnehmer.
solch-		Kündigungen, Lohnverhandlungen – solche Gespräche fürchten Arbeitgeber wie Arbeitnehmer.
(sich) fürchten (hat gefürchtet)		Kündigungen, Lohnverhandlungen – solche Gespräche fürchten Arbeitgeber wie Arbeitnehmer.
führen (hat geführt)		Schwierige Gespräche führen
• das Klima (Sg.)		Wie schaffe ich ein positives Gesprächsklima?
• die Technik (Sg.)		Welche Argumentationstechniken helfen mir?
(sich) verhalten, du verhältst, er verhält (hat verhalten)		Wie verhalte ich mich in schwierigen Situationen?
• die Situation, -en		Wie verhalte ich mich in schwierigen Situationen?
• die Einführung, -en		In diesem Kurs bekommen Sie eine Einführung in die Theorie und machen viele praktische Übungen.
• die Theorie, -n		In diesem Kurs bekommen Sie eine Einführung in die Theorie und machen viele praktische Übungen.
praktisch		In diesem Kurs bekommen Sie eine Einführung in die Theorie und machen viele praktische Übungen.

Lernwortschatz

• der Verkehr (Sg.) .... Ein Unfall im
Straßenverkehr: ...

(sich) verletzen .... Eine Person hat
(hat verletzt) sich verletzt und blutet stark.

bluten (hat geblutet) .... Eine Person hat sich verletzt und
blutet stark.

• der Notarzt, ⸚e .... Der Notarzt ist noch nicht da.

E

E1 • der Traum, ⸚e .... Sind Traumberufe nur ein Traum?

unbedingt .... Das hat mir so gut gefallen, dass
ich nun unbedingt Journalistin
werden will.

nebenbei .... Ich schreibe nebenbei für die Stadt-
zeitung von Gelsenkirchen.

• die Heimat (Sg.) .... Schon mit fünf Jahren habe ich in
meiner Heimatstadt in einem
Verein Fußball gespielt.

sogenannt .... Nach fünf Jahren an der Uni
mache ich jetzt das sogenannte
Praktische Jahr in einer Klinik.

• die Klinik, -en .... Nach fünf Jahren an der Uni
mache ich jetzt das sogenannte
Praktische Jahr in einer Klinik.

vor allem .... Zuerst habe ich vor allem Computer-
spiele gespielt.

• das Tier, -e .... Als Kind wollte ich Tierärztin werden.

sammeln (hat .... Nach dem Abschluss möchte ich
gesammelt) zuerst noch Berufserfahrung im
Ausland sammeln.

• der Rest, -e .... Ich besuche eine Woche im Monat
eine Berufsschule und arbeite den
Rest der Zeit in einer Bank.

bestehen .... Ich habe die Sportprüfung bei der
(hat bestanden) Bewerbung für die Polizei nicht
bestanden.

realisieren .... Warum konnte Dominik seinen
(hat realisiert) Traum nicht realisieren?

entdecken (hat ent- .... Wann hat Simon sein Interesse für
deckt) Computer entdeckt?

• die Zukunft (Sg.) .... Was haben sich Marias Eltern für ihre
berufliche Zukunft gewünscht?

E2 • der Astronaut, -en / .... Mit neun wollte ich Astronaut
    • die Astronautin, -nen   werden.

• die Physik (Sg.) • die Biologie (Sg.) • die Chemie (Sg.)

• die Geografie (Sg.) • die Kunst (Sg.) • die Geschichte (Sg.) • die Musik (Sg.)

• die Mathematik (Sg.) • der Sport (Sg.) • die Sozialkunde (Sg.)

Schulfächer

> **TiPP**
> Schreiben Sie die Buchstaben
> eines Wortes untereinander.
> Finden Sie Wörter dazu.

S port
C hemie
H ausaufgaben
U nterricht
L ieblingslehrer
E rdkunde

7 Feste und Geschenke

FOTO-HÖRGESCHICHTE

1 unbekannt .... Wer ist der unbekannte Mann?

2 (sich) vor·bereiten .... Was bereiten die Freunde für das
   (hat vorbereitet)   Fest vor?

   basteln 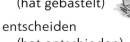 .... Betty bastelt eine Karte.
   (hat gebastelt)

   entscheiden .... Wie entscheidet sich Tim?
   (hat entschieden)

Lernwortschatz

A

A1 • das Baby, -s   Ich kaufe meinem Baby einen Teddy.

A2 • die Kette, -n   Jan schenkt Lena eine Kette.

A3 • die Puppe, -n   Die Oma bringt Pia eine Puppe mit.

    • das Motorrad, ̈er   Schenkst du deinem Bruder ein Motorrad?

    • der Geldbeutel, -   Gibst du mir bitte meinen Geldbeutel?

    • die Creme, -s   Schenkst du deiner Mutter eine Handcreme?

    • das Parfüm, -e / -s   Er kauft seiner Frau ein Parfüm.

B

B1   probieren (hat probiert)   Probieren Sie doch mal das Tzatziki, Herr Wagner.

B2   liefern (hat geliefert)   Sie bestellen Ihr Wunschgericht und wir liefern es Ihnen.

     zuverlässig   Wir liefern es Ihnen schnell und zuverlässig.

     Sonder-   Sie haben einen Sonderwunsch?

B3 • die Schachtel, -n   Kannst du mir die Schachtel da rübergeben?

     aus·drucken (hat ausgedruckt)   Ich muss nur noch schnell die Rechnung ausdrucken.

    • die Briefmarke, -n   Kannst du mir bitte die Briefmarken geben?

C

C1 • die Kirche, -n   Wir sind schon in der Kirche.

    • die Trauung, -en   In zehn Minuten beginnt die Trauung.

     wahnsinnig   Bist du wahnsinnig?

    • die Stimmung (Sg.)   Wahnsinnig viele Leute hier und eine ganz feierliche Stimmung.

     blöd   Oh Mann, zu blöd, dass ich krank bin!

     grüßen (hat gegrüßt)   Grüß alle von mir!

     weinen (hat geweint)   Ich habe sogar geweint.

    • die Torte, -n   Hmmm, super lecker, die Hochzeitstorte!

     übrigens   Übrigens haben sich Celia und Valentin total über dein Geschenk gefreut.

treten, du trittst, er tritt (ist getreten)		Valentin ist Celia auf das lange weiße Kleid getreten und beide sind fast hingefallen.
wohl		Da war Valentin wohl ein bisschen nervös, was?
nervös		Da war Valentin wohl ein bisschen nervös, was?
wenigstens		Wenigstens die Eltern können tanzen!
wach		Miri, bist du schon wach?
wild		Du, das war noch eine wilde Feier.

D

D1	persönlich		Ein Gutschein ist nicht persönlich genug, finde ich.
	• die Pflaume, -n		Ich bringe ihm ein Glas von meiner Pflaumenmarmelade mit.
	• das Herz, -en		Hauptsache, es kommt von Herzen.
	• der Tod (Sg.)		Uhren sind in meinem Land als Geschenk tabu, weil sie den Tod symbolisieren.
	aus·geben, du gibst aus, er gibt aus (hat ausgegeben)		Für ein Geschenk sollte man nicht zu viel Geld ausgeben.
D2	auf keinen/jeden Fall		Geld darf man auf keinen Fall schenken.

E

E1	per		Man kann die Gäste per SMS einladen.
	• die SMS, -		Man kann die Gäste per SMS einladen.
	(sich) unterhalten, du unterhältst, er unterhält (hat unterhalten)		Hauptsache, das Essen ist gut und wir unterhalten uns gut.
	dekorieren (hat dekoriert)		Ich finde, wir müssen den Raum nicht dekorieren.
E2	• die Unterhaltung, -en		Mir ist wichtig, dass es Unterhaltung gibt.
	überzeugen (hat überzeugt)		Stellen Sie Ihr Fest vor und überzeugen Sie die anderen im Kurs.

Lernwortschatz

Geschenke

- die Kette, -n
- die Puppe, -n
- die DVD, -s
- das Parfüm, -e / -s
- der Geldbeutel, -
- die Creme, -s
- die Praline, -n
- die Schokolade, -n
- das Buch, ⁼er

TiPP

Malen Sie Bilder
zu neuen Wörtern.

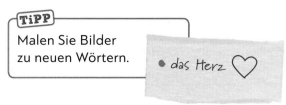

- das Herz ♡

8 Am Wochenende

FOTO-HÖRGESCHICHTE

1	• die Anleitung,- en		Lesen Sie die Anleitung.
2	• der Hammer, ̈		13–14 Uhr Holz & Hammer: Mini-Kurs „Holzarbeiten"
	• das Werkzeug, -e		Mein Mann hätte gern mehr Werkzeug.
3	mit·spielen (hat mitgespielt)		Niki kommt auch und spielt mit.

A

A2	• die Disco, -s / • die Diskothek, -en		Sie wäre gern in der Disco.
A3	aus·gehen (ist ausgegangen)		Auch an den Wochenenden gehen wir oft zusammen aus.
	• die Wäsche (Sg.)		Ich will nicht jeden Tag Wäsche waschen oder sauber machen.
	unternehmen, du unternimmst, er unternimmt (hat unternommen)		Meine Freunde unternehmen viele schöne Dinge und ich kann nie mit.
	• das Ding, -e		Meine Freunde unternehmen viele schöne Dinge und ich kann nie mit.
	erschöpft		Und abends, wenn meine Freunde anrufen, bin ich zu erschöpft.

B

B1	trotzdem		Tim muss lernen. Trotzdem spielt er mit Betty und Paul.
	gewinnen (hat gewonnen)		Trotzdem hat Paul gewonnen.
B2	• die Radtour, -en		Was machst du denn heute? – Eine Radtour.
	• der Flohmarkt, ̈e		Ich gehe auf den Flohmarkt.
	erkältet sein		Aber du bist doch erkältet!
B3	ständig		Trotzdem chattet er ständig mit Freunden.

C

C1	• der Vorschlag, ̈e		Welche Vorschläge machen Tim und Paul?

Lernwortschatz

C2	• die Rundfahrt, -en		Ihr könntet aber auch einfach eine Stadtrundfahrt machen.
C3	einverstanden		Einverstanden.
	reagieren (hat reagiert)		Machen Sie Vorschläge und reagieren Sie.
	gemeinsam		Wir könnten gemeinsam einkaufen gehen.

D

D3	• der Treffpunkt, -e		Treffpunkt: Rathaus.
	• das Rathaus, ⸚er		Treffpunkt: Rathaus.
	• die Teilnahme (Sg.)		Teilnahme kostenfrei
	auf·treten, du trittst auf, er tritt auf (ist aufgetreten)		Mehr als 100 Musikerinnen und Musiker treten auf.
	• der Jazz (Sg.)		Von Soul über Jazz bis hin zu Rock und Pop ist für alle etwas dabei.
	• die Bahn, -en		Das Ticket gilt auch als Fahrkarte für alle Busse und Bahnen.
	offen		Am Samstag bietet die Volkshochschule einen Tag der offenen Tür an.
	• die Volkshochschule, -n		Tag der offenen Tür in der Volkshochschule
	• die Fotografie (Sg.)		Sie interessieren sich für Politik, Fotografie oder Sprachen?
	erforderlich		Keine Anmeldung erforderlich.

E

E1	• der Künstler, -/ • die Künstlerin, -nen		Junge Künstler am Klavier können Sie am Sonntag hören.
	• die CD, -s		Auf dem Flohmarkt finden Sie Kleidung, Spielzeug und CDs.
E2	• der Sender, -		Man kann dem Radiosender schreiben und Eintrittskarten gewinnen.
	• die Eintrittskarte, -n		Man kann dem Radiosender schreiben und Eintrittskarten gewinnen.
	wochentags		Die Ausstellung hat wochentags nicht auf.
	auf sein		Die Ausstellung hat wochentags nicht auf.

E3 • die Sprachenschule, -n _____

Machen Sie ein Plakat zu einem „Tag der offenen Tür" in Ihrer Sprachenschule.

Am Wochenende

• eine Wanderung machen

• in die Oper gehen

• mit Freunden ausgehen

• eine Rundfahrt machen

• eine Radtour machen

• auf einen Flohmarkt gehen

• in die Disco gehen

• auf ein Jazzkonzert gehen

TiPP

Schreiben Sie Ihre Pläne auf Deutsch:

Freitag	Samstag	Sonntag
	eine Radtour machen	auf den Flohmarkt gehen

9 Meine Sachen

FOTO-HÖRGESCHICHTE

1   ein·richten
    (hat eingerichtet) _____

Wer möchte die Wohnung neu einrichten?

    beraten, du berätst,
    er berät (hat beraten) _____

Wer soll wen beraten?

2   • das Poster, - _____

Das ist aber ein tolles Poster.

    scheußlich _____

Ich finde es scheußlich.

    A _____

A1 gucken (hat geguckt) _____

Guck mal hier: Das sind ja tolle Saftgläser!

A2 schauen (hat geschaut) _____

Schau mal, hier: Das ist ja eine tolle Tasche.

    • der Bikini, -s  _____

Das ist ja ein schöner Bikini!

    • die Kamera, -s _____

Das ist ja eine tolle Kamera!

    • die Brieftasche, -n _____

Das ist ja eine teure Brieftasche!

Lernwortschatz

• das Feuerzeug, -e .... Das ist ja ein tolles Feuerzeug!

hübsch .... Das ist ja ein hübscher Bikini!

B ....

B2 • die Platte, -n .... Der Tisch hat eine ca. 3,5 cm dicke Platte.

• der Anrufbeant- .... Biete ein Telefon mit worter, - Anrufbeantworter.

• das Telefonbuch, ⸚er .... Biete Telefon mit Telefonbuch für bis zu 50 Nummern.

automatisch .... Das Gerät hat eine automatische Rufannahme.

• die Klingel, -n .... Das Gerät hat verschiedene Klingeltöne.

• die Höhe, -n .... Höhe: 30 cm.

• der Zustand, ⸚e .... Die Lampe ist fünf Jahre alt, aber in einem guten Zustand.

• die Qualität, -en .... Top-Qualität!

• das Besteck, -e .... Salatbesteck aus Plastik gibt es kostenlos dazu.

• das Metall, -e .... Verkaufe meine schönen Küchen-regale aus Metall.

• der Stoff, -e .... Suche bunte Stoffe und eine elektrische Nähmaschine.

C ....

C2 • der Rucksack, ⸚e .... Also, ich finde einen Rucksack praktischer als einen Koffer.

• der Hut, ⸚e .... Also, ich finde einen Hut moderner als eine Mütze.

• die Liebe (Sg.) .... Was soll ich Peter denn zum Geburtstag schenken? Einen Liebesroman vielleicht?

• der Roman, -e .... Was soll ich Peter denn zum Geburtstag schenken? Einen Liebesroman?

spannend .... Also, ich finde einen Krimi spannen-der als einen Liebesroman.

als .... Also, ich finde einen Rucksack praktischer als einen Koffer.

C3 • der Pudding, -s .... Am liebsten mag sie Pudding.

• das Schaufenster, - .... Wählen Sie drei verschiedene Dinge aus dem Schaufenster.

	vor·schlagen, du schlägst vor, er schlägt vor (hat vorgeschlagen)		Also, ich schlage vor, wir kaufen eine Karte fürs Kino.
C4	entfernt		Wer wohnt am weitesten entfernt?
	D		
D1	• die Statistik, -en		Ergänzen Sie die Statistik.
	• die Versicherung, -en		Er gibt am meisten für Miete, Auto, Versicherung, Gas aus.
	• das Nahrungsmittel, -		Bei Nahrungsmitteln achte ich immer auf gute Qualität.
D2	• das Gas, -e		Er gibt am meisten für Miete, Auto, Gas, Versicherung aus.
	• der Kredit, -e		Sie müssen einen Kredit für eine eigene Wohnung aufnehmen.
	auf·nehmen, du nimmst auf, er nimmt auf (hat aufgenommen)		Sie müssen einen Kredit für eine eigene Wohnung aufnehmen.
	E		
E1	manch-		Manche erinnern uns an etwas, sie erzählen eine Geschichte.
	• die Erinnerung, -en		Es können ganz unterschiedliche Erinnerungen sein: lustige, traurige oder schöne.
	• der Gedanke, -n		Mein erster Gedanke war: Oje, ist die hässlich!
	wertvoll		Die Kamera ist besonders wertvoll für mich, weil ich so viele schöne Erinnerungen damit verbinde.
	damals		Damals ist es mir ziemlich schlecht gegangen.
	deshalb		Er ist ganz lieb zu dir und deshalb musst du jetzt mal wieder lachen.
	froh		Er ist ganz lieb zu dir, deshalb musst du wieder froh sein und lachen.
	drin		Ich habe den Zettel wieder reingesteckt. Er ist heute noch drin.

Lernwortschatz

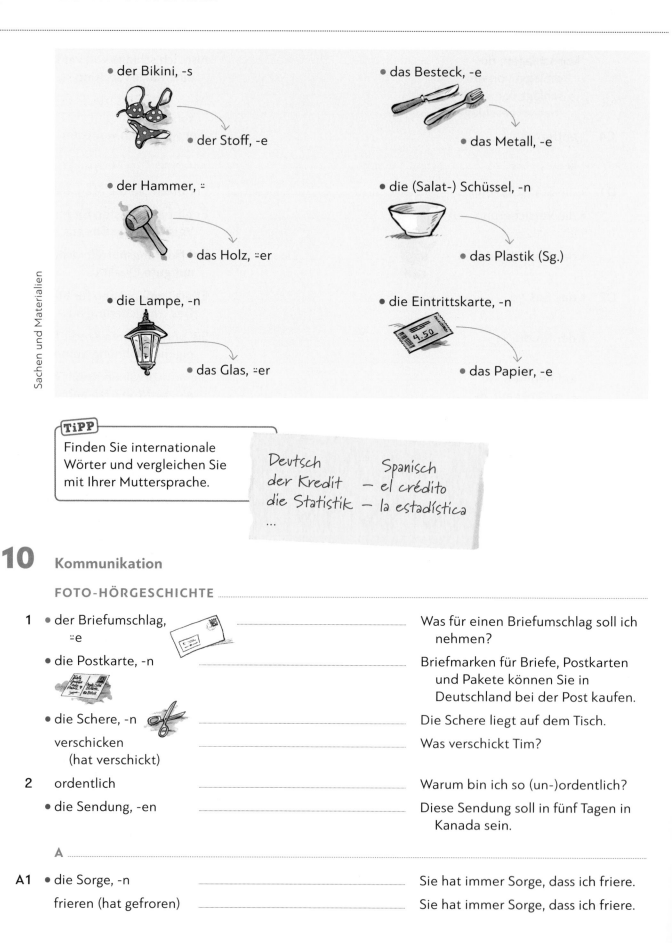

- der Bikini, -s
  - der Stoff, -e
- der Hammer, ⸚
  - das Holz, ⸚er
- die Lampe, -n
  - das Glas, ⸚er

- das Besteck, -e
  - das Metall, -e
- die (Salat-) Schüssel, -n
  - das Plastik (Sg.)
- die Eintrittskarte, -n
  - das Papier, -e

TiPP

Finden Sie internationale Wörter und vergleichen Sie mit Ihrer Muttersprache.

Deutsch   Spanisch
der Kredit   – el crédito
die Statistik – la estadística
...

10 Kommunikation

FOTO-HÖRGESCHICHTE

1 • der Briefumschlag, ⸚e .... Was für einen Briefumschlag soll ich nehmen?

• die Postkarte, -n .... Briefmarken für Briefe, Postkarten und Pakete können Sie in Deutschland bei der Post kaufen.

• die Schere, -n .... Die Schere liegt auf dem Tisch.

  verschicken (hat verschickt) .... Was verschickt Tim?

2 ordentlich .... Warum bin ich so (un-)ordentlich?

• die Sendung, -en .... Diese Sendung soll in fünf Tagen in Kanada sein.

A ....

A1 • die Sorge, -n .... Sie hat immer Sorge, dass ich friere.

  frieren (hat gefroren) .... Sie hat immer Sorge, dass ich friere.

	kaputt·gehen (ist kaputtgegangen)	Das alte Handy ist mir leider runter- gefallen und kaputtgegangen.
A2	• die Eisenbahn, -en	Der Mann kauft die Eisenbahnen nur online.
	• das Blatt, ⸚er	Sammeln Sie Blätter?
	• der Bär, -en	Sammeln Sie Teddybären?
	• die Münze, -n	Die Münze aus Griechenland findet sie am schönsten.
	• die Ente, -n	Sammeln Sie Enten?
	• das Souvenir, -s	Der Mann bringt aus jedem Urlaub ein Souvenir mit.
	• der Vogel, ⸚	Ich sammle Tiere aus Glas: exotische Vögel.
	un-	Ich sammle nichts. Sammeln finde ich uninteressant.
A4	• der Punkt, -e	Nimm das blaue Papier mit den gelben Punkten.
	• der Elefant, -en	Mir gefällt die orange Dose mit den weißen Elefanten.
	• die Rose, -n	Kauf rote Rosen für Oma. Die mag sie so gern.
	• der Stern, -e	Mir gefällt die Dose mit den Sternen.
	• der Himmel, -	Mir gefällt die Dose mit dem Sternenhimmel.
	orange	Mir gefällt die orange Dose.
	B	
B2	transportieren (hat transportiert)	Mit dem Flugzeug wird die Post nach Kanada transportiert.
B3	hart	Dort wird die Banane geerntet, wenn sie noch grün und hart ist.
	wiegen (hat gewogen)	Anschließend wird sie gewogen und in einen Karton verpackt.
	• die Ernte, -n	Bis jetzt sind die Bananen seit der Ernte maximal 24 Stunden unterwegs.
	reif	Dann sind die Bananen „reif", also gelb und weicher.
	weich	Dann sind die Bananen „reif", also gelb und weicher.
B4	• die Fantasie, -n	Machen Sie Fantasiesätze.

Lernwortschatz

C1 Was für ein-   Was für einen Beruf hat Julian?

● das Konsulat, -e   Gehen Sie dann mit den Formularen
                                                        und einer Kopie von Ihrem Pass
                                                        zum deutschen Konsulat oder zur
                                                        deutschen Botschaft.

● das Visum, Visa   Visum beantragen!

● die Grippe (Sg.)   Wann ist der Termin für die
                                                        Grippeimpfung?

● die Impfung, -en   Wann ist der Termin für die
                                                        Grippeimpfung?

übermorgen   Handball, übermorgen, 18 Uhr
                                                        am Sportplatz

untersuchen (hat   Als Termin für die Untersuchung
untersucht)   könnten wir Ihnen den 4. Mai
                                                        anbieten, um 18 Uhr.

impfen (hat geimpft)   Mein Sohn wird morgen geimpft.

C2 hoffen (hat gehofft)   Ich hoffe, du bist nicht sauer.

versprechen, du   Ich verspreche dir, dass das ganz
versprichst, er   bestimmt nicht wieder vorkommt!
verspricht (hat
versprochen)

vor·kommen (ist   Ich verspreche dir, dass das ganz
vorgekommen)   bestimmt nicht wieder vorkommt!

D1 ● das Netzwerk, -e   Wie viele Menschen sind täglich
                                                        in sozialen Netzwerken unter-
                                                        wegs?

testen (hat getestet)   Testen Sie Ihr Wissen mit unserem
                                                        kleinen Quiz.

● das Wissen (Sg.)   Testen Sie Ihr Wissen mit unserem
                                                        kleinen Quiz.

● das Quiz (Sg.)   Testen Sie Ihr Wissen mit unserem
                                                        kleinen Quiz.

● das Mobiltelefon, -e   Wie viele Nachrichten werden
                                                        per Mobiltelefon pro Tag im
                                                        Durchschnitt verschickt?

● die Mail, -s   Wie viele Mails werden weltweit
                                                        jährlich verschickt?

weltweit   Wie viele Mails werden weltweit
                                                        jährlich verschickt?

E

E1 • die Sendung, -en .... Hören Sie den Anfang einer
Radiosendung.

• das Ereignis, -se .... Die Radiomoderatorin informiert
über aktuelle Ereignisse.

• die Störung,-en .... Der Mitarbeiter im Callcenter hilft
bei technischen Störungen.

beenden (hat
beendet) .... Nach drei Minuten müssen sie
das Gespräch beenden.

anstrengend .... Aber es ist auch anstrengend.

E2 • der Reporter, - / .... Ich finde, Reporter ist ein
• die Reporterin, -nen interessanter Beruf.

neugierig .... Ein Reporter muss immer
neugierig sein.

• das Netzwerk, -e   • die (Radio-/TV-) Sendung, -en   • der Briefumschlag, ⸗e   • die Postkarte, -n

verschicken   • die E-Mail, -s   • das Mobiltelefon, -e / • das Handy, -s   • der Chat, -s

Kommunikation

TiPP
Lernen Sie so: Was kann
man damit machen?

Die Postkarte: schreiben,
verschicken, senden, zur
Post bringen, ...

Lernwortschatz

11   Unterwegs

1	• der Zoo, -s	Ich gehe gern in den Zoo.
2	an·schauen (hat angeschaut)	Was kann ich in der Stadt anschauen?

A

A2	weg·fahren, du fährst weg, er fährt weg (ist weggefahren)	Jemand fährt von der Tankstelle weg.
A3	springen (ist gesprungen)	Ein Hund springt ins Auto.
	tanken (hat getankt)	Ein Mann tankt an der Tankstelle.

B

B1	vorbei ... an	Da kommen Sie an dem kleinen See vorbei.
	entlang	Geht rechts die Straße entlang bis zum Opernplatz.
	gegenüber	Der Eingang zum Zoo ist genau gegenüber der S-Bahn-Station.
B2	• die Richtung, -en	Mein Navi hat mich in die falsche Richtung geschickt.
	• der Fluss, ⸚e	Dann fährst du den Fluss entlang.
	• die Kreuzung, -en	Immer geradeaus bis zur Kreuzung.
	ab·biegen (ist abgebogen)	Dort musst du nach links abbiegen.
	• die Ausfahrt, -en	Fahr um den Kreisverkehr herum und nimm die dritte Ausfahrt.

C

C2	• der Stau, -s	Ich stehe im Stau. Deshalb schaffe ich es nicht zur Teambesprechung.
	• der Bürgersteig, -e	Ich bin auf dem Bürgersteig gestürzt.
	stürzen (ist gestürzt)	Ich bin auf dem Bürgersteig gestürzt.
	• der Radfahrer, -	Ich bin auf dem Bürgersteig gestürzt, weil so ein blöder Radfahrer nicht aufgepasst hat.
	• das Knie, -	Mein Knie hat geblutet.
	• das Pflaster, -	Ich musste noch zur Apotheke und ein Pflaster kaufen.

- das Rad, ¨er | Ein super Rad!
- der Liebling, -e | Hallo, Liebling, ich komme heute später.

stehen bleiben
(ist stehen geblieben) | Das Auto ist plötzlich stehen geblieben.

- das Benzin (Sg.) | Zuerst habe ich gedacht: kein Benzin mehr.

- die Batterie, -n | Der Mann vom Pannendienst sagt, dass die Autobatterie leer ist.

rechtzeitig | Stefan kommt nicht rechtzeitig, weil er im Stau steht.

C3 • die Baustelle, -n | Auf der Autobahn ist eine Baustelle.

- die Spur, -en | Deshalb müssen die Autos auf der linken Spur fahren.

überholen
(hat überholt) | Deshalb müssen die Autos auf der linken Spur fahren und können nicht überholen.

- die Fahrbahn, -en | Tiere sind auf der Fahrbahn.

vorsichtig | Deshalb soll man vorsichtig fahren.

C4 wegen | Wegen Bauarbeiten gibt es Stau auf der A3.

D

D1 • der Nebel, - | Dichter Nebel verhindert Starts und Landungen am Flughafen.

- der Sturm, ¨e | Sturm und Eis haben gestern für Chaos auf Deutschlands Straßen gesorgt.

- das Gewitter, - | In der Nacht gibt es dann Gewitter und Starkregen.

D2 neblig | In Luzern ist es zurzeit jeden Morgen so neblig, dass man die Hand nicht vor Augen sieht!

- das Chaos (Sg.) | Sturm und Eis haben gestern für Chaos auf Deutschlands Straßen gesorgt.

komplett | In der Nacht war die Autobahn A72 zwischen Wildenfels und Hartenstein komplett gesperrt.

stundenlang | Die Autofahrer mussten stundenlang in ihren Wagen warten.

- der Wagen, - | Die Autofahrer mussten stundenlang in ihren Wagen warten.

Lernwortschatz

• die Region, -en .... Wetterbericht für die Region Oststeiermark: ...

• die Hitze (Sg.) .... Nach der Hitze kommen von Westen immer mehr Wolken.

• das Teil, -e .... Schon heute Abend gibt es zum Teil kräftigen Wind.

kräftig .... Schon heute Abend gibt es zum Teil kräftigen Wind.

• die Gefahr, -en .... Es besteht Gefahr wegen umstürzender Bäume.

• der Bürger, - / .... Am Wochenende sind die Bürger zu
  • die Bürgerin, -nen einem Fest eingeladen.

• die Aussicht, -en .... Auch die Wetteraussichten für das Event sind gut.

sommerlich .... Die Meteorologen versprechen Sonnenschein und sommerliche Temperaturen.

dicht .... Dichter Nebel verhindert Starts und Landungen am Flughafen.

verhindern .... Dichter Nebel verhindert Starts
  (hat verhindert) und Landungen am Flughafen.

• der Start, -s .... Dichter Nebel verhindert Starts und Landungen am Flughafen.

• die Landung, -en .... Dichter Nebel verhindert Starts und Landungen am Flughafen.

starten (ist gestartet) .... Zurzeit können keine Maschinen starten oder landen.

landen (ist gelandet) .... Zurzeit können keine Maschinen starten oder landen.

voraussichtlich .... Deshalb kommt es voraussichtlich bis 12 Uhr zu Verspätungen.

• der Abflug, ⸚e .... Es kommt zu Verspätungen bei Abflügen und Landungen.

• das Verständnis (Sg.) .... Wir bitten um Verständnis.

gefährlich .... Man soll nicht mit dem Auto fahren, weil es zu gefährlich ist.

E

E1 • das Moped, -s .... In meiner Heimat ist das Moped ein sehr wichtiges Verkehrsmittel.

• das Verkehrsmittel, - .... In meiner Heimat ist das Moped ein sehr wichtiges Verkehrsmittel.

hupen (hat gehupt) .... Immer hupt jemand.

bremsen (hat gebremst) ....

Bei uns bremst kein Autofahrer für einen Fußgänger.

• der Fußgänger, - /
  • die Fußgängerin,
    -nen

Bei uns bremst kein Autofahrer für einen Fußgänger.

auf·fallen, du fällst auf,
er fällt auf
(ist aufgefallen)

Mir ist aufgefallen, dass in Deutschland viele einen Strafzettel für zu schnelles Fahren riskieren.

• der Strafzettel, -

Mir ist aufgefallen, dass viele einen Strafzettel für zu schnelles Fahren riskieren.

• die Strafe, -n

Vielleicht, weil die Strafen so niedrig sind.

niedrig

Vielleicht, weil die Strafen so niedrig sind.

furchtbar

Das finde ich furchtbar.

öffentlich

Ich fahre lieber mit den öffentlichen Verkehrsmitteln.

• der Fahrer, - /
  • die Fahrerin, -nen

Ich finde, dass Autofahrer in Deutschland oft zu schnell fahren.

reden (hat geredet)

Die Leute haben nicht so viel geredet.

E2 • der Unterschied, -e

Gibt es Unterschiede zwischen Stadt und Land?

beachten (hat beachtet)

Es gibt Verkehrsregeln, aber sie werden oft nicht beachtet.

• das Tempo (Sg.)

Tempolimits: 40 km/h in Orten, …

TiPP

Merken Sie sich zehn neue Wörter. Schreiben Sie die Wörter auf. Wie viele Wörter haben Sie sich gemerkt?

1. der Verkehr
2. der Fußgänger
3. das Moped
…

Lernwortschatz

• das Moped, -s

• der Fußgänger, - /
• die Fußgängerin, -nen

• der Strafzettel, -

• der Wagen, -

• die Baustelle, -n

• das Rad, ⸗er

• der Stau, -s

• die Kreuzung, -en

• die Autobahn, -en

• das Tempo (Sg.)

Verkehr

12 Reisen

FOTO-HÖRGESCHICHTE

2	• die Ostsee (Sg.)		Das ist an der Ostsee.
3	begeistert		Davon ist Lara nicht besonders begeistert.
	• die Unterkunft, ⸗e		Es gibt keine preiswerten Unterkünfte.

A

A1	• die Küste, -n		Ich gehe gern am Morgen an die Küste.
	• das Gebirge, -	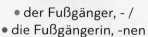	Am Samstag fahren wir ins Gebirge.
A3	• (das) Luxemburg		Wir leben in Luxemburg und fahren jedes Jahr in den Süden.
	baden (hat gebadet)		Die Kinder baden und spielen den ganzen Tag im Sand.
	• der Sand (Sg.)		Die Kinder baden und spielen den ganzen Tag im Sand.

	kühl		In den Bergen ist es kühler, das mag ich sehr.
	• die Kuh, ⸚e		Auf dem Bauernhof gibt es Kühe, Pferde, Schafe, Hunde und Katzen.
	• das Pferd, -e		Auf dem Bauernhof gibt es Kühe, Pferde, Schafe, Hunde und Katzen.
	• das Schaf, -e		Auf dem Bauernhof gibt es Kühe, Pferde, Schafe, Hunde und Katzen.
	umsonst		Wir können umsonst in der Ferienwohnung wohnen.
	• das Boot, -e		Man kann am See auch Boote mieten.
	• das Festival, -s		Ich möchte dort ein Festival besuchen.
A4	trocken		Ach, im Süden ist es zu trocken.
B			
B2	• die Pension, -en		Kleine Pension in ruhiger Lage mit schönem Blick auf die historische Innenstadt
	• das Camping (Sg.)		Almtal Camping: Wunderschöner Campingplatz direkt am See im Almtal.
	• das Tal, ⸚er		Erleben Sie schöne Wandertouren in unseren Bergen und Tälern.
	• die Wiese, -n		Entspannen Sie sich auf unserer Badewiese direkt am See!
	romantisch		Romantische Berghütte mit schönem Blick ins Tal.
	• das Schloss, ⸚er		Nur fünf Minuten zum Schloss.
	zahlreich		Nur fünf Minuten ins historische Zentrum mit zahlreichen Sehenswürdigkeiten.
	• die Übernachtung, -en		Billige Übernachtung neben dem berühmten Dom.
	• die Jugendherberge, -n		Moderne Jugendherberge für Jung und Alt.
C			
C1	• der Aufenthalt, -e		Er hat über eine Stunde Aufenthalt in Berlin.

Lernwortschatz

C2 • das Reisebüro, -s   Lesen Sie die Anzeige und fragen
                                              Sie im Reisebüro nach.

• der Spezialist, -en   Bus Müller – Ihr Spezialist für
                                              Busreisen

• die Verbindung, -en   Ist das eine Direktverbindung?

D

D1 natürlich   Wir könnten aber natürlich auch
                                              Kanufahren oder Surfen.

• die Ausstellung, -en   Wir können aber auch eine
                                              Ausstellung ansehen …

nirgends   Nirgends schmeckt es besser als bei
                                              uns.

ein·packen   Ich packe auf jeden Fall die
(hat eingepackt)   Wanderstiefel ein.

E

E1 einigen (hat geeinigt)   Worauf einigen sich die beiden?

übernachten   Wo übernachten sie?
(hat übernachtet)

E2 dagegen sein   Ich bin dagegen.

dafür sein   Ich bin dafür.

ablehnen   Einen Vorschlag ablehnen.
(hat abgelehnt)

E3 faulenzen   Das ist zu anstrengend. Ich möchte
(hat gefaulenzt)   lieber faulenzen.

• **das Reiseziel, -e**   • **die Unterkunft, ⸚e**
• das Gebirge, -   • das Camping (Sg.)
• die Küste, -n   • die Pension, -en
                                              • die Jugendherberge, -n

• **die Aktivitäten**
• eine Ausstellung ansehen   • **im Reisebüro**
• eine Stadtführung machen   • der Spezialist, -en /
• die Altstadt besichtigen   • die Spezialistin, -nen
                                              • die Auskunft, ⸚e
                                              • eine Reise buchen

Eine Reise buchen

TiPP
Ein Wort = viele Wörter
Schreiben Sie so:

das Reisebüro:
die Reise, das Büro,
das Eis, das Ei

13 Geld

FOTO-HÖRGESCHICHTE

1 • der Betrag, ⸚e
Welchen Betrag kann man mit der EC-Karte pro Tag maximal abheben?

2 • das Girokonto, Girokonten
Sie möchte gern ein Girokonto eröffnen.

3 beantworten (hat beantwortet)
Zum Schluss wird sogar Frau Sicinskis Frage zu der Abbuchung beantwortet.

4 besorgen (hat besorgt)
Was du heute kannst besorgen, das verschiebe nicht auf morgen.

verschieben (hat verschoben)
Was du heute kannst besorgen, das verschiebe nicht auf morgen.

A

A2 ab·heben (hat abgehoben)
Ich wollte Geld abheben und nun ist meine Kreditkarte weg.

• der Geldautomat, -en
Nun ist meine Kreditkarte weg. Der Geldautomat hat sie behalten.

kriegen (hat gekriegt)
Wie kriege ich meine Karte zurück?

• die EC-Karte, -n
Ich habe meine EC-Karte verloren. Können Sie mir sagen, was ich nun tun soll?

B

B1 ob
Darf ich fragen, ob Sie Ihren Personalausweis dabei haben?

B2 • der Zoll, ⸚e
Zoll bezahlt man an den Staat, wenn man bestimmte Waren ins Land bringt.

• der Staat, -en
Zoll bezahlt man an den Staat, wenn man bestimmte Waren ins Land bringt.

bar
bar bezahlen: Man bezahlt nicht mit Karte, sondern mit Geldscheinen und/oder Münzen.

sondern
Man bezahlt nicht mit Karte, sondern mit Geldscheinen und/oder Münzen.

• die Zinsen (Pl.)
Man bezahlt Zinsen, wenn man sich Geld leiht.

Lernwortschatz

B3	• das Bargeld (Sg.)	....	Wir nehmen hier nur Bargeld.
B4	• das Taschengeld (Sg.)	....	Hast du als Kind Taschengeld bekommen?
	erledigen (hat erledigt)	....	Erledigst du deine Bankgeschäfte online?
	monatlich	....	Sparst du monatlich eine bestimmte Summe?
	• die Summe, -n	....	Sparst du monatlich eine bestimmte Summe?

C ....

C2	• die Kraft, ⸚e	....	Du solltest dich vor dem Krafttraining beraten lassen.
	• der Trainer, -	....	Ein Trainer kontrolliert deine Gesundheit.
	kontrollieren (hat kontrolliert)	....	Ein Trainer kontrolliert deine Gesundheit.
	erstellen (hat erstellt)	....	Ein Trainer erstellt deinen individuellen Trainingsplan.
	regelmäßig	....	Bei der regelmäßigen Kontrolle überprüft der Trainer, ob die Übungen noch richtig gemacht werden.
	• die Kontrolle, -n	....	Bei der regelmäßigen Kontrolle überprüft der Trainer, ob die Übungen noch richtig gemacht werden.
	überprüfen (hat überprüft)	....	Bei der regelmäßigen Kontrolle überprüft der Trainer, ob die Übungen noch richtig gemacht werden.
	• der Fortschritt, -e	....	Nur mit unterschiedlichen Übungen können Fortschritte erreicht werden.
	erreichen (hat erreicht)	....	Nur mit unterschiedlichen Übungen können Unterschiede erreicht werden.
C3	renovieren (hat renoviert)	....	Unsere Nachbarn lassen nächste Woche die Wohnung renovieren.
	schneiden (sich) (hat geschnitten)	....	Morgen gehe ich zum Friseur und lasse mir die Haare schneiden.
	• die Bremse, -n	....	Ich kenne mich z. B. mit den Bremsen überhaupt nicht aus.
	• die Kosten (Pl.)	....	Ich mache das selbst. So kann ich Kosten sparen.

D

D1 ● der Artikel, -

    mitten

    arm

    übrig

    inzwischen

    entsorgen (hat
    entsorgt)

    tauschen (hat
    getauscht)

    kritisch

    versichern (hat
    versichert)

Der Artikel heißt „…"

Ein Leben ohne Geld mitten in
Deutschland

Arm sind sie nicht.

Und arm sind sie nicht, denn bei
anderen bleibt genug übrig.

In vielen Städten gibt es inzwischen
Foodsharing-Initiativen.

Lebensmittel nicht schlecht werden
lassen und entsorgen, sondern
teilen.

Wir tauschen auch Tipps für den
Alltag mit anderen.

Dabei gibt es auch immer wieder
kritische Fragen.

Wir sind im Moment noch bei
unseren Eltern versichert.

E

E1 ● das Menü, -s

Sie lassen sich von mir ein ganzes
Menü bringen und haben kein
Geld dabei?

E2   überweisen (hat
    überwiesen)

  ● der Ober, -

    böse

Der Passant möchte dem Räuber das
Geld überweisen.

Der Ober will die Polizei rufen.

Der Autofahrer ist böse, weil er einen
Strafzettel bekommt.

E4 ● das Gehalt, ⸚er

  ● die Erhöhung, -en

    ungewöhnlich

Er hat eine Gehaltserhöhung
bekommen.

Der Eisverkäufer hat heute eine
Gehaltserhöhung bekommen.

Und die Antwort von … finde ich
ungewöhnlich.

TiPP

Schreiben Sie wichtige Sätze.
Hängen Sie die Sätze in der
Wohnung auf. Sprechen Sie.

Können Sie mir
sagen, wo ich eine
neue Kreditkarte
beantragen kann?

Lernwortschatz

• die EC-Karte, -n

• der Geldautomat, -en

• das Bargeld (Sg.)

• die Zinsen (Pl.)

• der Kontoauszug, ⸚e

• der Zoll (Sg.)

• Geld abheben

Rund ums Geld

14 Lebensstationen

A

A1

zurück·gehen (ist zurückgegangen)		Nach dem Kurs musste Lara dann aber leider nach Polen zurück-gehen.
kaum		Wir sehen uns also kaum.
• der Motor, -en		Ich arbeite jetzt in Hamburg als Ingenieur und entwickle bei einer großen Firma Elektromotoren.
sterben, du stirbst, er stirbt (ist gestorben)		Mein Opa ist schon früh gestorben.
stark		Sie war eine starke Frau.
zusammen·leben (hat zusammengelebt)		Wir haben mit Oma zusammen-gelebt.
zuletzt		Sie hat bis zuletzt mitgeholfen.
versorgen (hat versorgt)		Sie hat die Tiere versorgt und für uns alle gekocht.
tot		Seit fünf Jahren ist Oma Ági nun tot.
• die Kindheit, -en		Meine beste Freundin Katrin und ich kennen uns schon seit der Kindheit.
nebenan		Katrin hat im Haus nebenan gewohnt.

	der-, die-, dasselbe	Wir sind in denselben Kindergarten und später in dieselbe Klasse gegangen.
	verlieben (sich) (hat sich verliebt)	Später haben wir uns in dieselben Jungen verliebt.
	• der Quatsch (Sg.)	Wir haben viel Quatsch zusammen gemacht.
	zufällig	Vor vier Jahren haben wir uns zufällig in einem Lokal getroffen.
	• das Lokal, -e	Vor vier Jahren haben wir uns zufällig in einem Lokal getroffen.
	seitdem	Seitdem sind wir wieder beste Freundinnen.
A3	einzig-	Ich bin das einzige Kind von Astrid und Erik.
B		
B1	• das Gegenteil, -e	Im Gegenteil. Dich ruft alle fünf Minuten jemand an.
B2	• das Paar, -e	Worüber streiten Paare am häufigsten?
	• die Erziehung (Sg.)	Darüber streiten Paare in Deutsch-land: Kindererziehung, ...
C		
C2	• der Ratschlag, ⁼e	Ein Ratschlag: Du solltest unbedingt ... ansehen.
D		
D1	• die Maus, ⁼e	Viele sagen Maus oder Mausi zu ihrer Partnerin / ihrem Partner.
D3	eher	Die Deutschen sind bei der Wahl von Kosenamen eher einfallslos.
	populär	Auch Kosewörter aus der Tierwelt sind sehr populär.
	• der Raucher, - / • die Raucherin, -nen	Der starke Raucher wird zum *Stinkerchen*.
	• das Märchen, -	Beliebt sind außerdem Begriffe aus den Bereichen Märchen und Essen.

Lernwortschatz

	dankbar	Eine Befragung hat gezeigt, dass viele Leute dankbar sind, wenn ihr Partner sie einfach mit ihrem richtigen Namen anspricht.
	an·sprechen (hat angesprochen)	Viele Frauen und Männer möchten, dass man sie eher nicht mit Kosenamen anspricht.
D4	danken (hat gedankt)	Viele Leute sind dankbar, wenn man sie mit ihrem richtigen Namen anspricht.
	• der Einfall, ⸚e	Die Deutschen sind bei der Wahl von Kosenamen eher einfallslos.
	(un-)angenehm	Er war schon immer ein starker Raucher, und das ist ziemlich unangenehm.

E

E1	reisen (ist gereist)	Ich würde durch die Welt reisen.
	• das Haustier, -e	Wenn ich noch einmal zwanzig wäre, hätte ich gern ein Haustier.
	ernst	Wenn ich noch einmal zwanzig wäre, würde ich das Leben nicht so ernst nehmen.
E2	bequem	Ich hätte gern ein bequemes Sofa.

Entscheidungen und Zukunft

- die Kindheit
- das Paar, -e
- die Entscheidung, -en
- die Umfrage, -n
- die Welt, -en

Lebensstationen

- die Zukunft (Sg.)
- der Streit (Sg.)
- der Ratschlag, ⸚e
- die Meinung, -en
- der Einfall, ⸚e

TiPP

Notieren Sie Wörter mit -ung (immer • die) und mit -chen (immer • das).

- die Befragung
- die Erziehung
...
- das Mädchen
- das Märchen

Nomen

Namen im Genitiv: *von* + Dativ   Lektion 1

Annas Mutter = die Mutter von Anna

ÜG 1.03

Artikelwörter und Pronomen

Indefinitpronomen   Lektion 3

	Nominativ	Akkusativ
• der Espresso	(k)einer	(k)einen
• das Messer	(k)eins	(k)eins
• die Portion	(k)eine	(k)eine
• die Löffel	keine/welche	keine/welche

auch so: meiner, meins, meine, meine ...

der/ein Espresso	→ einer
den/einen Espresso	→ einen

ÜG 3.03

Dativ als Objekt: Possessivartikel und indefiniter Artikel   Lektion 7

Wer?		Wem? (Person)		Was? (Sache)
Ich	habe	• meinem	Mann	Gartenstühle gekauft.
Ich	kaufe	• meinem	Baby	einen Teddy.
Ich	backe	• meiner	Nachbarin	einen Kuchen.
Ich	schenke	• meinen	Freunden	ein Buch.

auch so: dein-, sein-, ihr-, ...; ein-, kein-   ÜG 1.03, 2.04, 5.22

Adverbien

Lokal- und Direktionaladverbien   Lektion 2

Wo? ◎	Wohin? →
hier/da/dort	hierhin/dahin/dorthin
	Stellen Sie die Leiter dahin.
	rein/raus/rauf/runter/rüber
	runter fallen
	Fallen Sie nicht runter.

ÜG 7.02

Präpositionaladverbien   Lektion 5

Verb mit Präposition	Präpositionaladverb	Fragewort
sich interessieren für	dafür	Wofür ...?
Lust haben auf	darauf	Worauf ...?
(sich) erinnern an	daran	Woran ...?
sich ärgern über	darüber	Worüber ...?
zufrieden sein mit	damit	Womit ...?
träumen von	davon	Wovon ...?

Ich habe keine Lust auf Tanzen.
→ Ich habe keine Lust darauf.
→ Worauf hast du dann Lust?

ÜG 5.23

Grammatikübersicht

Verben

Perfekt: trennbare Verben   Lektion 1

Präfix + ge...t/en	
kennen ✂ lernen ich lerne kennen	Ich habe schon zwei Nachbarn kennen**ge**lernt.
ein / kaufen du kaufst ein	Du hast ein**ge**kauft.
an / rufen ich rufe an	Ich habe Lara an**ge**rufen.

auch so: ab-, auf-, aus-, ...   ÜG 5.05

Perfekt: Verben auf *-ieren*   Lektion 1

...iert: **ohne** -ge-!			
passieren	es passiert	Was ist	pass**iert**?
telefonieren	ich telefoniere	Ich habe beim Gehen	telefon**iert**.

ÜG 5.05

Perfekt: nicht-trennbare Verben   Lektion 1

Präfix + ...t/en: **ohne** -ge-!			
erleben	du erlebst	So was hast du noch nicht	**er**lebt!
bemerken	ich bemerke	Ich habe es jetzt erst	**be**merkt.
verstehen	ich verstehe	Ich habe es	**ver**standen.

auch so: be-, emp-, ent-, ge-, ver-, zer-, ...   ÜG 5.05

Ratschlag: *sollen* im Konjunktiv II   Lektion 4

ich	sollte
du	solltest
er/es/sie	sollte
wir	sollten
ihr	solltet
sie/Sie	sollten

Du solltest Detektiv werden.

ÜG 5.12

Verben mit Wechselpräpositionen   Lektion 2

„Wo?" + Dativ ◎	„Wohin?" + Akkusativ →
liegen	legen
stehen	stellen
stecken	stecken
hängen	hängen

ÜG 6.02

Reflexive Verben   Lektion 5

sich bewegen		
ich	bewege	mich
du	bewegst	dich
er/es/sie	bewegt	sich
wir	bewegen	uns
ihr	bewegt	euch
sie/Sie	bewegen	sich

Sie fühlen sich müde?
Bewegen Sie sich regelmäßig!
Sie sollten sich gesund ernähren.

auch so: sich anziehen, sich ärgern, sich ausruhen, sich beeilen, sich beschweren, sich duschen, sich entspannen, sich interessieren, sich kämmen, sich konzentrieren, sich rasieren, sich schminken, sich umziehen, sich verabreden, sich waschen ...   ÜG 5.24

Verben mit Präpositionen   Lektion 5

Akkusativ				
warten auf	• den Mann	• das Kind	• die Frau	• die Leute

auch so: sich ärgern über, sich beschweren über, denken an, sich erinnern an, sich freuen auf, sich freuen über, sich kümmern um, Lust haben auf, sprechen über ...

Dativ				
zufrieden sein mit	• dem Mann	• dem Kind	• der Frau	• den Leuten

auch so: Angst haben vor, erzählen von, sprechen mit, telefonieren mit, träumen von, sich treffen mit ...

ÜG 5.23

Modalverben: Präteritum   Lektion 6

	müssen	können	wollen	dürfen	sollen
ich	musste	konnte	wollte	durfte	sollte
du	musstest	konntest	wolltest	durftest	solltest
er/es/sie	musste	konnte	wollte	durfte	sollte
wir	mussten	konnten	wollten	durften	sollten
ihr	musstet	konntet	wolltet	durftet	solltet
sie/Sie	mussten	konnten	wollten	durften	sollten

ÜG 5.09 - 5.12

Präpositionen

Wechselpräpositionen   Lektion 2

	„Wo?" + Dativ ◉	„Wohin?" + Akkusativ →
auf	• dem Tisch	• den Tisch
	• dem Sofa	• das Sofa
	• der Leiter	• die Leiter
neben	• den Glühbirnen	• die Glühbirnen
	Die Sachen liegen auf dem Tisch.	Er legt die Sachen auf den Tisch.

auch so: an, hinter, in, über, unter, vor, zwischen

ÜG 6.02

Präposition: *von* + Dativ   Lektion 7

von	• meinem Kollegen
	• meinem Kind
	• meiner Kollegin
	• meinen Kollegen
	mir

ÜG 6.04

Grammatikübersicht

Konjunktionen

Konjunktion: *weil* Lektion 1

	Konjunktion	Ende
Ich bin traurig,	weil ich hier keinen Menschen	kenne.
	weil meine Eltern nicht	anrufen.
	weil ich keine Freunde	gefunden habe.
	weil ich nicht im Hotel	wohnen kann.
Warum wohnst du so weit draußen?		
Weil die Mieten im Zentrum so teuer sind.		

ÜG 10.09

Konjunktion: *wenn* Lektion 4

a Hauptsatz vor dem Nebensatz

	Konjunktion	Ende
Ich kann Ihnen kein Zimmer geben,	wenn Sie keine Bestätigung	haben.

b Nebensatz vor dem Hauptsatz

Konjunktion	Ende	⚠
Wenn Sie keine Bestätigung	haben,	(dann) kann ich Ihnen kein Zimmer geben.

ÜG 10.11

Konjunktion: *dass* Lektion 6

	Konjunktion	Ende
Es ist wichtig,	dass man einen guten Schulabschluss	hat.

auch so: Ich denke/finde/meine/glaube/bin sicher/ ..., dass ...
Es tut mir leid, dass ...
Es ist schön, dass ...

ÜG 10.06

Sätze

Syntax: Stellung der Objekte Lektion 7

	Dativ(pronomen)	Akkusativ
Jan kauft	ihnen	Konzertkarten.
Dimi empfiehlt	Joachim Wagner	das Tzatziki.
	Akkusativpronomen	Dativpronomen
Dimi empfiehlt	es	ihm.

ÜG 5.22

Artikelwörter und Pronomen

Frageartikel: *Was für ein ...?* Lektion 10

	Nominativ	Akkusativ	
Was für	• ein	• einen	Beruf ...?
	• ein	• ein	Hobby ...?
	• eine	• eine	Freundin ...?
	• –	• –	Pläne ...?

ÜG 10.03

Adjektive

Adjektivdeklination: indefiniter Artikel Lektion 9

Nominativ	Akkusativ	Dativ
• ein neuer Laden	• einen neuen Laden	• einem neuen Laden
• ein schönes Licht	• ein schönes Licht	• einem schönen Licht
• eine schöne Wohnung	• eine schöne Wohnung	• einer schönen Wohnung
• – braune Möbel	• – braune Möbel	• – braunen Möbeln

auch so nach: mein-, dein- ...; kein-;
aber:
⚠ meine/keine braunen Möbel

ÜG 4.01

Komparation Lektion 9

Positiv +	Komparativ ++	Superlativ +++
schön	schöner	am schönsten
interessant	interessanter	am interessantesten → ⚠ -d/-t + esten
⚠		
groß	größer	am größten
lange/lang	länger	am längsten
dumm	dümmer	am dümmsten
hoch	höher	am höchsten

ÜG 4.04

Vergleichspartikel: *als, wie* Lektion 9

schöner/praktischer/... als ...	
Dorina mag Rockmusik lieber als Jazz.	≠

(genau)so gern/schön/... wie ...	
Sie geht genauso gern ins Kino wie ins Theater.	=

ÜG 4.04

Adjektivdeklination: definiter Artikel Lektion 10

Nominativ	Akkusativ	Dativ
• der grüne Schal	• den grünen Schal	• dem grünen Schal
• das tolle Handy	• das tolle Handy	• dem tollen Handy
• die große Uhr	• die große Uhr	• der großen Uhr
• die verschiedenen Bierdeckel	• die verschiedenen Bierdeckel	• den verschiedenen Bierdeckeln

ÜG 4.02

Grammatikübersicht

Adjektivdeklination ohne Artikel   Lektion 12

Nominativ	Akkusativ	Dativ
• schöner Blick	schönen Blick	schönem Blick
• leckeres Frühstück	leckeres Frühstück	leckerem Frühstück
• schöne Lage	schöne Lage	schöner Lage
• regionale Produkte	regionale Produkte	regionalen Produkten

ÜG 4.03

Verben

Konjunktiv II: Konjugation   Lektion 8

ich	wäre	ich	hätte
du	wär(e)st	du	hättest
er/es/sie	wäre	er/es/sie	hätte
wir	wären	wir	hätten
ihr	wär(e)t	ihr	hättet
sie/Sie	wären	sie/Sie	hätten

ich	würde	
du	würdest	
er/es/sie	würde	... spielen
wir	würden	
ihr	würdet	
sie/Sie	würden	

ich	könnte	
du	könntest	
er/es/sie	könnte	... spielen
wir	könnten	
ihr	könntet	
sie/Sie	könnten	

ÜG 5.17

Konjunktiv II: Wunsch   Lektion 8

Ich	wäre	gern	am Meer.	
Sie	hätte	gern	viel Geld.	
Wir	würden	gern	Gitarre	spielen.

ÜG 5.17

Konjunktiv II: Vorschlag   Lektion 8

Du	könntest	ins Kino gehen.
Wir	könnten	

ÜG 5.17

Passiv: Präsens   Lektion 10

	werden	Partizip
er/es/sie	wird	reingeschrieben
sie	werden	

Das wird reingeschrieben. = Man schreibt das rein.

ÜG 5.13

Verb: Konjugation   Lektion 13

	lassen
ich	lasse
du	lässt
er/es/sie	lässt
wir	lassen
ihr	lasst
sie/Sie	lassen

	Position 2		Ende
Sie	lässt	ihr Konto	prüfen.
Du	solltest	dich vor dem Training beraten	lassen.

ÜG 5.15

Wiederholung: Perfekt   Lektion 14

regelmäßige und unregelmäßige Verben	trennbare Verben
gemacht	kennengelernt
getroffen	eingeladen

nicht-trennbare Verben	Verben auf -*ieren*
bekommen	telefoniert
	studiert

ÜG 5.03, 5.04, 5.05

Wiederholung: Präteritum   Lektion 14

	sein	haben	wollen	dürfen	können	müssen
ich/er/sie	war	hatte	wollte	durfte	konnte	musste

ÜG 5.06

Wiederholung: Konjunktiv II   Lektion 14

Wunsch	Vorschlag
Ich hätte (gern) …	Wir könnten … rausgehen.
Ich wäre (gern) …	Ratschlag
Ich möchte …	Du solltest … ansehen.
Ich würde (gern) …	

ÜG 5.17

Präpositionen

Lokale Präpositionen auf die Frage *Woher*?   Lektion 11

aus + Dativ		von + Dativ	
• aus dem	Bus	• vom	Friseur/Fußballplatz
• aus dem	Hotel	• vom	Meer
• aus der	S-Bahn	• von der	Tankstelle

ÜG 6.03

Lokale Präpositionen   Lektion 11

Akkusativ	Dativ
• durch den Park	• an dem See vorbei
• über die Straße	• bis zum Westend
• die Straße entlang	• gegenüber der S-Bahn-Station / der S-Bahn-Station gegenüber
• um die Oper (herum)	

ÜG 6.03

Grammatikübersicht

Lokale Präpositionen   Lektion 12

	Wo? – Dativ		Wohin? – Akkusativ	
an	• am	Atlantik	• an den	Atlantik
	• am	Meer	• ans	Meer
	• an der	Küste	• an die	Küste
auf	• auf dem	Land	• aufs	Land
	• auf der	Insel	• auf die	Insel
in	• im	Schwarzwald	• in den	Schwarzwald
	• im	Gebirge	• ins	Gebirge
	• in der	Wüste	• in die	Wüste
	• in den	Bergen	• in die	Berge

ÜG 6.02

Modale Präposition *ohne* + Akkusativ   Lektion 12

den → ohne lauten Verkehr

ÜG 6.04

Temporale Präpositionen   Lektion 12

von ... an + Dativ	über + Akkusativ
Von Oktober an gibt es wieder freie Plätze.	Er hat über eine Stunde Aufenthalt in Berlin.

ÜG 6.01

Konjunktionen

Konjunktion: *trotzdem*   Lektion 8

		Position 2	
Eva hat keine Zeit.	Sie	soll	trotzdem reinkommen.
	Trotzdem	soll	sie reinkommen.

ÜG 10.05

Konjunktion: *deshalb*   Lektion 11

Grund	Resultat/Konsequenz		
		Position 2	
Tommy mag Tiger.	Deshalb	möchte	er in den Zoo gehen.
	Er	möchte	deshalb in den Zoo gehen.

ÜG 10.05

Wiederholung: Satzverbindungen mit *wenn – weil – dass*   Lektion 14

Ich fühle mich unwohl,	wenn	ich mein Handy nicht dabeihabe.	
Ich fühle mich unwohl,	weil	ich dann nicht erreichbar	bin.
Dir ist es egal,	dass	ich das nicht machen	kann?

ÜG 10.06, 10.08, 10.09

Sätze

Indirekte Fragen mit Fragepronomen   Lektion 13

	Fragepronomen (W-Fragen)		Ende
Können Sie mir sagen,	was	ich da	tun muss?
Wissen Sie (noch),	was	ich	gesagt habe?
	wo	man Geld	abheben kann?

auch so: wie, wann, warum, ...

ÜG 10.03

Indirekte Fragen bei Ja-/Nein-Fragen   Lektion 13

	ob		Ende
Darf ich fragen,	ob	Sie Ihren Ausweis dabei	haben?
Können Sie mal nachsehen,	ob	das Kriminelle	sind?

ÜG 10.03

Wortbildung

Lektion 9, 11

Nomen	→	Adjektiv
die Arbeit	→	arbeitslos (= ohne Arbeit)
der Sturm	→	stürmisch
das Eis	→	eisig

ÜG 11.02

Lektion 11

Verb	→ Adjektiv
brauchen	→ brauchbar

ÜG 11.02

Lektion 10, 14

Adjektive		Nomen	
Nomen/Verb → **Adjektiv**		**Komposita: Nomen + Nomen**	
danken	→ dankbar	die Arbeit + der Kollege →	
Lust	→ lustig	der Arbeitskollege	
Einfall	→ einfallslos		
Adjektiv	→ **Adjektiv**	**Nomen**	→ **Nomen**
angenehm	→ unangenehm	Partner	→ Partnerin
		Bär	→ Bärchen
		Verb	→ **Nomen**
		rauchen	→ Raucher
		befragen	→ die Befragung
		Adjektiv	→ **Nomen**
		schön	→ die/der Schöne

ÜG 11.01, 11.02

Lösungen zu den Tests

Lektion 1

1 **b** Umzug **c** sogar **d** Wohngemeinschaft **e** Bisher **f** Anfang **g** glücklich

2 **b** Weil ich meine Geldbörse verloren habe. **c** Weil du zu spät angerufen hast. **d** Weil das Wetter schlecht ist. **e** Weil ich meine Schwester besuchen will.

3 **b** ist ... passiert, habe ... vergessen **c** Habt ... ausgepackt, sind ... angekommen **d** Hast ... angerufen, haben ... telefoniert

4 **a** Du glaubst es nicht **b** Stell dir vor **c** So ein Mist **e** Zum Glück

Lektion 2

1 **b** wirklich **c** stören **d** Bitte **e** Paket **f** Frühschicht **g** hänge **h** Briefkasten **i** klingelt

2 **a** rüber **b** rauf **d** rein

3 **b** stellen, den **c** stecken, die **d** lege, den **e** liegt, dem

4 **a** habe eine Bitte **b** Würden Sie **d** Vielen Dank **e** herzliche

Lektion 3

1 **b** der Löffel **c** das Schnitzel **d** frisch **e** vorher **f** leiten **g** meistens

2 **b** keiner **c** einen **d** welche **e** eins **f** keinen **g** keine **h** welche

3 von oben nach unten: 4, 6, 2, 7, 5, 8, 3

4 **a** wir möchten bitte bestellen, darf ich Ihnen bringen, Wir hätten gern **b** möchten bitte zahlen, Zusammen oder getrennt, Das macht

Lektion 4

1 **a** Sekretärin, Empfang, Import, Lohn, kompliziert **b** Angestellter, möglich, vertrag

2 **b** Wenn Sie eine neue Arbeit suchen, lesen Sie regelmäßig die Stellenanzeigen **c** Wenn Sie eine Frage zu der Weiterbildung haben, dann rufen Sie bitte Herrn Breuer an **d** Ich nehme einen Tag frei, wenn ich viele Überstunden gemacht habe

3 **b** solltet **c** sollten **d** solltest

4 **b** 5 **c** 1 **d** 6 **e** 4 **f** 2

Lektion 5

1 **b** Bewegung **c** Untersuchungen **d** Körper **e** Krankheiten **f** Verein

2 **b** dich **c** mich **d** sich

3 **a** über unsere **b** mit dem, mit ihm **c** an unseren, für die

4 **a** Auf, darauf **b** Woran, An, vor

5 **b** 4 **c** 5 **d** 1 **e** 3

Lektion 6

1 **a** Biologie, Geografie **b** fleißig, Abitur, Note, bestehen, bewerben **c** praktisch, Friseurin

2 **a** wollte **b** durfte, musste **c** konnten

3 **b** sie sehr intelligent ist. **c** du einen Studienplatz findest. **d** ich zu spät gekommen bin. **e** du mich am Wochenende besuchst. **f** man gute Noten im Abitur hat.

4 **b** 6 **c** 8 **d** 1 **e** 7 **f** 3 **g** 5 **h** 2

Lektion 7

1 **a** Schachtel **b** Parfüm **c** Creme **e** Puppe **f** beutel

2 **b** ausgeben **c** unterhalten **d** liefert **e** probier

3 **b** seinen **c** seinem **d** einer **e** einem

4 **b** es **c** Ihnen **d** ihn **e** uns **f** sie **g** Ihnen

5 **b** Ich schenke nicht gern **c** Mir ist wichtig **d** Ich finde es nicht so toll **e** In meiner Heimat schenken wir

Lektion 8

1 **b** fahren **c** machen, unternehmen **d** verbringen
e machen, unternehmen **f** verbringen **g** machen

2 **b** Trotzdem fährt er ins Büro. **c** Trotzdem arbeitet
er acht Stunden. **d** Trotzdem geht er morgens
joggen. **e** Trotzdem schwimmt er im See.

3 **a** hätte, wäre, könnte **b** würde, könnte, hätte
c wäre, würde, hätte, wäre

4 **a** könnten mal wieder **c** Tut mir leid **d** Einverstanden **e** Um wie viel Uhr **f** das geht bei mir

Lektion 9

1 **a** Hut **b** Klingel, Brieftasche, Feuerzeug, Rucksack
c Stoff, Metall

2 **a** dicken **b** breiten, hellen **c** schmale, guten
d kleine, schönen **e** helles, passenden

3 **a** am gesündesten **b** älter als, am ältesten
c billiger als, Am billigsten **d** genauso langweilig
wie **e** genauso hoch wie

4 **b** ist ... wichtig **c** spare ich **d** Sehr viel **e** am
meisten **f** Am liebsten **g** überhaupt nicht

Lektion 10

1 **b** Postkarte, neugierig **c** übermorgen, Konsulat,
Visum **d** Schere, Briefumschlag **e** Sendung

2 **b** wird ... geschlossen **c** werden ... verschickt
d werden ... gefragt **e** wird ... geimpft **f** wird ...
geplant

3 **a** gelben **b** eine, grauen, weiße **c** einen, leckeren
d /, rote **e** einen, braunen

4 **von oben nach unten:** 2, 5, 7, 4, 6, 1, 3

Lektion 11

1 **a** Nebel, Gewitter, Hitze **b** Kreuzung, Ausfahrt,
Wagen

2 **B** um den Kreisverkehr herum **C** durch das Zentrum **D** am Fluss entlang

3 **b** Deshalb geht er zum Arzt. **c** Deshalb gibt der
Arzt Drago nur eine Salbe mit. **d** Deshalb kann
Drago wieder trainieren. **e** Deshalb ist er wieder
glücklich.

4 **b** Nein, das ist zu gefährlich. **c** In der Stadt gibt
es natürlich viel mehr Verkehr. **d** Ich fahre gern
mit öffentlichen Verkehrsmitteln. **e** Die Autofahrer hupen weniger. Das finde ich interessant.

Lektion 12

1 **a** Unterkunft, übernachten **b** Pension
c einpacken, kühl **d** Ausstellung, natürlich

2 in den, am, auf der, im, im, an die, nach

3 **a** guter, großem **b** günstige, großer **c** Günstiges,
Ruhiges, schöne

4 **b** 6 **c** 5 **d** 2 **e** 4 **f** 1

Lektion 13

1 **b** überweisen, Betrag **c** Geldautomat, abheben
d Zoll, Staat

2 **b** wo ich Geld abheben kann **c** ob ich beim Zoll
auch mit Kreditkarte bezahlen kann
d wie Online-Banking funktioniert **e** ob Sie Ihre
Geheimzahl schon bekommen haben

3 **b** lasse **c** Lass **d** lassen **e** lässt

4 **b** 4 **c** 2 **d** 3 **e** 1

Lektion 14

1 **b** reisen **c** gestorben **d** Raucher **e** zusammenleben
f verliebt

2 **b** waren **c** seid ... angekommen **d** konnte **e** haben
... studiert **f** mussten

3 **b** wenn **c** weil **d** wenn **e** dass

4 **b** könnten **c** solltest **d** würde **e** wäre

5 **a** ich würde lieber **b** Wir sollten uns,
das machen wir **c** besuch doch, mache ich gern

Quellenverzeichnis

Arbeitsbuch

Quellenverzeichnis

iStock/AlinaMD; b: 1 © Thinkstock/iStock/AndreyPopov; 2 © Thinkstock/iStock/TAGSTOCK1; 3 © Thinkstock/Digital-Vision/Noel Hendrickson; 4 © iStock/Ken Wiedemann   S. AB 117: © Thinkstock/iStock/monticelllo   S. AB 119: © Thinkstock/iStock/AnnaFrajtova   S. AB 120: Ü29 © Thinkstock/Purestock   S. AB 122: Ü1 © Thinkstock/iStock/Cathy Yeulet   S. AB 127: © fotolia/www.schurr-fotografie.de   S. AB 128: Ü17 © Thinstock/iStock/Sabine Katzenberger   S. AB 129: Ü19 © Thinkstock/Valueline/Medioimages/Photodisc   S. AB 130: Ü23 © iStock/Lilechka75   S. AB 131: Ü25: A © Thinkstock/iStock Editorial/filmfoto; B © fotolia/philipus; C © iStock/ollo; D © Thinkstock/iStock Editorial/DarthArt; E © Thinkstock/iStock/GypsyGraphy; F © iStock; G © Thinkstock/iStock/JSBeuk   S. AB 134: © Thinkstock/Goodshoot/Jupiterimages   S. AB 136: © Thinkstock/iStock/Birgittas   S. AB 137: A © Bildunion; B © fotolia/kamasigns; C © Thinkstock/iStock/SerrNovik; D, G © Thinkstock/iStock/AlinaMD; E © iStockphoto/ChristineDraheim; F © Thinkstock/iStock/anyaberkut   S. AB 138: Ü11 A © Thinkstock/iStock/scanrail; B © Thinkstock/iStock/Tinieder; C © Thinkstock/iStock/Marihakitchen; D © Thinkstock/iStock/Frank Lichert; Ü13 © fotolia/schulzfoto   S. AB 139: Ü14: A © fotolia/VRD; B © Colourbox/janimal photography; C © Thinkstock/iStock/Stockphoto24; Ü15: 1 © Thinkstock/iStock/NADOFOTOS; 2 © Thinkstock/iStock/m-imagephotography; 3 © iStockphoto/Heatherc333   S. AB 140: Ü16 © Thinkstock/Wavebreak Media; Ü18 © iStock/pressdigital   S. AB 141: Text „Die Ameisen": Das Gesamtwerk von Joachim Ringelnatz erscheint im Diogenes Verlag   S. AB 142: © fotolia/mirubi   S. AB 143: © fotolia/Christian Deppisch   S. AB 144: © Thinkstock/iStock/koi88   S. AB 146: © Thinkstock/iStock/Achim Prill   S. AB 147: © fotolia/ISO K°-photography   S. AB 148: © Thinkstock/AbleStock.com/Hemera Technologies   S. AB 149: © iStock/YinYang   S. AB 150: © PantherMedia/GeorgeRudy   S. AB 152: © Thinkstock/iStock/kosmos111   S. AB 154: A © Thinkstock/iStock/Art-Of-Photo; B © Thinkstock/iStock/shironosov; C © Thinkstock/iStock/751; D © Thinkstock/iStock/RPMGsas; E © Thinkstock/Hemera/Søren Sielemann; F © laif/Andreas Fechner   S. AB 155: © iStockphoto/schmidt-z   S. AB 157: © Thinkstock/Stockbyte/Jupiterimages   S. AB 158: © Thinkstock/iStock/IvonneW   S. AB 159: Ü6: 1 © Thinkstock/Hemera/Dmitriy Shironosov; 2 © Thinkstock/Eyecandy Images   S. AB 160: Diego © Thinkstock/iStock/Ridofranz; Lisa © Thinkstock/iStock/Gewitterkind   S. AB 161: Jakub © iStock/AngiePhotos; Nora © Thinkstock/PHOTOS.com/Jupiterimages; Illu © Thinkstock/iStock/beakraus   S. AB 162: Ü10 © Thinkstock/Hemera/Mark Hunt   S. AB 164: Ü19 © Thinkstock/Polka Dot/Jupiterimages; Ü20: A © Thinkstock/iStock/Maksimchuk Vitaly; B © Thinkstock/iStock/vkoletic; C © Thinkstock/iStock/Marc Dufresne; D © Thinkstock/PHOTOS.com/Hemera Technologies; Said © Thinkstock/iStock/AlexanderImage   S. AB 166: 1 © Thinkstock/iStock/nickylarson974; 2 © iStock/Kora_ra; 3 © Thinkstock/iStock/XiXinXing

Lernwortschatz

S. LWS 7: Müll trennen © Thinkstock/iStock/petovarga   S. LWS 8: Müll trennen © Thinkstock/iStock/petovarga   S. LWS 16: Mann © Thinkstock/Stockbyte/Comstock Images   S. LWS 20: Fußball © Thinkstock/Pixland; Ski fahren © Thinkstock/iStock; Basketball © Thinkstock/Polka Dot Images; Gymnastik © Thinkstock/iStock/yacobchuk; Tischtennis © Thinkstock/iStock/flytosky11; Volleyball © PantherMedia/Simon S.; Fitness © Thinkstock/Wavebreakmedia Ltd; Joggen © Thinkstock/iStock/Martinan; Eishockey © Thinkstock/iStock/yuran-78; schwimmen © Thinkstock/Comstock; Rad fahren © fotolia/Gregg Dunnett; tanzen © Thinkstock/Fuse   S. LWS 26: Physik © Thinkstock/iStock/RG-vc; Biologie © PantherMedia/Monkeybusiness Images; Chemie © Thinkstock/iStock; Geografie © fotolia/WavebreakMediaMicro; Kunst © fotolia/JackF; Geschichte © Thinkstock/iStock/deyangeorgiev; Musik, Sport © Thinkstock/Fuse; Mathematik © PantherMedia/Yuri Arcurs; Sozialkunde © fotolia/Robert Kneschke   S. LWS 32: Wandern © Thinkstock/iStock/dulezidar; Oper © Thinkstock/iStock/Hermsdorf; Bar © iStockphoto/sjlocke; Rundfahrt © irisblende.de; Radtour © Thinkstock/iStock/warrengoldswain; Flohmarkt: Alexander Keller, München; Disco © Thinkstock/Hemera/Dmitriy Shironosov; Jazz © fotolia/littleny   S. LWS 35: Kuvert: Gisela Specht, Weßling   S. LWS 36: Münze: Gisela Specht, Weßling   S. LWS 43: Moped © Thinkstock/iStock/JSBeuk; Fußgänger © Thinkstock/PHOTOS.com/Jupiterimages; Strafzettel © PantherMedia/Daniel Hohlfeld; Wagen © fotolia/zimtzicke63; Baustelle © fotolai/Irina Fischer; Rad © iStock/Nikada; Stau © fotolia/Kara; Kreuzung © iStock/lp3; Autobahn © PantherMedia/Claus Lenski; Tempolimit © Thinkstock/iStock/Majoros Laszlo   S. LWS 49: Karten © fotolia/lowtech24; Geldautomat © irisblende.de; Bargeld © fotolia/Kati Molin; Zinsen © fotolia/nmann77; Auszug © fotolia/M. Schuppich; Zoll © Thinkstock/Photodisc/Digital Vision; abheben © irisblende.de   S. LWS 51: E2 © fotolia/Regormark

Alle anderen Bilder: Matthias Kraus, München
Bildredaktion: Iciar Caso, Hueber Verlag, München